1903

한성감옥 수감당시 이승만과 동료 복역수들

1920년에 촬영한 대한민국 임시 대통령으로서 공식 사진

이승만은 중앙청 광장에서 열린 초대 정·부통령 취임식에서 "나 이승만은 국헌을 준수하며, 국민의 복리를 증진하며, 국가를 보위하며, 대통령의 직무를 성실히 수행할 것"을 선서했다. 1948. 7. 24

南北統一 1955년

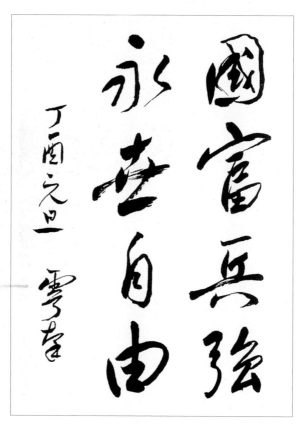

富國兵强 永世自由

망명노인
이승만 박사를 변호함

김인서 지음
이주영 엮음

비봉출판사

김인서(金麟瑞: 1894-1964) 목사 연보

1894	함경남도 정평군의 유학자 집안에서 출생(4월 21일)
1910	중학생 때 이동휘 장군의 "죄의 값은 사망"이라는 연설을 듣고 기독교로 개종
1911	선교사 맥레(Duncan M. McRae)에게 세례를 받음
1912-14	서울 경신학교 졸업
1915-19	경신학교 교장 쿤스(E. W. Koons)의 소개로 함경북도 회령에서 교사생활
1920-23	대한민국 임시정부의 국내 비밀조직인 연통제 함경북도 책임자로 체포되어 4년형을 언도받고 투옥
1926-31	평양신학교를 제26회로 졸업한 후 목사 안수를 받지 않고 문필 및 문서전도 활동
1930-45	조선, 만주, 북중국 등지에서 순회 부흥선교 활동을 하며 복음주의에 반하는 이단종파와 부패한 기성교회를 비판
1932-41	평양에서 월간지 『신앙생활』을 창간하여 당시 최대 발행 부수의 기독교계 잡지로 키웠으나 일제에 의해 폐간됨
1948	서울로 월남
1951-56	피난지 부산에서 『신앙생활』 속간
1954-64	부산 북성교회(현 대성교회) 담임목사로 목회활동
1964	시무 중 쓰러져 서울로 후송되었으나 70세로 소천(4월 2일)
1974	『김인서저작전집』 전6권 간행(엮은이 정인영, 1988년 복간)
1990	건국훈장 애국장(1977년 건국포장) 추서
1994	연세대학교 신과대학 '남은(南隱) 김인서 목사기념강좌' 개설

_ 엮은이의 말 _

이 책의 저자인 김인서(金麟瑞, 1894~1964) 목사는 1932년부터 1956년까지 월간지 『신앙생활』 총 129권을 발간하면서 평생 문서 전도에 헌신한 기독교 문필가이다. 그 월간지는 1930년대 당시로서는 놀라운 월 3,700부까지 발간할 정도로 영향력이 컸다. 또한 그는 3년반 동안 함북 회령 감옥에 갇혔던 독립투사이기도 했다.

저자는 목사이기 때문에 그의 역사관은 근본적으로 기독교의 섭리사관(攝理史觀)에 토대를 두고 있다. 그것은 한반도의 근현대사는 중국 중심의 대륙문명권에서 미국 중심의 해양문명권으로 옮겨가는 '문명전환'의 과정에 있다는 문명사관(文明史觀)으로 이어진다. 그러한 점에서 저자는 개항 이후 한국의 근대화를 추구해 온 개화파(開化派)의 지적 전통에 속하는 지식인이다.

여기에 덧붙여 저자는 지역주의(地域主義)의 개념을 한국 역사 해석에 도입하고 있다. 저자는 함경남도 정평 출신이지만 평양신학교에 입학한 다음부터는 평안도에서 활동한 전형적인 서북인(西北人)이다. 그 때문에 그는 조선왕조 시대에 오랫동안 차별을 당한 서북인의 울분과 저항의식을 너무나도 잘 알고 있다. 그러면서도 그는 기호인(畿湖人)인 이승만을 옹호하고 있는 것이다.

『신앙생활』 전권을 살펴보면, 저자는 훌륭한 문장가이다. 그럼에도 불구하고 이 책이 체제나 문장에 있어서 거친 인상을 주는 것은 말년에

건강 문제로 원고를 제대로 다듬지 못했기 때문이다. 게다가 그는 중화
민국 국립도서관이 한국의 대표적 한학자로 뽑은 4인(최남선, 양주동, 윤
영춘, 김인서)의 한 사람일 정도로 한문에 조예가 깊다. 그 때문에 어려
운 한문 표현을 독자들이 이해할 수 있게 푸는 일이 쉽지 않았다. 다행
히 편집을 맡으신 비봉출판사의 박기봉(朴琪鳳) 사장께서 한문에 능한
분이시라 크게 도움을 받았다.

책 내용에서도 오류가 적지 않았다. 그렇다고 해서 엮은이가 함부로
원문에 손을 댈 수는 없는 것이므로 그대로 두는 것을 원칙으로 했다.
다만 오늘날의 독자들이 좀 더 쉽게 이해할 수 있도록 부분적으로 약간
표현을 바꾸거나 간단한 설명을 달았다. 별표(*)가 붙은 설명과 각주는
모두 엮은이가 넣은 것이다.

저자의 단호하면서도 때로는 격정적인 표현 때문에 읽는 사람에 다
라서는 다소 껄끄러움을 느낄지도 모른다. 그러나 그러한 유형의 서술이
야말로 지나치게 이승만 비판 쪽으로 치우쳐 있는 우리 현대사에 대한
해석을 좀 더 객관적이고 균형있게 이해하는 데 도움이 될 것이라는 마
음으로 관대하게 받아들여졌으면 한다.

2016년 1월
엮은이 이주영(李柱郢)
(건국대 사학과 명예교수)

_ 삼가 조의(弔意)를 표함 _

1. 조의(弔儀)

이(*李承晩)[1] 정권의 3·15 부정선거에 항거한 4·19 혁명 희생 제위(諸位)에 대하여 삼가 침통한 조의를 표하며, 또 4·19때 부상당한 여러분들에게 심절(深切)한 위문을 드리나이다.

2. 4·19 후의 책임

동시에 4·19후 국사(國事)를 담당한 정치인들이 무능 부패로 4·19 희생의 피를 모독하고 국가를 위태롭게 만든 잘못을 비판하고자 한다. 또 민족적 비극의 원인인 당파 싸움이 민족과 국가에 미치는 해독을 지적하지 아니할 수 없다.

3. 후세의 감계(鑑戒)

나 남은(南隱, *저자의 아호) 또한 반세기 동안 민족진영(民族陣營)의 한낱 졸도(卒徒)로 당파싸움에 상(傷)

---

1) 이 책의 모든 별표(*)와 각주는 엮은이가 독자들의 이해를 돕기 위해 붙인 설명이다.

한 민족정기를 붙들어 안고 우는 동안, 어느덧 이제
는 70노수(老叟)라, 민족 단결을 보지 못한 채 차마 눈
을 감을 수 없어 이 글로써 후인(後人)을 위한 경제의
거울로 삼고자 한다.

이 책은 4·19 직후에 써서 그 대의(大意)를 방송한
바, 출판하지 말라는 주의를 받고 오늘(*1963년)에 이
르렀다. 그래서 처음 글보다 많이 증가되었으나 국민
들에게 시비(是非)를 묻고자 한다.

목 차

제 1 편
심판대 앞에 선 첫 대통령

한국에는 교육을 받지 못한 사람이 적지 않다. 이것은 로일(露日) 전쟁 끝에 미국의 동의로 한국을 물려받은 일본인에 의해서 반세기 동안 그들은 지식이나 개인 발전의 기회를 박탈당한 탓이었다. 일제의 지독한 착취로 말미암아 그들은 몹시 빈한(貧寒)하였다.

그러나 한국의 조지 워싱턴이라 할 수 있는 이승만 박사가 1948년에 초대 대통령으로 당선되어 자주정부를 세운 후에, 한국 국민은 비로소 민주주의라는 것을 맛보게 되었다.

이러한 한국인들에게 공산주의자(共産主義者)들은 미국을 배척하고 지주와 자본가들을 학살하는 데 협력하여 그 빼앗은 물건을 나누어 갖자고 강요하는 선전을 했다.

그러나 이 대통령은 국민들에게 자신들의 자유(自由)에 대한 공산주의자의 위협의 본성(本性)을 이해시켰다. 또 조국의 광복을 이룩하기까지 그가 지녔던 용기와 인내를 국민들에게 고취해 왔다. 그가 다스려야 하고 거느려야 할 국민은 충분한 교육을 받지 못했고 무질서했으나, 그는 그의 위덕(威德)으로써 그들을 공산침략을 막아내는 세계 최강의 보루(堡壘)의 하나로 만들어 놓은 것이다.

제1장 이(李) 정권의 죄목

1. 이(李) 정권의 5대 죄과

① 3·15부정선거(4·19 데모 대열에 발포하여 적지 않은 사상자를 낸 것은 중대한 죄과다.)

② 국민방위군 부정사건[2](이기붕 씨가 국방장관으로 있을 때 범법자들을 사형시키다.)

③ 거창사건[3] (조병옥 씨 내무장관, 신성모 씨 국방장관 때의 불상사.)

④ 관(官)에 탐관오리, 시(市)에 모리간상(謀利奸商)·사기·폭력, 국회에 정상배·당파 싸움, 민(民)에 밀주(密酒)·밀수·밀음(密淫), 산(山)에 도벌·공비(共匪), 지하에 적도(赤徒)·오열(五列: 간첩).

⑤ 반공포로 불법 석방으로 우방을 배신

---

2) 1951년 1·4후퇴 당시 급조된 국민방위군이 경남 지역으로 후퇴하는 과정에서 운영 미숙과 재정 부정으로 많은 인원이 굶고 병들어 죽은 사건.

3) 1951년 2월, 경상남도 거창군 신원면 일대에서 공비토벌 작전을 벌이던 국군이 공비와 내통했다고 판단한 주민들을 살해한 사건.

1-1. 이승만 대통령의 4대 공로와 4대 무죄

〈4대 공로〉
① 90평생을 한국독립운동에 국궁진력(鞠躬盡力)하다.
② 대한민국 건국(建國)에 절대한 공로가 있다.
③ 6·25동란에 적군(赤軍)을 격퇴하는 데 절대한 공로가 있다.
④ 한미상호방위조약(韓美相互防衛條約) 체결에 절대한 공로가 있다.

〈4대 무죄〉
① 국토 상실죄(喪失罪) 없다.
② 패전죄(敗戰罪) 없다.
③ 국체 변혁죄(國體變革罪) 없다.
④ 항일 구국과 반공 건국에 변절죄(變節罪) 없다.

〈한 가지 죄〉
① 헌법 운영을 잘못한 죄 있다.

1-2. 1961년 3월 유엔총회에 보고한 장 정권의 이 박사 치적 찬양

(1) 민주주의 건설
'이승만은 민주 반역의 원흉'이라고 말한 것(崔熙松)에 대하여,
① 한국은 민주주의의 뿌리가 깊이 박혀 있습니다.
② 한국은 민주적 제반 제도가 발전했습니다.

(2) 교육 발전

학도들의 반(反) 이 정권 데모에 대하여,

③ 11세의 아동은 96%가 초등교육을 받고 있습니다.

④ 78개 대학교에서 10만 명의 대학생들이 공부하고, 수십만 명이 졸
업했습니다.

(3) 경제안전

"못 살겠다 갈아보자"고 한 것에 대하여,

⑤ 6·25 동란에 손해 받은 30억불의 대전재(大戰災)를 1957년까지 완
전 복구했습니다.

⑥ 주택 52만호를 새로 건축했습니다.

⑦ 1959년까지 가치 안정, 경제 안정이 한국 최고 수준에 달했습니다.

⑧ 1959년 양곡 생산이 420만 톤입니다(실컷 먹고도 남아서 수출했다).

이상은 1960년 4·19 이전 이승만 대통령의 치적을 장면 정권이 유엔
총회에 보고한 8대 조문(條文) 내용이다. (『동아일보』 1961년 3월 22일)

2. 이승만 박사에 대한 신원소(伸寃訴)

단종이 폐위되고 영월에서 원통한 죽음을 당했다. 그 후 성종대왕 때
남효온 등 여러 선비들이 그 신원(伸寃)을 읍소했으나 윤허되지 못했다가
숙종대왕이 단종을 신원하고 복위했다. 동시에 성삼문 등 여러 충렬(忠
烈)들도 신원하였다.

이승만 박사도 12년 정치에 3·15 부정선거 등 여러 가지 실정(失政)

이 있었으나, 그 세운 공적을 생각하여 망명노인을 신원(伸寃)하는 것이 민족 도의에 마땅한 일이다.

일본 명치 6년에 사이고 다카모리(西鄕隆盛)는 못된 마음으로 소위 정한론(征韓論)을 주장하다가 실패하자, 사츠마(鹿兒島, *가고시마)에서 거병(擧兵)하여 관군과 대전하였다. 결국 패사(敗死)하여 명치유신의 제1공로자가 명치시대의 제1반역자로 전락했다. 그러나 일본 국민들은 사이고 다카모리의 위대함을 사모하여 마지않았다. 그러므로 명치 38년 일로전쟁(日露戰爭)에 승리하자, 명치천황은 사이고 다카모리의 내란죄를 신원하고 훈(勳) 3등을 내렸다.

일본인도 위인(偉人)에 대한 이만한 아량이 있었거늘, 우리 대한민국도 건국 대통령에 대해 사모(思慕)하는 마음이 없을 수 없다.

이승만 박사는,
① 90평생을 독립운동에 바친 애국자란 것은 적국(敵國) 사람들도 아는 일이다.
② 대한민국 건국(建國)에 이 박사 아니고는 할 수 없는 절대한 공로가 있음은 우방 사람들도 인정한다. 건국 역사에서 **빼놓을** 수 없는 공로자를 원흉(元兇)으로 버리는 것은 차마 할 수 없는 일이다.
③ 6·25 동란 수습에 있어서 이승만·맥아더 수원 회담 이래 이 박사의 절대한 공로가 있음은 유엔 전쟁사(戰爭史)가 말하고 있다.
④ 이 대통령은 한미상호방위조약(韓美相互防衛條約)을 극력 달성하였다. 이 조약이 민족 백세(百世)의 만리장성이 되어 있다는 사실은 아무도 부인할 수 없다.

우리가 동포의 죄(罪)만 보고 동족의 공(功)을 잊어버리는 인색한 민족이 아닌 바에는, 속히 건국 위인(建國偉人)을 신원하는 것이 민족애의 지상명령이다.

이승만 박사는,

① 국토를 상실한 죄가 없다. 한 치의 땅도 잃어버리지 아니하고 사수(死守)했다.

② 패전 책임이 일체 없다. 꿈에도 적전(敵前)에 무릎을 꿇은 일은 없다. 휴전조약에도 서명하지 아니하였다.

③ 국체(國體) 변혁죄가 없다. 언제 군정(君政) 음모가 있었더냐?

④ 항일구국(抗日救國), 방공건국(防共建國)에 국궁진췌(鞠躬盡瘁)했다 (*몸과 마음을 다했다). 이역고허(異域孤墟: *하와이) 속에서도 일편 단심 변치 않을 것이다.

다만 헌법 운영을 잘못한 죄가 있다. 그러나 그것도 이 박사 개인의 죄가 아니라 부하들의 죄와 극한투쟁으로 일관한 야당의 죄 내지 우리 국민들의 잘못도 있다.

그렇다면 국적(國賊: 나라의 역적)이 될 만한 4대 죄가 없는 망명노인을 신원하는 것이 민족 대다수의 호소이다. 우리민족 천년 역사에 첫 대통령을 영원히 죄인으로 묻어 버리는 것은 너무나 큰 비극이 아니냐? 반공전선(反共戰線)의 세계적 영웅을 조선 사람이 때려잡는 것은 너무나 큰 수치가 아니냐?

세상 떠날 시간이 임박한(*1963년) 망명 노인에게 임종하기 전에 신원의 소식을 전하여 그 눈에서 눈물을 씻고 눈을 감게 하여야 우리 민족 위에 축복이 있을 것이다.

3. 나와 이승만 박사

나는 50여년 전 소년 때부터 우남(雩南) 이승만 박사, 도산(島山) 안창호 선생, 성재(誠齋) 이동휘 장군 세 분을 민족 지도자로 사모해 왔다. 도산, 성재 두 분은 강단에 서신 것을 수차 보았을 뿐이고, 우남도 제헌국회 방청석에서 멀리 한 번 보았을 뿐이다. 도산은 국민 훈도(薰陶: 교육)에, 성재는 군사에, 우남은 교육, 정치, 외교에 ……. 세 분이 상호 협력하기를 바랐다가 실망하고 말았다. 그나마 도산과 성재는 이미 가셨고, 우남 홀로 남았다.

나는 이 박사의 건국(建國) 대통령 선서식장(*1948. 7. 24), 취임식장에 가지 않았다. 그 광경을 방송하는 라디오도 끊어버렸다. 나의 민족운동 50년의 쓰라린 경험은 이 박사 대통령 취임식장에서 떠드는 만세소리가 조만간에 "이승만을 타도하자"는 고함 소리로 변할 것을 잘 알았기 때문이었다.

그 후 6·25적란(赤亂)에 참살당한 동포들을 추모하기 위하여 부산 충무로 광장에서 열린 6·25기념식장(*1952년)에 갔다가, 유시태(柳時泰)가 대통령을 저격하는 꼴을 목도하고[4] 돌아섰을 뿐. 이 박사를 다시 본 일이 없다. 이 말은, 국민의 본분 외(外)에는 나와 이 박사는 아무런 관련이 없었다는 것이다.

관련이 있었다면 내가 소년 시절에 그를 선배로 사모했던 옛 기억이

---

4) 전쟁중인 1952년 부산 충무로 광장에서 거행된 6·25남침 2주년기념식에서 이승만 대통령을 의열단 출신인 유시태가 저격한 사건. 이 사건으로 유시태와 그에게 권총을 전달한 민국당 국회의원 김시현은 사형, 그 배후 인물로 지목된 민국당 간부인 서상일, 백남훈은 각각 6년과 3년이 선고되었다. 그러나 모두 감형되었고, 주범 유시태는 4·19후에 국회의원에 당선되었다.

남아 있을 뿐이다. 그도 예수 신자, 나도 예수 신자란 동도자(同道者)의 의의감(義誼感)에서 새벽마다 나의 기도의 산에 오를 때 이 박사를 위하여 기도했을 뿐이다.

4. 3 · 1 생리와 4 · 19 생리

1919년 3월 1일의 독립운동부터 1960년의 4 · 19까지 41년. 그리 오랜 시간 같지 않으나 세상은 옛날 4백년간보다 더 많이 변천했다. 3 · 1운동 시절에(*1922년) 안창남 씨가 조선 하늘에 비행하는 것을 보고 신기해했었는데, 40년 후인 오늘은 우주비행 시대이니 옛날 천년 이상의 변천이다.

3 · 1운동은 일본과 싸우는 대외전(對外戰)이었고, 4 · 19는 이(*이승만) 정권, 곧 제 나라, 제 정부를 때려 부수고 제 동포끼리 싸우는 대내전(對內戰)이니, 싸움의 성격이 다르다. 내쟁(內爭)에서는 눈물과 용서가 없으면 위험하다.

나는 3 · 1운동 때 약관(弱冠)의 나이로 옥고(獄苦: *3년 반)와 가시밭길을 걸어오는 동안 어언 70노인이 되어, 내 몸에도 노소(老少)의 차가 생겼다. 이와 같이 3 · 1생리(生理)와 4 · 19생리는 다르다.

그러나 변치 않은 것이 있다. 4천년 전이나 3 · 1운동 때나 4 · 19 때나, 젊어서나 늙어서나, 한민족(韓民族) 정신은 하나요, 민족윤리(民族倫理)는 변할 수 없다는 것이다. 그러므로 나는 이 책에서 정치를 말하려는 것이 아니라 만고금(萬古今)에 일관한 민족정신, 영구히 변할 수 없는 동포애, 그리고 민족윤리를 말하려는 것이다.

나는 3 · 1운동의 선열과 동지들을 추모하고 4 · 19 희생 동포를 추념

하면서 우리가 살아나갈 민족애(民族愛)를 바라는 것이다.

5. 당파 싸움에 기인한 민족적 비극

독립운동 집단 중 우남(雩南) 이승만 박사 계열, 도산(島山) 안창호 선생 계열, 인촌(仁村) 김성수 선생 계열의 세 계열(系列)이 지금까지 내려온 3대 주류(主流)이다.

이 박사와 도산 계열은 50년 이래 싸워 왔고, 이 박사와 인촌 계열은 건국 이래 싸워 왔다. 과거는 어찌 되었든지, 천재일우(千載一遇)의 해방과 건국 후에는 세 계열이 합력하여 건국대업(建國大業) 완성하기를 전국민이 기대했다.

그런데 도산 · 인촌 양파(兩派)는 민주당(民主黨)으로 합해 가지고 대(對) 이 대통령 극한투쟁을 벌였다. 6 · 25 유혈참극 중에도 싸우고 피난 중에도 싸움으로써, 적전(敵前)에서 이 대통령을 타도하는 데 성공했다.

도산 · 인촌 양파(兩派)는 공동의 적(*이승만 정권)을 타도한 후 도산계는 집권 민주당(民主黨: *민주당 신파)으로, 인촌계는 신민당(新民黨: *민주당 구파)으로 갈라져 맞섰다. 이 당파 싸움판에 방공(防共) 질서는 무너져서, 국가 위기일발 상태에서 5 · 16 혁명이 일어났다. 이것은 이 박사의 죄가 아니고 도산 · 인촌 양계(兩系)의 책임이다.

군정(軍政) 2년간(*1961-1963년) 민정 이양(民政移讓)을 부르짖으면서도 인촌계는 민정당(民政黨)으로, 도산계는 민주당(民主黨)으로 또 다시 맞서고 있다. 여러 방면의 진단을 종합해 본 결과, 도산 · 인촌 양계는 장래에도 합할 수 없다고 한다.

율곡계(栗谷系: *이이李珥 계열)는 기호에, 도산계(陶山系: *이황李滉 계열)는 영남에 각각 근거하여 나라가 망하기까지 싸웠던 것처럼, 인촌계는 기호(畿湖)에, 도산계는 지역도 없는 서북(西北)에 각각 나뉘어 어느 때까지 싸우려는가?

6. 이 박사를 변호하는 이유

알렌이 쓴 『한국의 이승만』[5] 첫머리는 "남한의 역사는 사실상 이승만의 역사다"라고 하였다. 그런데 이 박사의 역사가 죄악의 역사(罪惡史)뿐이라면, 대한민국 건국의 역사(建國史)도 죄악사가 되고 만다. 이 나라의 건국의 역사가 죄악의 역사라면 희망이 없을 테니, 그래도 좋은 것을 찾아보자는 것이 내가 이 박사를 변호하려는 목적이다.

대통령 이승만 박사에게서 (연산군이나 광해군에게서 왕위를 박탈하듯이) 〈대한민국 건국 대통령〉이라는 국가 최고의 위호(位號)를 박탈할 것이냐?

이는 중대한 문제이다. 이 박사가 만일 이 나라의 죄인이라면 최고 위호를 그대로 둘 수가 없다. 그래서 대한민국의 자유 독립을 만방에 선포한 그에게서 그 위호를 박탈한다면, 건국의 대의명분은 세울 수가 없다.

① "죄인이 선포한 대한민국의 자유 독립이 무슨 가치가 있느냐?"라는 세계인의 질문에 무어라고 대답할 것인가?

② 대한민국 창건사(創建史) 꼭대기에 "건국 대통령이던 이승만 박사는 원흉의 괴수"라고 써놓고 자손만대에 무슨 말로 민족정기

---

5) Richard C. Allen, *Korea's Syngman Rhee : An Unauthorized Portrait* (1960)으로 이승만에 비판적인 책이다. 저자의 본명은 John M. Taylor로서 6·25전쟁 말기 미8군사령관으로 이승만에 비판적이었던 맥스웰 테일러 장군의 아들이다.

를 교훈할 것인가?

③ "건국의 원수(元首)가 원흉의 괴수가 된 그 나라의 운명은 어찌
   되겠느냐?"

라고 심문하는 역사의 심판대 앞에서 나는 떨고 서서 망명 노인 이승만
박사를 변호하려는 것이다. 사형수에게도 변호사가 있는데 망명 노인에
게 변호자가 없을 수는 없다.

제 2장 극도로 준열(峻烈)한 심판대

1. 이 사람을 보라

전(前) 대한민국 건국대통령(建國大統領) 이승만 박사는 3·15 부정선거 죄에 의하여 심판대 앞에 서게 되었다. 국민의 심판, 역사의 심판대 앞에.

▲ 무서운 원고(原告)들

옛날의 원고들에 의하면, 이승만은 구한국(舊韓國)의 대역(大逆) 사형수[6], 대청(大淸)제국·러시아제국의 죄수였다. 지금은 소련·중공의 원흉, 일본의 원흉이므로, 원고는 기시(岸: *일본총리), 후르시초프, 모택동 제씨(諸氏)이다.

대한민국의 원고들은 흥사단, 민주당, 한민당, 공산당, 『동아일보』, 『사상계(思想界)』, 고(故) 신익희(申翼熙) 씨, 고(故) 조병옥(趙炳玉) 박사, 고(故) 조봉암(曺奉岩), 최희송(崔熙松) 씨, 장면(張勉) 씨, 매카나기 제씨들이다.

---

6) 이승만은 고종 폐위 음모에 가담했다는 죄로 사형 직전까지 갔다가 5년7개월간 복역했다(1899~1904).

▲ 도산계의 소장(訴狀)

(1) 최희송(崔熙松: 평남 안주)씨는 국회에서 말했다:
"이승만은 민주 반역의 원흉이다."
그리고 도산(*안창호) 선생 제문(祭文)에서는 이렇게 말했다:
"자칭 거물 연(然)하는 가짜(僞)지도자."
"이(李) 모의 작란(作亂)으로 애석하게도 도산 선생의 사업을 헐어버
렸다."

(2) 장준하(張俊河: 평북 삭주)씨의 소장(訴狀):
장하구(張河龜: 평북 삭주)씨는 『사상계』(83호)에서 이렇게 말했다:
"이기붕(李起鵬)은 불쌍하다. 악정(惡政)의 전부는 이승만의 죄다."

(3) 신상초(申相楚: 평북 정주)씨는 『사상계』(83호)에서 말했다:
"이승만 폭정의 종언" "교활하기 짝이 없는 철저한 에고이스트인
이승만"
같은 계열의 말이다: "이승만은 독립운동도 자기가 대통령을 해 먹
으려고 했고 또 건국도 자기가 대통령 해 먹으려고 했다."

(4) 장준하 씨는 『사상계』(84호)에서 말했다:
① "교활하기 비할 데 없는 희대(稀代)의 협잡꾼, 노흉(老兇) 이승만"
② "사기꾼, 협잡꾼 이승만에게 애국심이 무엇이냐?"
③ "사기꾼으로 천재적인 소질을 가진 이승만"
④ "희대의 협잡꾼이자 정치적 악한인 이승만"
⑤ "인간 이하 비겁한 노인 이승만"

⑥ "양처(洋妻: *프란체스카 여사)를 가진 노(老) 독재자는 하와이에서 호사하는 맛에 귀국하지 않을 것이다."

⑦ 재미(在美) 반이계(反李系)의 교포들(*주로 도산 안창호계 사람들을 가리킴)은 어서 본국에 돌아가서 처벌받으라고 외치고 있다.

〈주〉: 대(大) 톨스토이의 손자와 밴프리트 장군은 이승만 박사를 위문하는데, 한국인들은 그를 핍박하고 있다.

▲ 인촌계의 소장(訴狀)

신익희(申翼熙) 씨와 조병옥(趙炳玉) 씨가 유시태(柳時泰)를 보내어 이승만 대통령을 저격했으나 죽이지 못했던 원흉.[7]

『동아일보』에서는,

① 이승만은 '독재자', '폭군', '깡패 정치가' 운운하면서 이승만 정권 12년간 매일 같이 공격했고, 4·19후에도 절기(節期) 따라 욕하고 있다.

② 이승만에게는 '씨(氏)', '선생', '전(前) 대통령', '박사(博士)' 등의 명호(名號)를 쓰지 말자고 했다.

〈주〉: '선생', '대통령', '씨' 등 국산(國産) 명호(名號)는 동아일보사에서 떼어버릴 수도 있겠지만, 다만 '박사' 명호는 고려대 박사가 아니고 프린스턴대학 총장 윌슨 대통령이 준 박사학위이니 뗄 수가 없다. 동아일보 사장 이하 전 직원이 "이승만, 박사 취소하라!" 라는 플래카드를 들고 프

---

7) 전쟁 중인 1952년에 부산에서 거행된 6·25남침 2주년 기념식장에서 유시태가 이승만 대통령에게 권총을 쏘았으나 불발한 사건이 있었다. 권총을 준 김시현 전 의원이 민국당(民国党) 소속이기 때문에 저자는 그 책임을 신익희 등 민국당 간부들에게 돌리고 있다.

린스턴 대학 정문 앞에서 데모를 하기 전에는 어려울 것이다.

③『동아일보』지상(紙上)에 실린 가톨릭 문인 구상(具常) 씨의 글 (1960년 7월 6일)에서는 "똥은 비단보에 싸서 하와이에 보내고, 이승만의 부하 똥 구더기들만 재판받고 있다."고 하였다.

〈주〉: 자기 대통령에게 똥칠하는 민족 대변지(代辯紙) 상에서 대변 냄새가 난다.

〈주〉: 이상과 같은 도산, 인촌 양계(兩系)에서 이 대통령에게 내려진 죄명들은 일찍이 이완용(李完用)에게나 일본 어느 총독에게도 없었다. 김일성이나 스탈린에게도 내려진 일이 없었던 최대급의 죄명들이 대한민국 건국 대통령에게 내려졌다. 인간이 일찍 인간에게 가(加)하지 못했던 최악의 죄명이 대한민국 건국 대통령에게 내려진 것이다.

▲ 심판자들

동서고금의 법률가, 윤리학자들, 역사가들과 인류 양심이 심판한 결과는 백년 이내에 판결날 것이다.

▲ 방청자들

역대 제왕(帝王), 장상(將相), 영웅호걸들, 세계의 정치가들, 성인군자들, 종교가들.

▲ 변호인

이 민족적 대 비극에 변호인은 나 남은(南隱: *저자 김인서金麟瑞) 1인 뿐이다. 그러나 변호인은 역사를 펼쳐놓고 설왕설래(說往說來)하지만, 영국 왕 찰스 1세의 목을 자른 대역죄인 크롬웰(Oliver Cromwell)을 변호하던 칼라일(Thomas Carlyle)의 붓을 못 가졌다.

칼라일의 붓으로 크롬웰은 2백년 후에 다시 영웅으로 살아났지만, 한국의 이승만은 어찌될 것인가? 영국 사람들은 원흉(元兇)을 영웅으로 만들 줄 알지만, 이에 반해 조선 사람들은 영웅을 원흉으로 만드는 재주를 가졌으니, 이 박사는 원흉을 면하기 어려울 것 같다.

▲ 비참한 피고들

심판정에 선 이 대통령에게는 최희송 씨가 '원흉(元兇)'이란 가시관을 씌웠고, 장준하 씨가 '정치적 악한'이란 홍포(紅袍)를 입히고, 동아일보사에서 똥을 발랐다.

이 사람을 보라! 이 사람이 대한민국의 건국대통령(建國大統領)이다. 그 뒤에는 깨어진 머리에서 피가 흐르는 이기붕 씨 부처가 떨고 서있다. 그 뒤에는 이강석(李康石: *이기붕의 장자로 이승만의 양자) 형제가 피를 토하면서 울고 있고, 전 국무총리 장면(張勉: 평남 중화) 박사는 포승줄을 단단히 쥐고 지키고 있다.

2. 이 박사의 4대 공로로 학도들에게 호소한다

(1) 독립운동의 공로

이 박사는 구한국(舊韓國)의 사형수로 오늘의 원흉에 이르기까지의 90평생을 오로지 독립운동에 바쳤다. 3·1운동 때에는 일본 정부가 이 박사의 머리에 30만 달러의 현상금을 걸고 체포하려고 했다. 그래서 이 박사는 관(棺) 속에 누워서 대통령(*상해임시정부 임시대통령)에 취임했다.[8] 애국 일생의 잔골(殘骨)은 사후(死後) 관 속에서도 이 나라를 사랑할 것이 다.

(2) 건국의 절대적 공로

해방 후 하지(John Reed Hodge) 장군은 미 국무성의 방침에 따라 이 나라의 정권을 좌우합작파(左右合作派)인 김규식(金奎植) 박사와 여운형(呂運亨) 씨에게 넘겨줄 계획이었다.

이에 경악한 민족진영에서는 이 박사를 민족대표로 미국에 파견하려고 했으나 하지가 보내주지 않으니 할 수 없었다. 그때 이 박사를 지지하는 동경 주재(駐在) 극동사령관 맥아더 장군이 이 박사를 자기 비행기로 미국에 보내었다.

이 박사는 미국에 날아가서 미 국무성의 대공(對共) 유화정책을 시정하도록 하여 하지의 계획을 뒤집고, 남한만 먼저 총선거(總選擧)하도록 설득하는 운동에 성공하고 돌아왔다(*1946.12~1947.5). 이 외교는 이 박사 외에는 할 수 있는 사람이 아무도 없었다.

그래서 1947년 4월 27일, 외교성공 대환영회를 열고 남산이 떠나가도록 만세를 불렀다. 그리고 남한만 총선거해서 대한민국을 세웠다.(다음 편에서 상세히 기술함). 이를 부인할 역사는 없다. 이처럼 이 박사는 건국에는 절대적인 공로자였으나, 12년 후인 1960년 4월 26일에는 원흉으로서 쫓겨났다.

학생 제군! 이승만은 원흉이라고 해서 미워하더라도 그가 세운 이 나라는 귀하다. 이승만은 쫓아내더라도 그가 세운 대한민국은 길이길이 지

---

8) 이승만이 임병직과 함께 하와이에서 상해로 갈 때 일본인들의 체포를 피하기 위해 화물선 밑창 중국인 시신을 넣은 관 틈에 숨었던 사실을 가리키는 말이다.

키시라.

(3) 6 · 25 동란 수습에 절대적인 공로

아! 이전에 있어본 적이 없는 국난(國難) 6 · 25동란이 일어나자, 그 즉시 이 대통령은 미국 트루만 대통령과 극동사령관 맥아더 장군에게 구원병을 급히 청했다. 미군 출동의 열쇠는 물론 맥아더 장군 수중에 있었다.

이 대통령의 급전(急電)을 받은 이 대통령의 친구인 맥아더 장군은 1950년 6월 28일 한반도로 날아와서 이 대통령과 수원에서 회담했다. 그 결과, 미 육 · 해 · 공군이 출동하고 뒤이어 유엔군이 출동하여 적군을 몰아내고 북진하기 시작했다. 이 대통령이 나라를 위기일발에서 구해냈다는 사실은 유엔전쟁사가 말하고 있다.

6 · 25의 전화(戰禍) 가운데서도 살아남은 학생 여러분! 이승만은 내쫓겼어도 역사가 말하는 그 구국(救國)의 대공(大功)은 영원히 남아 있을 것이다.

(4) 만리장성 쌓고 갔다. "통일 아니면 죽음!"

간악한 소련이 휴전을 제의하자 미국은 이를 환영하여 양편(兩便)이 절차를 다 밟았으나, 이 대통령이 이에 응하지 않으니 큰일이었다(이하 알렌 씨의 글을 요약한다).

이 대통령은 '통일 아니면 죽음'이란 큰 간판을 메고 북진통일 (北進統一)만 부르짖으니, 큰일이었다. 이러기를 90일. 유엔군은 매일 9백 명의 사상자가 났다. 그래서 이 대통령을 설득한 결과, 휴전의 대가(代價)로 '한미상호방위조약'에 아이젠하워 대통령이 친히 임하여 조인(調印)을 하라고 강요했다.

휴전 조인식을 하려는데 이 대통령이 반공포로를 석방하고 대
어드니, 큰일이었다. 아이젠하워 대통령은 로버트슨 특사를 보내
었으나 이 대통령은 21일 만에 "휴전을 방해하지는 않겠다"고 허
락했다. 그리하여 아이젠하워 대통령은 '한미상호방위조약'에 조
인하고. 이 대통령은 휴전조약에 조인하지 않은 채 1953년 7월 27
일에 휴전조약이 성립되었다.

클라크 장군은 "매일 9백 명의 사상자를 내면서 90일간이나 휴
전이 지체되니 환장할 노릇이다." "세계는 이승만이 절대적인 반
공투사임을 알게 되었다"고 말했다.

이 대통령이 '통일 아니면 죽음!'을 부르짖으면서 이루어놓은 한미상
호방위조약(韓美相互防衛條約)이야말로 한국의 만리장성(萬里長城)이다. 이
박사는 만리장성을 쌓고 쫓겨갔다.

학생 여러분! 이 만리장성이 아니면 우리 겨레의 생명은 풍전등화(風
前燈火)였다. 학생 여러분! 이승만은 쫓겨 갔으나 그가 쌓고 간 만리장성
은 여러분과 여러분의 자손을 길이 보호할 것이다.

학생 여러분! 이 박사에게 백 가지 죄가 있다고 하더라도 이승만 아
니면 할 수 없었던 절대적인 4대 공로를 말살하는 것은 민족적 양심이
아니다. 여러분의 세대에도 절대적인 공로자가 절대적인 원흉이 되어버
리고 만다면 나라가 어떻게 되겠는가? 이것이 학생들이 원하는 바가 아
니었다고 말할 수 있겠는가?

학생 여러분의 시대에는 공로자가 원흉으로 되는 민족적 비극이 없
는 민족애(民族愛)의 나라가 되어야 한다.

3. 이 박사의 4대 무죄(無罪)와 한 가지 죄(罪)를 들고 동포에게 호소한다

(1) 국토 상실죄 없다

이 박사에게는 국토 상실죄(喪失罪)가 없다. 동남으로 평화선(平和線)과 독도(獨島)를 사수했고, 서북으로 천리 국방 38선을 피로 지킴으로써 동서남북으로 촌토(寸土)도 상실하지 않았다.

중국의 장개석(蔣介石) 총통은 큰 중원(中原)의 본토 땅 전체를 공산적에게 넘겨주고 하나의 섬(*타이완)에서 망명정부를 이끌고 있을 뿐이다. 그런데도 중국인은 대(大) 국민인지라 그를 종신총통(終身總統)으로 모시고 있다.

도산계의 최희송(崔熙松) 씨에게 묻노니, 한 치의 국토도 상실하지 않고 이 강산을 온전히 사수(死守)한 대한민국 건국 대통령이 왜 원흉이냐?

(2) 패전 책임 없다

이 박사에게는 패전(敗戰)의 책임이 없다. 6·25! 이전에 있어본 적이 없는 국난을 당한 이 대통령은 안에서는 정쟁(政爭)에 시달리고, 일선에 나가서는 비처럼 쏟아지는 포탄(彈雨) 속을 달리면서 흉포하기 짝이 없는 공산 적군(赤軍)을 국경선 밖으로 구축(驅逐)했다. 노구(老軀)에 분골쇄신(粉骨碎身) 하심으로써 패전의 책임이 없는 건국 대통령이 왜 죄인이냐?

광해조(光海朝) 때 '계해(癸亥) 4·19' 반정(反正: *1623년) 후 인조(仁祖) 대왕은 청국(淸國)에 두 번 항복했다. 인조 4년에는 청병에게 패전했다(정묘호란). 14년 병자호란에는 서울이 함락되고, 인조는 삼전도에서 청 태종에게 무릎을 꿇고 항복했다. 그날부터 우리는 3백년 동안 청 제국의 종이 되었다. 그래도 우리는 전쟁에 수고한 임금이라 하여 조(祖) 자를 올려 인조대왕이라고 존칭한다.

인촌계의 동아일보사에게 묻노니, 적전(敵前)에 한 번도 머리 숙인 일이 없는 대한민국 건국대통령은 왜 조(祖) 자 대신에 똥이냐?

이 박사는 휴전조약에 조인도 아니 하고 북진통일을 힘쓰다가 38선 하에서 타도되었다. 북벌(北伐) 진군을 하려다가 후배 이성계의 칼에 목이 떨어진 최영 장군은 원통하여 그 무덤에 풀이 나지 않아 적총(赤塚)이 되었다.

금(金) 나라의 침공군을 격파하고 북진을 하려다가 정적(政敵) 진회(秦檜)의 옥중에서 죽은 남송(南宋)의 악비(岳飛) 장군도 원통하다고 하거니와, 이 나라의 원수(元首)로서 북진통일의 대원(大願)을 이루기도 전에 타도당한 이 박사의 비극은 너무나 큰 불행이다. 동포 여러분!

(3) 국체(國體) 변혁죄 없다

이 박사에게는 국체 변혁죄가 없다. 민주주의 국체를 군정(君政)으로 바꾸거나 국회를 해산한 일도 없었다. 우리는 매국(賣國) 조약에 어인(御印)을 누른 고종황제나 순종황제도 우리 임금으로 부르는데, 국체 변혁도 아니 한 대한민국의 건국 대통령은 왜 원흉이냐?

(4) 변절죄(變節罪) 없다

이 박사는 변절(變節)한 적이 없다. 구(舊)한국 시대에 무너지는 조국을 붙잡으려다가 옥중생활 5년 7개월에 몸을 상했어도 애국일심(愛國一

心)은 변하지 않았다. 항일구국의 대의를 붙잡고 대일본의 위무(威武) 앞에서도 백절불굴이었다. 반공건국(反共建國)의 대업에 분골쇄신하다가 최후의 일각까지 북진통일을 부르짖으면서 쓰러졌다.

동포 여러분! 평북 삭주(朔州) 출신의 장준하(張俊河) 씨에게 다시 묻노니, 변절 없는 대한민국 건국 대통령이 왜 정치적 악한(惡漢)이냐? 왜 협잡꾼이냐?

망명 노인의 애국 잔골(殘骨)이 이역(異域: *하와이)의 고총(古塚) 속에서 진토(塵土)가 되어도 조국을 향한 일편단심은 변치 않을 것이다. 동포 여러분! 울어나 주자.

(5) 한 가지 죄(罪)

이승만 박사에게는 헌법 운영을 잘못한 죄가 있다. 그 부하들이 저지른 3·15 부정선거도 헌법 운영의 잘못이지 그 이상은 아니다.

지하에는 공산세력, 국내에는 당파 싸움, 밖으로는 적군 침입. 전시(戰時) 하에 독재시(獨裁視)될 수 있는 강력정치(强力政治)도 부득이했던 것이다. 양민에게는 국부(國父), 반공을 위한 독재였다.

헌법 운영의 잘못은 바로잡으면 된다. 역사에서 헌법 운영에 잘못이 없는 정권이 어디 있었던가?

동포 여러분! 4대 무죄(無罪)의 대통령이 원흉이 되는 나라에서 여러분의 자손은 평안히 살 수 있다고 생각하는가?

용서 없는 나라는 원흉 제조 공장이니 영웅이 나올 수가 없다. 망명 노인은 만고(萬古)의 한을 품고 이역의 고총(孤塚: 외로운 무덤) 속에 눕게 될 것이다. 이역의 고총이 이 나라 경무대보다 나을 것이니, 살아서든 백골로든 돌아오지 마시라.

4. 이 박사의 4대 무방(無妨)을 들고 야당의 반성을 촉구한다

(1) 부산정치 파동 무방(無妨)

1952년 피난수도 부산에서 일어났던 정치파동[9]은 안팎으로 추태를 드러냈다. 무엇 때문에 정치파동이 있었는가?

① 이 대통령의 재선(再選)을 막으려는 야당의 극한투쟁이 있었다. 터키의 케말 파샤는 종신(終身) 대통령이었는데, 건국 대통령의 재선(再選)에 극한투쟁을 한 것은 너무 각박했다. 전시(戰時)에 정쟁(政爭)을 벌인 것은 비애국적 투쟁이 아니었는가?

② 여당의 대통령 책임제, 대통령 직선제(直選制)에 대한 야당의 극한투쟁이 있었다. 작금의(*1962년) 민정이양(民政移讓) 개헌은 바로 부산 정치파동 때의 개헌과 같은 것이다. 민주당이 유시태(柳時泰)를 시켜서 전시(戰時: *1952년)에 국가 원수에게 총질을 한 것은 망국적 작란이었다. 이 망국적 작란에 대한 여당의 강권(强權) 발동은 부득이한 조치라고 보인다. 부산 정치파동은 여·야 양편이 반성할 점이 있었다.

대통령 책임제에 복귀(復歸)한 오늘(*1963년)의 관점에서 보면, 정치파동은 무방하다.

(2) 사사오입(四捨五入)은 무방했다

---

9) 6·25전쟁 중인 1952년 7월 4일 임시수도 부산에서 국회가 '발췌개헌안'을 통과시킬 수밖에 없게 만든 일련의 정치적 사건들을 가리키는 말이다. 이승만은 국회의 간접선거를 통해서는 대통령에 재선되기 어렵다고 판단하고 국민의 직접선거를 도입하려고 무리한 방법을 사용하게 되었다.

1955년 이 대통령이 3선(選)에 출마하기 위한 개헌안을 사사오입(四捨五入)으로 결정한 것은 잘못이었다.

그러나 만일 사사오입이 없어서 이 대통령이 출마하지 못했으면, 신익희 대(對) 조봉암(曺奉岩)의 대결로 인해 조봉암이 대통령에 당선되었을 것은[10] 동아일보사도 알 것이다. 그러면 이 대통령이 사사오입 개헌을 하지 않아 3선을 못함으로써 조봉암이 대통령으로 당선되었으면 좋았겠느냐?

(3) 2·4 파동 무방했다

자유당이 1958년 12월 24일 방공법(防共法)을 강화하려다가 민주당의 농성투쟁을 만나, 이기붕 씨가 국회 경호권(警護權)을 발동한 것이 2·4파동이다.

당시 법무장관 홍진기(洪璡基) 씨의 옥중수기에 의하면, "동(同) 법안은 독일 방공법의 직역(直譯)이라"고 했다. 조병옥 박사 등 민주당 거두들도 법무부에 질문할 때, "어느 조문을 삭제하라느냐고 반문하는 법무부 장관의 말에 대답도 못했다"고 한다. 그리고는 농성투쟁, 국회 기물파괴 등으로 국회의 신성을 모독했다.

2·4파동의 추태는 여·야의 공동책임이다. 그런데 민주당이 집권하여 방공법안을 제기했을 때에는 신민당이 극한투쟁으로 대결함으로써 방공(防共) 질서가 무너졌다. 국사(國事)를 저해(沮害)하고 개처럼 물고 찢는 것이 야당인 줄 알았다면, 백년 동안 군정(軍政) 하에서나 살아야 할 것이다.

---

10) 1956년의 대통령 선거에서 민주당 후보인 신익희가 선거 직전에 죽어 야당 후보로는 조봉암만 남았던 사실을 가리킨다.

(4) 한글 파동 무방

이 박사가 한글 신(新) 철자법을 실행하자는 것이 소위 한글 파동이었다.[11] 당시 동아일보는 이 대통령을 가리켜 언문을 반대한 연산군과 같은 '폭군'이라고 했다.

터키의 건국 대통령 케말 파샤는 본국의 국문 아라비아 자(字)를 폐지하고 로마자를 쓰게 했다. 이에 대한 반대 폭동을 군사력으로 진압하여 기어이 과학(科學)을 할 수 없는 터키의 국문을 없애고 유럽문자(＊로마자)를 채용했다.

이승만 대통령은 철자법도 못 고치고 '폭군'이 되었거니와, 우리도 정치 데모보다 문자혁명이 시급하다.

5. 4천년 역사상 첫 대통령을 후세에 변호한다

(1) 이 박사 첫 대통령 당선에 죄 없다

1948년 7월 20일 제헌국회가 공포한 헌법에 의하여 대통령을 선거했다. 출석 의원 186명 중 총득표수 180명으로 이 박사가 초대 대통령에 당선되었다. 국적 없는 서재필 박사의 1표는 무효가 되었다. 이 박사는 한 점의 흠도 없는 건국 대통령, 4천년 역사에서 첫 대통령이다.

(2) 신숙주와 조봉암

1952년 8월 13일에 제2대 대통령 선거 결과를 개표하였는바, 이시영

---

11) 이승만은 한글 맞춤법을 단순화하고 한글 타자기를 보급하기 위해 구한말의 성경 문체처럼 소리 나는 대로 적으려고 했다.

(李始榮) 씨와 신흥우(申興雨) 씨 약간의 표, 조봉암 70여만 표였는데 비해 이 박사는 523만 8천여 표로 제2대 대통령에 당선되었다.

단종(端宗)을 모살한 신숙주(申叔舟)의 모략도 적색(赤色) 세력 앞에서는 맥을 못 쓰는지, 그 후손 신흥우 씨도 조봉암의 발에 밟혔다. 정조(正祖)를 살려낸 이종성(李宗城)의 공덕도 공산당 앞에는 효험이 없는지 그 고손(高孫)인 이시영 부통령도 조봉암의 발 앞에 무릎을 꿇었다.[12]

유독 양녕대군 16대손(*이승만)이 조봉암을 억누르고 민주주의를 살렸다. 그야말로 최초의 직선(直選), 최초의 민선(民選) 대통령이었다. 이 민의(民意)를 막으려는 것이 부산 정치파동이었다. 만일 이 민의를 막고 전재복구(戰災復舊)가 되기도 전에 장면 정권이 성립되었더라면 나라가 어찌되었겠는가? 생각만 해도 몸이 떨린다.

(3) 철의 멍에냐? 자유냐?

1956년 5월 15일 제3대 대통령 선거결과, 고(故) 신익희 씨에 시민권(屍民權) 표[13]가 180여만 표, 조봉암 216만여 표로 이 박사가 540만여 표로 당선되었다.

2차, 3차 조봉암 씨와 대결해서 이긴 대통령이 독재자, 폭군이라면, 조 씨가 대통령에 당선되어야 민주주의냐? 조봉암이냐 이 박사냐? 공산주의냐 민주주의냐? 소련의 종이냐 자유냐? 죽느냐 사느냐? 하고 대결하는 판에 사사오입(四捨五入)을 들고 제 대통령을 원흉 만든 데는 도산계

---

12) 1952년 8월 5일의 부통령 선거에서 신흥우와 이시영이 조봉암 보다 표를 적게 얻은 사실을 말함.

13) 민주당 대통령 후보인 신익희가 투표일을 앞두고 죽자, 보수적인 민주당은 지지자들에게 좌파로 의심되는 진보당의 조봉암 후보를 찍기보다는 차라리 죽은 신익희 후보를 찍어 무효표를 만들 것을 호소했는 데, 그러한 표를 저자는 시민표(屍民票: 즉 死票)로 표현했다.

와 인촌계의 공훈도 크다.

(4) 홍진기 씨의 옥중수기

1960년 3·15 선거 때 조병옥(趙炳玉) 박사의 서거로 이 박사에게는 경쟁자가 없었다. 경쟁자가 없는 이 박사에게 3·15 선거부정이 왜 필요했겠는가?

조 박사는 생존해 있을 때 서울 성북구에서 조소앙(趙素昻)과 맞서서 낙선했고(*1950년의 5·30선거), 공주에서 윤치영(尹致暎) 씨와 대결해서 낙선했다(*1952년 2월 보궐선거). 그런데 무엇이 무서워서 부정선거를 했겠느냐?

전 법무장관 홍진기 씨의 옥중수기에 의하면, "이 박사 당선은 물론 이기붕 씨 당선도 염려 없었는데, 당시 내무장관이 자기 공(功)을 세우려는 작란이었다"고 하였다.

그렇다면 이 대통령의 3선(選)에 흠이 없다는 것도 자명(自明)한 역사요, 3·15 부성선거도 유일(唯一) 후보자를 위한 것이 아니라는 것도 명명백백한 사실이다. 1선(選)에도 무죄, 2선에도 무죄, 3선에도 무죄였다. 4선에도 도의적 책임 외에는 죄가 없는 이승만 대통령.

4천년 역사에 첫 대통령을 백세 이후에까지 죄인을 만들 수 없으므로 나는 이 박사의 죄 없음을 백세 이후의 사람들을 위해 변호한다.

제3장 인류 최초 정의의 국제군(國際軍)

1. 이승만·맥아더 수원 회담의 이적(異蹟)

(1) 생사 고비의 수원회담

6·25 동란이 발발하자 이 대통령은 즉각 미국 대통령 트루먼과 주일
(駐日) 극동군 사령관 맥아더 장군에게 지급(至急)으로 원병(援兵)을 간청
했다. 미국 해·육·공 3군의 출동 여부는 그 열쇠가 맥아더 장군의 수중
에 있었고, 그 최후 결정은 이승만·맥아더 수원 회담에 달려 있었다. 우
리의 사활 문제는 미군이 구원해 주러 오느냐의 여부에 달려 있었다.

그러나 당시 미군이 구원해 주러 오기에는 지극히 어려운 정세에 있
었다. 당시의 상황을 보면,

① 대륙의 중원과 6억의 중국 인민을 내버린 미국은 대륙을 단념했던
것이다. 그래서 '트루먼(*애치슨) 라인'은 오키나와, 대만, 일본만 포함했
을 뿐, 중국과 한반도는 제외되었다.

② 아시아 대륙에서 공산군이 한강까지 진출했는데 낙동강 이남의
한 뿌다귀 지점에 상륙한다는 것은 군사학(軍事學)이 허락하지 않았다.

③ 미국은 건국 이래 어느 한 나라를 위하여 10만 이상의 군대를 출

동한 역사가 없다. 스티코프(*평양 주재 소련 대사)가 "미군은 출동하지 못한다"고 스탈린에게 보고한 것도 이 때문이다. 스티코프의 잘못된 보고 때문에 6·25 동란이 벌어진 것이다.

당초에 미 국무성은 해·공군 출동만 생각했었다(주미대사 장면 씨의 말). 그런데 맥아더 장군은 이 대통령의 간청을 받고 6월 29일 수원에 와서 이승만·맥아더 회담을 열어 미 해·육·공 3군이 한국 전선에 대거 출동하도록 완전 결정을 보았다.

지리(地理)와 인간의 정세로 보아서는 될 수 없었던 미군 출동이 이루어졌으니, 이것이 바로 이적(異蹟)이다. 이·맥 양인(兩人)은 같은 크리스천으로서, 기도하는 중에 하나님의 뜻대로 이루어진 일대 이적이었다.

(2) 정포은과 이한음의 외교

진(晉)나라와 초(楚)나라의 전쟁 때 초나라 사신 신포서(申包胥)가 진(秦)나라의 조정에 찾아가서 원병을 청했으나 허락해 주지 않자 7일간 통곡하면서 사정한 결과 원병을 얻은 일은[14] 고대 외교사상의 기사(奇事)라고 한다.

정포은(鄭圃隱: *정몽주)은 학문과 절개로 이름난 사람일 뿐만 아니라 당대 외교의 제일인자였다. 정몽주의 외교로 명 태조의 고려 정벌군 파병을 중지시킨 것은 그의 큰 공로이다.

임진왜란 때 선조는 평양으로 피난 가 있는 중에 당대 제일의 외교가 이덕형(李德馨)을 명(明)에 보내어 구원병을 청했다. 이덕형은 이항복(李恒福)과 죽음을 각오하고 작별한 후 명나라에 들어갔다.

---

14) 신포서는 초(楚)나라의 신하로 오(吳)나라의 침략을 받아 국가의 운명이 위태롭게 되자 진(秦)나라 조정에 가서 7일 동안 먹지 않고 호소하여 구원병을 얻어냈다.

그러나 이덕형이 명나라 조정에 들어서자마자 명나라에서는 그를 간첩이라고 하면서 감금했다. 감금 중에 쓴 이공(李公: *이덕형)의 변무소(辨誣訴: 무고함을 변명하는 글)는 우리의 외교사상 명문(名文)으로 전해온다. 이공은 금식하고 명나라 조정에 서서 울면서 호소하는 상소를 여섯 번이나 올렸다. 명나라 조정도 이덕형의 여섯 차례의 읍소가 신포서의 '진(秦)나라 조정에서의 7일간의 통곡'보다 더 간절하다고 하여 이여송(李如松)의 군대를 출동시키게 되었다.

이승만 대통령은 맥아더 장군을 불러와서 수원 회담을 한 결과, 미군과 유엔군이 지금까지 우리를 방위하고 있다. 이 박사의 구국외교(救國外交)는 포은 정몽주의 외교나 한음(漢陰) 이덕형의 외교에 비할 바가 아니다. 우리가 한음 외교의 공로에 길이 감사한다면, 수원의 이적(異蹟)도 잊어서는 안 된다.

(3) 수원의 애가(哀歌)

수원에는 사도세자(思悼世子)의 무덤 현륭원(顯隆園)이 있다. 세자는 영조대왕의 외아들이지만 노론의 모해(謀害)를 받아 임오년(*1762년) 윤5월 13일 뒤주 속에 폐쇄되어 13일 만에 말라 죽었으니, 그 시기가 양력 6월 25일에 해당한다. 그래도 사도세자는 그 아들 정조대왕의 손으로 이 땅에나 묻혔지만, 6·25의 구국자(救國者:*이승만)는 이역(異域: *하와이)의 외로운 무덤(孤塚) 속에서 편히 쉴 수나 있을 것인가?

수원성은 정다산(丁茶山: *정약용)이 처음으로 새로운 과학 중력(重力)을 이용해서 쌓은 성이다. 다산도 수원성을 쌓고 나서는 노론(老論)에게 몰리어 19년간 강진(康津) 정배살이를 하느라 할 일은 못해 보고 저서밖에 남긴 것이 없다.

그래도 다산은 책이라도 남겼지만 '수원 외교'의 구국자(*이승만)는 욕밖에 남은 것이 없다. 수원만 읽어 보아도 3천리 강산이 가시밭임을 알겠더라. 수원아! 울어라. 원통한 사도세자를 위해 울고, 정배살이 한 정다산을 위해 울어라. 그리고 수원 회담의 이 박사를 위해 울려무나!

2. 유엔군의 출동 일지

6·25동란이 돌발하자 미 국무성은 주한 미대사의 급보(急報)와 이 대통령의 지급(至急)한 구원군 청원과 극동 총사령관 맥아더 장군의 군사보고를 받고 사변(事變)이 발생한 지 33시간 내에 유엔안전보장이사회를 열었다. 그리고는, "침략군은 즉시 38이북으로 철퇴할 것", "한국위원단이 이를 감시할 것"을 9 대 1(보류)로 가결했다. 때마침 소련 대표가 중국 문제로 출석을 거부하고 있는 동안이어서 거부권 행사를 하지 못했다.[15] 불행 중 다행이있다.

6월 27일, 다시 열린 안전보장이사회에서 "미 해·공군 출동할 것", "소련에 즉시 철퇴를 통고할 것", "유엔 제국(諸國)은 대한민국을 원조할 것"을 8 대 1로 가결했다.

6월 29일, 미군 전진(前進) 지휘소를 수원에 설치했다.

---

15) 장개석의 중화민국(타이완)이 가지고 있는 유엔 상임이사국의 자리를 모택동의 중공이 차지해야 한다는 주장이 받아들여지지 않자, 소련은 항의의 표시로 회의에 참석하지 않고 있었다.

6월 29일, 맥아더 장군이 수원으로 날아와서 이 대통령과 회담했다. 이·맥 양인은 전파(電波) 연락으로 큰 원칙(大體)에 대한 결정을 하였다가, 수원회담에서 전투태세를 완전히 정비하였다.

6월 30일, 미 대통령은 미군 지상부대의 출동을 명령하였다.

7월 7일, "유엔군 사령부 설치를 결정하고", "유엔군 사령관에 맥아더 장군을 임명하고", "유엔의 깃발(旗) 사용을 결정하고", "유엔기를 맥아더 장군에게 전수(傳授)했다."

이리하여 인류 역사상 최초로 정의를 위한 국제군(國際軍)의 출동이 이루어졌다. 이 빛나는 인류의 역사가 이승만·맥아더 두 영웅에 의해 이루어졌던 것이다.

3. 유엔군의 이념은 "하늘에 계신 우리 아버지"시다

정의를 위해 싸우는 인류 최초의 국제군(國際軍)의 전쟁 이념은 무엇인가? 맥아더 장군이 서울을 탈환하여 9월 28일 이승만 대통령에게 서울을 반환하면서 준 메시지가 바로 유엔군의 이념이다. 이 메시지는 한국 역사는 물론 유엔 전쟁사상(戰爭史上)에 대서특필한 대문자이다.

맥아더 장군이 말했다: "하나님의 은혜로 싸웠습니다", "하나님의 은혜로 이겼습니다", "하늘에 계신 우리 아버지 이름을 거룩하게 하옵시며 뜻이 하늘에서 이루어진 것처럼 땅에서도 이루어지이다 ……"(예수의 기도문)

이것은 목사의 축문(祝文)이지 어디 승전(勝戰) 장군의 메시지인가? 대학교수나 국회의원들은 그 뜻을 몰랐으나 이 대통령만이 그 뜻을 알았다.

"하늘에 계신 우리 아버지 하나님은 곧 미국인의 아버지, 한국인의 아버지이시고, 트루먼 대통령의 아버지, 이 대통령의 아버지이시다. 그러므로 한국인·미국인은 다 한 형제다. 한국 형제가 침략을 당하니 미국 형제 14만 명의 피로 서울을 찾아서 형제에게 돌립니다."

이것이 유엔군의 이념이고, 미군이 피 흘리는 이념이다. 이승만·맥아더 두 영웅은 하늘에 계신 아버지의 뜻을 위하여 무신론자(無神論者)인 공산군을 쳐서 물린 것이다.

동포 여러분! 미군이 흘린 피에서 "하늘에 계신 우리 아버지"란 소리를 못 들으면 그는 곧 귀머거리다. 한국의 지도자 여러분! 이승만·맥아더 두 영웅이 부르짖던 "하늘에 계신 우리 아버지"를 모르면 방공(防共) 전선은 위험하다.

제 4장 대한민국은 원흉의 원산지냐

1. 원수(元首), 원흉(元兇), 원훈(元勳)

원흉(元兇)이란 말은 한어(漢語)사전에도 없고 영어(英語)사전에도 없다. 일본어 사전과 우리말 사전에는 있으나 일본 문헌에서나 우리 문헌에서도 원흉을 보지 못했다. 4·19 직후 동아일보에서 '원흉'을 쓰기 시작했고, 최희송(崔熙松) 씨가 국회에서 '원흉'을 말하기 시작했다.

일찍이 율곡계(栗谷系: *이이 계열)와 도산계(陶山系: *이퇴계 계열)가 당파 싸움으로 피차 피를 보면서도 원흉이란 문자는 쓰지 않았다. 일인(日人)들도 일찍이 독립운동가의 몸에 칼을 가하면서도 원흉이라고는 부르지 않았다.

그러나 이 박사는 일본인에게서도 들어보지 못한 원흉이란 죄명을 도산계(島山系: *안창호 계열)에게서 받았다. 이 독사(毒蛇)의 언어가 어디에서 났느냐? 최희송 씨에게 묻노니, 이 독사의 언어를 어디에서 배웠느냐? 미국에는 없는 언어를 도산 선생에게서 배웠느냐? 나는 도산 선생이 주창한 민족개조론(民族改造論)에서 '원흉'이란 글자를 본 기억이 없다. 이것은 자기 동포를 모독하는 독사의 언어가 아니고 무엇이냐?

『동아일보』에서는 사형수 최인규(崔仁圭: *4·19 당시 내무장관) 씨에 대하여 '원흉의 원흉'이라고 대서특필했다. 이것은 한 점의 동포애도 없는 독사의 용어가 아니고 무엇이냐? 우리 민족은 일인(日人)에게서도 들어보지 못한 저주를 동아일보에게서 받았다. 이 민족 분열의 용어를 어디에서 배웠느냐? 인촌(仁村: *김성수) 선생이 남기고 가셨느냐? 나는 인촌 선생 생전에 이 말을 하는 것을 들어본 기억이 없다.

자유당원 백만 원흉에게 날인을 찍은 이 말이 민족분열의 용어가 아니고 무엇이냐? 이리하여 도산계의 혀와 인촌계의 붓으로 이 나라는 원흉의 원산지가 되었으니, 이런 곳에서 영웅이 날 수는 없을 것이다. 이리하여 이 나라의 원수(元首)는 원흉이 되고, 이승만 타도의 공훈으로 도산계와 인촌계는 원훈(元勳)이 되었다.

원수! 원흉! 원훈!

원훈들아! 잘 살아라. 원흉들아! 너희가 갈 곳은 브라질뿐이다.[16] 원흉의 형제인 남은(南隱) 나는 울 것이다.

2. 소급법은 민족개조가 아니다

4·19 혁명 이념을 계승한 장면(張勉) 박사는 원흉을 처단하기 위한 소급법(遡及法)을 제정했다(*1960.12). 소급법은 유엔 정신에 위반되고, 헌법정신에 배치(背馳)되는 것으로, 이는 곧 법치를 근본으로 삼는 민주국가를 부정하는 것이다.

3·1운동 때 일제(日帝)는 33인에게 적용하기 위해 소급법을 만들려고 했으나 일인(日人) 법관들이 이에 반대했다. "소급법이 아니면 조선을 잃

---

16) 저자가 이 책을 쓰던 당시 브라질 이민이 큰 관심거리였기 때문에 이러한 표현이 나온 것이다.

어 버린다"는 총독의 협박에 대하여, 일인 법관들은 "조선을 잃어버릴지 언정 일본의 법을 죽일 수는 없다"고 항거하고 좌천당한 판사도 있었다.

그래서 내란죄로 엄벌하려고 경성 지법에서 고법(高法)에 이송했으나, 내란죄 구성도 어려워서 도로 지방법원으로 환송했다. 그 환송 주문(主文)이 잘못되었다고 해서 당시 변호사 허헌(許憲)이 공소(控訴) 불수리(不受理)를 시킨 것이 세계적 화제가 되었다. 그 결과 33인은 소요죄(騷擾罪)로 최고 3년형만 받게 되었다.

군국주의 일제도 소급법을 부끄러워하고 침략자의 총독부도 피정복자에게 소급법을 쓰지 않았는데, 장(張) 정권은 민주주의의 큰 기치를 내걸고 이(李) 정권을 비민주주의라는 이유로 타도하고, 소급법으로 동포에게 임했느냐? 일본인 보기가 부끄럽지 않은가.

도산계의 장 정권이 소급법을 제정하고, 인촌계의 윤보선(尹潽善) 대통령이 소급법 교서를 내리고, 도산·인촌 양계(兩系: *민주당 신파와 구파)의 국회가 이 야만적 법률을 통과시켜 일제(日帝) 이상의 악법(惡法)으로 제 동포를 때려잡았다. 이것이 반세기에 걸친 민족개조냐?

국토 상실죄가 없는 원흉, 패전 책임이 없는 원흉, 국체 변혁죄가 없는 원흉, 변절죄가 없는 원흉에게 소급법 아니고는 마음껏 보복할 수 없었던 것이다. 반백년 부르짖던 민족주의가 이것뿐이라면 100년 군정(軍政)도 오히려 부족하다.

3. 공민권 박탈은 동포의 생존권 박탈이다

민주당과 신민당은 적(敵)에게 보복하기 위하여 「공민권 제한법」을 창작해 냈다(*1960. 12). 이는 공민권 유기(有期) 박탈이다. 공민권이 없으면 취직을 못한다. 밥벌이를 못하면 그는 가족과 함께 굶어죽을 수밖에 없다. 공민권을 박탈당할 2천 명의 가족 겸(兼) 1만 명의 동포로부터 생존권을 박탈하는 것이다.

공민권 박탈을 논의하는 위원회에서 자동케이스로 박탈당하게 하려는 법안이 부결되자, 서민호(徐珉濠) 위원은 화를 내며 소리소리 외쳐댔다. 그 이튿날 학생 데모대가 국회의사당에 뛰어들어 흙 묻은 구둣발로 강단을 짓밟고 국회 기물을 파손했다.

서민호 씨는 술집에서 국군장교 서창선(徐昌善) 대위를 총살하여 (*1951년) 8년 형을 선고받고 형기 중에 4·19(*1960년)를 맞아 특사를 받았고, 복권(復權)이 되어 국회의원에 당선되었다. 하지만 그것은 용서를 받은 것일 뿐이지 국군 장교를 술집에서 총살한 데 대한 상급(賞給)은 아니었다.

그렇다면 용서를 받은 서민호 씨도 정적(政敵)을 용서해 주어야 했거늘, 그는 도리어 609명에게 자동케이스로 공민권을 박탈하려고 했다. 이는 다수 동포의 생존권 박탈이다.

전 법무장관 조재천(曺在千) 씨는 추상같은 위세로 2천여 명의 공민권 박탈을 선고할 때, 첫째 이승만의 공민권을 7년 제한했고, 둘째 이기붕의 공민권을 7년 제한했다.

비록 망명노인이라 하더라도 생존해 있는 이승만의 공민권은 박탈할 수 있을 것이다. 그러나 이미 죽은 이기붕의 공민권까지 박탈하는 것은 천하에 둘도 없는 악법이다. 어쨌든 죽은 이기붕 씨는 조재천 씨 생전에는 부통령 출마를 못할 것이다.

또 한 가지, 조재천 씨 등 민주당원들은 혁명정부(*5·16군사정부)의 정정법(政淨法: 정치정화법, 1962. 3)이 잘못되었다고 불평했다. 그러나 정정법은 정치운동만 못하게 한 것이지 공무원은 될 수 있으니, 공민권 제한에 비하면 대자대비(大慈大悲)하지 않은가. 3·1운동 때 일본인도 우리에게 공민권 제한을 한 일은 없었다.

동족의 생존권을 빼앗고 이 민족이 어떻게 살아나겠느냐? 민주 동포에게는 악(惡)한 보복으로 임하고 방공(防共) 질서는 무너뜨렸다. 그러니 5·16혁명에 장 정권이 무너진 것은 당연 이상의 당연한 일이다.

슬프도다! 이 나라 민족 지도(指導)의 남은 두 기둥(*도산계, 인촌계)이 일본인 이상의 악법(惡法)을 동포에게 가했다면, 이 민족의 장래를 어떻게 하자는 말이냐? 도산계의 민족개조(民族改造)와 인촌계의 민족교육(民族敎育)이 원흉 제조, 소급법 제조, 공민권 박탈 이런 것들뿐이라면 차라리 나를 브라질에나 보내 주시오.

우남이 쫓겨간 뒤 도산·인촌 양계의 정치 역량이 방법(防法 *법치) 질서도 유지하지 못한다면 이 민족이 누구를 믿고 산단 말이냐.

4. 이 대통령 매장은 기시(岸) 외교의 성공

(1) 일본 대미 외교의 중점

일본의 기시(岸) 내각은 대미(對美) 외교의 중점을 이승만 타도에 두었다. 한국의 식자들도 '기시 외교'의 중점을 모르는 사람은 없었다. 일본이 첫째, 60년래 숙적을 잡아 없애려는 복수심은 섬 사람(島人) 근성이다. 둘째, 이 박사를 그대로 두고는 평화선(平和線)에서 고기도 잡아먹을 수 없고, 한국을 일본 시장으로 만들 수도 없다.

그래서 기시 내각은 수억 달러의 황금을 미국 조야에 뿌려서 반(反)이승만 여론을 환기시키고 국무성을 움직였다. 그 결과 남의 나라 대통령 갈아치우는 데 능수(能手)인 매카나기(McConaughy) 씨가 주한 대사로 오게 되었다.

(2) 미국 세계정책의 2대 원칙

미국 세계정책에는 2대 원칙이 있다. 첫째, 세계보다는 미국. 둘째, 어느 지역에서나 우수한 자에게 지도권을 주는 것이다. 그런데 미국인의 눈에 극동에서는 일본인이 가장 우수하다고 보여 극동 지도권을 일본에 주려는 것이 미국인의 외교이다. 또, 미국은 훗날 극동 반공전선(反共戰線)에 일본군을 세우려고 했기 때문에 '기시 외교'의 중점을 무시할 수 없었다.

매일같이 '이승만 폭정'이란 기사를 주먹 같은 활자로 찍어내는 인촌계의 신문(＊『동아일보』)과 도산계의 대미(對美) 이승만 악선전은 일본의 '기시(岸) 외교'를 뒷받침했다. 인촌·도산 두 계열이 '기시 외교'를 뒷받침했다면 민족적 수치가 되므로, '기시 외교'가 인촌·도산 두 계열의 이승만 타도 운동을 뒷받침했다고 해야 민족적 체면이 설 것이다.

어쨌든 1960년 4월 26일 항일(抗日) 괴수 이승만 대통령의 하야(下野)로 '기시 외교'는 성공하였다. 기시 씨의 기쁨보다 인촌, 도산 두 계열의 민주당, 흥사단의 기쁨은 더했다.

한·일 양국이 함께 축하할 뿐만 아니라 손가락 하나 움직이지 않고 '반공(反共) 괴수' 이승만을 잡아 치운 북경과 크렘린(Kremlin)의 기쁨은 한국과 일본 이상이었다.

(3) 승리자들의 축배

기시 외교의 성공에 안창호·김성수 양계(兩系)가 기뻐했다고 하는 것은 무고가 아니냐고 질문하는 사람은 보라! 이승만 대통령을 가리켜 '똥'이라고 한『동아일보』와 이 대통령을 가리켜 '인간 이하의 정치적 악한'이라고 한 『사상계』의 기사는 그들의 기쁨을 표현한 것이 아니고 무엇이냐.

한·일이 함께 축하하고, 한·중이 함께 기뻐하고, 한·소가 같이 웃는 이승만 타도 축하에, 나는 하늘이 무서워서 머리를 못 들고 땅이 부끄러워 몸 둘 곳이 없어서, 두 손바닥으로 조선 놈인 내 얼굴을 가리고 통곡을 했다. 기뻐하는 인촌계 제군(諸君), 도산계 제공(諸公)은 '기시 외교' 성공 다음에 올 것이 무엇인지 아는가? 나의 울음을 용서하시라.

적국(敵國)의 수도 부여가 나·당 연합군에게 함락되는 날, 숙적(宿敵)인 의자왕(義慈王)이 당나라에 포로로 잡혀갈 때 신라의 김유신(金庾信) 장군의 눈에서는 뜨거운 눈물이 떨어졌다. 천년 적국 고구려의 수도 평양이 함락되던 날, 숙적 보장왕(寶藏王)이 당나라에 잡혀가는 것을 보고 신라의 김춘추(金春秋)는 이를 갈았다.

이승만을 타도한 후 한·일이 같이 축하하던 날, 내가 이 나라 4천년 이래의 첫 대통령이던 망명노인을 생각하고 운다고 허물치 마시라. 나는 깨진 민족전선(民族戰線)에 서서 나 홀로 애가(哀歌)를 부르는 것이니라.

5. 정덕(正德)의 상복을 입은 정당

(1) 정덕(正德)은 죽었다

민정당(民政黨: *박정희에 대항한 윤보선의 정당) 창당 선언서는 극한투쟁의 선전 포고이다. 앞부분은 "이 정권을 타도했다"는 자랑이고, 뒷부분은 "혁명정권을 빼앗겠다"는 극한투쟁의 장담이다.

동 선언문에 "정덕후생(正德厚生)"이란 문구가 있다. 극한투쟁의 자랑은 자유이지만 "정덕후생"은 설명할 필요가 있다.

"정덕후생"은 서전(書傳) 제3편 대우모(大禹謨) 제7장에 나오는 '정덕

(正德)’, ‘이용(利用)’, ‘후생(厚生)’ 세 가지를 말한다. 정덕(正德)이란 곧 아버지는 자애롭고 아들은 효성스러워야 하고(父慈子孝), 형은 우애하고 아우는 공순해야 하고(兄友弟恭), 남편은 의로워야 하고, 아내는 후덕해야 한다(夫義婦德)이다.

그런즉 요, 순, 우 3세의 정치는 윤리(倫理), 인화(人和)에 그 기본을 세웠다. 요는 순에게 선위하고, 순은 우에게 선위함으로써 치자(治者)가 먼저 호양(互讓)의 윤리를 세우고 그 다음에 정덕으로 교화(敎化)한 것이다.

그런데 인촌계열의 민정당과 도산계열이 지도하는 민주당이 건국 대통령을 ‘원흉’으로 만들고 그 정권을 빼앗았을 때, 정덕(正德)은 벌써 맞아 죽었다. 제군(諸君)은 정덕의 상복을 입고 정덕을 부르짖으나, 죽은 정덕은 다시 살아나지 못한다.

(2) 지게꾼들아!

옛적에 불효자가 늙은 아비(老父)를 지게에 지고 산에 내다버리니, 그 불효자의 자식이 또 그 지게로 그 아비를 지고 가서 들에다 내다버렸다. 이(*승만)정권의 상공장관(*윤보선)이 노(老) 대통령을 지게에 져서 내다버리고 그 자리를 빼앗았으며, 이 정권의 국무총리 장면 박사가 자기 대통령을 지게에 져서 하와이에 내쫓아 버렸다.

그 지게가 자신에게 돌아온 오늘에 와서 정덕을 찾으나, 정덕은 벌써 죽고 없다. 민족주의의 정통 도산계와 인촌계가 제1대 대통령부터 지게를 사용해서 내다버렸으니, 대한민국의 강상(綱常: *윤리도덕)은 이미 무너졌다. 제 나라 원수(元首)를 져다버린 지게꾼들아! 군정(軍政: *5·16)을 누가 불렀느냐? 이는 너희 지게꾼들이 불러들인 군정이 아니더냐.

(3) 4·19 이후의 책임

군정(軍政) 2년 후 민정이양(民政移讓)을 부르짖으면서도 인촌계(仁村系: *민주당 구파)는 민정당(民政黨)으로, 도산계(島山系: *민주당 신파)는 민주당(民主黨) 속에서 서로 맞서고 있다. 이것도 이 박사의 죄냐?

여러 방면의 진단을 종합해 본 결과, 도산·인촌 양계(兩系)는 영구히 합할 수 없다고 한다. 율곡(栗谷: *이이)계는 기호에, 도산(陶山: *퇴계)계는 영남에 각각 근거하여 나라가 망하기까지 싸웠던 것처럼, 도산(島山: *안창호)계는 서북에, 인촌(仁村: *김성수)계는 기호(畿湖)에 근거하고 어느 때까지 싸우려는가.

이 박사를 타도할 때 높이 들었던 민주주의의 깃발은 어느 쥐구멍에다 처박았느냐?

이 박사를 내쫓을 때 내걸었던 복지국가의 간판은 어디다 팔아먹었느냐?

4·19 이후의 책임은 이 박사에게 지우지 못한다. 이 민족적 비극의 책임은 도산계와 인촌계가 져야 한다. 4·19 이후의 책임을 묻는 학도들의 피에 대답하라.

6. 도산 선생의 제문(祭文)에 대한 장면 정권의 반증

(1) 장(張) 씨의 칼자국에 최(崔) 씨의 홍포

1963년 3월 10일 도산 안창호 선생 25주년 기념식에서 전(前) 참의원 의원 최희송(崔熙松) 씨가 낭독한 도산 선생 추모문을 3월 9일 동아일보에 발표하였다. 도산 선생의 덕망은 3천만 겨레가 함께 추모한다.

그런데 최공(崔公)의 추모문에는 "한국에는 참 지도자가 한 사람도 없다.""급조된 애국자""자칭 거물인 체하는 가짜 지도자""이모(李某)의 작란으로 애석하게도 도산 선생의 사업은 실패했다"는 등 배타적 문장이 반이나 차지했다. '이모(李某)'란 문맥상 이완용(李完用)이 아니라 이승만을 가리킨 것이다. '이모의 작란'이란 다섯 글자는 도산계 대(對) 이 박사의 50년간에 걸친 처참한 투쟁기이다.

추모문은 곧 제문(祭文)이다. 제문은 고인의 유덕(遺德)을 애모(哀慕)하는 것이 보통의 예의고, 배타적 감정 폭로는 민족성의 개조가 되지 못한다. 한 하늘 아래 같이 살 수 없는 불공대천지원수(不共戴天之怨讐)가 아니라면 추모문에까지 기재해서 영세(永世)토록 보복하지는 않는다.

"반세기의 숙적 이모(李某)를 타도했습니다"라고 고인(故人)의 영전에 받들어 고(告)하는 제문이라면 통쾌하기야 하겠지만, 이미 패하여 매장된 적장의 시신에 다시 칼질을 하는 것은 잔인성의 폭로로 보이기 쉽다. 장준하(張俊河) 씨는『사상계(思想界)』에서 "희대의 협잡꾼, 사기꾼, 늙은 원흉(老兇) 이승만", "이승만은 인간 이하이 정치적 악한"이라고 가혹한 단죄를 내렸다.

장준하 씨가 이 박사의 몸에 수없이 가한 칼자국을 최희송 씨는 그래도 예의를 갖춘 문구 '이모의 작란'이라는 홍포로 감쌌다.

(2) 유엔 보고문에 표시된 이승만 정치의 업적

1961년 3월 장(張) 정권은 집권 초기에 유엔총회에 보낸 보고서「통한각서(統韓覺書)」에서 이 정권의 12년 치적을 통계표로 기록했다. 동 보고문은 최(崔熙松) 씨가 입힌 홍포(紅袍)를 벗기고 장(張俊河) 씨가 가한 칼자국에서 흐르는 이 박사의 피의 기록이다. 홍포를 벗기고 보는 '이모'의 작란에 관한 기록은 다음과 같다.

동(同) 「보고문」 제4장의 〈민주주의의 발전과 인권의 옹호〉에서는:

① 구제사업·교육사업의 성취

② 국회와 언론자유에 의하여 민주주의가 뿌리를 깊이 박았다.

③ 96%의 아동 교육, 78개 대학에 10만 명 대학생, 수십만 졸업생
은 교육의 발전이다.

동 「보고문」 제3장에서는:

① 1957년까지 도시, 교통, 문화, 경제 방면에 걸쳐 30억 달러의 대
손해를 받은 6·25동란의 전재(戰災)를 완전히 복구했다.

② 1959년까지 물가 안정, 경제 안정이 되었다. 각 부문에서 생산율
이 상승일로(上昇一路), 한국경제 최고기록에 달했다.(통계표 첨
부)

③ 1954년~1959년까지 주택 52만 호를 건조했고, 1959년에는 곡물
420만 톤 생산으로 최고기록. 기타 생산도 상승.

통계표에 제시된 정치 실적은 1960년 4월 19일 이전이다. 한 마디로
요약하자면, 민주국가의 근거를 확립했고, 전재(戰災)를 완전히 복구했고,
경제를 안정시켰고, 교육을 잘 했다는 것이다. 52만 호의 주택을 새로 지
었고, 420만 톤의 식량을 생산하는 등, 한국민은 이 박사 시대에 등 따습
고 배가 불렀다는 내용의 보고서이다.

이 보고서에 의하면, 이 정권의 치세야말로 태평성대(時和年豊 康衢煙
月)에 격양가(擊壤歌)를 부르던 요순(堯舜) 시절의 재판(再版)이 아니고 무
엇인가.

(3) 도산계의 이 대통령 정치 찬양

이 보고문은 유엔 사절단 '언커크(UNCURK)'(*유엔한국부흥위원단)의 눈앞에서 작성된 보고서이니 거짓말일 수가 없다.

이 보고서는 상공장관 주요한(朱耀翰) 씨(도산계)의 취재, 문교장관 오천석(吳天錫) 씨(도산계)의 문안 작성, 이 박사의 동상을 꺾은 국무총리 장면 박사(도산계)의 감독, 인촌계의 윤보선 대통령의 재가, 외무장관 정일형(鄭一亨) 박사(도산계)의 외교 수속, 주미대사 장리욱(張利郁) 박사(도산계)의 검열을 거친 것이다.

그리고 유엔대표 임창영(林昌榮) 박사(도산계)의 손으로 유엔총회에 올린 것이고, 인촌의 입인『동아일보』가 국민 앞에 발표한 것이니, 이 박사의 치적을 과장하지 않았을 것이다. 말하자면, 도산계에서 이 박사의 12년 치적을 세계에 찬양하는 「통한각서(統韓覺書)」인 것이다.

동포 여러분! 망명노인에게서 홍포를 벗기고 천 번 만 번 난도질한 칼자국에서 흐르는 피로 기록된 그 정치 실적을 보시라. 그래도 죄인이거든 영원히 매장하시라.

유엔 보고서에서 "1957년까지 30억 불의 전재(戰災) 완전 복구"라고 했는데, 이것이 죄냐? "1959년까지 경제 안정"이라고 했는데, 이것이 "이모(李某)"의 작란이냐? 1959년까지 나라가 태평하고 풍년이 들어 420만 톤의 양식을 생산하였다고 했는데, 이것은 요·순의 작란일지는 몰라도 이모의 작란은 아니다.

7. 이 박사 역리(逆理)의 비극

국가의 중임(重任)은 적재(適材)에게 맡기는 것이 순리(順理)요, 막중대사를 비적임자에게 맡기는 것은 역리(逆理)다.

이미 고인이 된 만송(晩松: *이기붕)의 인물의 장점과 단점을 논하려는 것은 아니지만, 그가 불행히도 병자(病者)였음은 어쩔 수 없는 사실이었다. 그런데 이 박사가 부통령 내지 대통령이란 국가 최고의 중임을 굳이 병자인 이기붕 씨에게 전하려고 한 것이 역리(逆理)였다. 모든 부정, 모든 부패가 여기에서 기인하여 마침내 3·15 부정선거를 저질렀으니, 이게 역리로 인한 비극이었다.

이 태조(太祖: 이성계)는 후비(後妃) 강(康) 씨의 애원(哀願)을 막지 못하여 여덟 왕자 중 제일 유약한 막내아들 방석(芳碩)을 태자로 세웠다가, 영걸(英傑) 태종(太宗)이 강비 소생의 방번(芳蕃), 방석(芳碩)을 한 칼로 참살하니, 이것이 이조 유혈교대(流血交代)의 개막이자 역리의 첫 비극이었다.

그런데 이 박사는 개성(開城) 여인(*이기붕의 부인 박마리아)의 감언이설에 속아서 병자인 이기붕에게 대임(大任)을 전하려다가 피를 보게 되었으니, 그의 18대 조(祖)인 태조의 유혈교대의 전철을 밟게 되었던 것이다. 강석(康石: *이기붕의 장자로 이승만의 양자), 강욱(康旭)이 살던 서대문로가 바로 방번, 방석이 형님의 칼에 목이 떨어졌던 곳이 아니던가! 인생은 기억력이 모자랐다.

정권욕에 두 아들을 잃은 강비(康妃)는 그 백골이 정릉 무덤 속에서 5백 년 동안 울고, 강석·강욱의 어미도 그 백골이 망우리 무덤 속에서 기리 울 것이다. 서대문로를 지나가는 정치인들이여! 정권 교대에 흐른 피를 밟지 마시라.

유혈교대의 피를 본 태종대왕은, 태자 양녕대군(讓寧大君: *이 박사의

16대조)도 양위하고 차자(次子) 효령대군(孝寧大君: *이기붕 씨의 17대조)도 양위한 다음 제3자 충령대군(忠寧大君)을 세우니, 이 분이 역대 제왕 중에서 제일가는 성군 세종대왕(世宗大王)이시다.

우남(雩南: *이승만)과 만송(晚松: *이기붕)은 어찌하여 같은 아버지들의 택현양위(擇賢讓位: *현자를 택하여 자리를 물려줌)의 유훈을 잊었던고! 전주 이씨(全州李氏) 나라의 교대는 방번, 방석의 피로 개막하여 강석, 강욱의 피로 막을 내렸다.

'광해 4·19'때(*1623년) 수상 박승종(朴承宗)도 아들의 손을 빌리지 않고 그 대신 종의 손을 빌려서 죽었으니, 만송(*이기붕)도 아들의 손을 빌려서 죽지 않을 수도 있었을 것이다. 박승종은 후손(박은한 목사)을 남겼지만, 만송은 대(代)가 끊어졌다.

경무대에 출입하는 사람들이여! 참혹한 피들의 애수(哀愁)를 못 듣는가? 부디부디 당쟁사화(黨爭士禍), 정쟁유혈(政爭流血)을 그만두시라.

강석 소위(少尉: *이승만의 양자)와 강욱 군! 구차한 삶보다 깨끗한 죽음을 택했거든, 궂은 비 뿌리는 밤중에 구슬픈 울음소리와 피 흐르는 유영(幽影)으로 후대 대통령의 집에 찾아다니지 말고 산적적(山寂寂)한 망우리에 고히 잠자소서. 어느 누가 꽃 한 포기 꽂아 주겠는가.

풍수월조(風愁月弔: 바람과 달이 슬피 조상하니) 서럽구나. 바람은 세게 불고 꽃은 떨어졌음이여, 인생은 짧고 한(恨)은 길도다! (1960년 4월 29일에 쓰다)

제5장 5 · 16 혁명의 차례

1. 5 · 16혁명의 역사적 순번

근세 우리나라의 독립운동 단체들 중에서 큰 것을 대별(大別)하면 이용익(李容翊) 계열, 우남(雩南: *이승만) 계열, 도산(島山: *안창호) 계열, 인촌(仁村: *김성수) 계열의 4대 계열이다.

(1) 이용익 계열

이용익(李容翊: 함북 명천) 공은 전주 이씨로 광업가(鑛業家)였는데, 고종황제의 신임을 받았다. 한때 탁지대신(度支大臣), 군부대신, 내장원경(內藏院卿) 3상(相)의 인수(印綬)를 차고 배일친노(排日親露) 정책을 강행하다가 실각했다.

신문화(新文化)의 필요를 깨닫고 보성(普成)전문학교(고려대의 전신), 보성중학교(보성고등학교), 보성소학교를 세워 인재를 양성했다.(보성전문에서 허정許政 씨, 보성중학에서 송진우宋鎭禹 씨 등). 또 보성관(普成館)을 세워 당시 교과서와 신문화 서적을 번역, 저작해서 발간했다.

이준(李儁: 함남 북청) 열사가 헤이그 만국회담에 갈 때 이공의 집에서 고종황제의 비밀조서(密詔)를 전했고, 그 여비를 대어 노국(露國)의 수도 (*상트페테르부르그)를 경유하는 장도(壯途)를 주선했다.

이공은 일본에 건너가서 당시 수상 가쓰라 다로(桂太郎)와 회담하고 왔으나, 배일(排日)의 뱃장은 변할 수 없는지라 친로(親露) 외교로 상트페테르부르그를 방문했다가 일본이 뒤따라 보낸 자객에게 쓰러져 유골만이 환국했다.

그 뒤를 이은 손자 이종호(李鍾浩) 씨가 보성학원을 지키는 동시에 도산의 평양 대성학교(大成學校) 재무부장으로 동 학교를 원조했다. 이종호 씨 역시 해외로 망명하자 천도교에서 보성학원을 인계했다.

최린(崔麟: 함남 함흥) 씨가 보성중학교 교장, 윤익선(尹益善: 함북 경성) 씨가 보성전문학교 교장으로 있을 때 3·1운동이 일어났다. 정치가 최린 씨는 1차대전 후 세계 정세와 국내 정세를 살핀 뒤, 독립운동을 할 필요와 기독교인과 합작할 필요를 느끼고는 그 제자 송진우 씨를 통하여 함태영(咸台永) 목사, 이승훈(李昇薰: 평북 정주) 장로와 손을 잡고 일어났다.

보성진문학교 교장 윤익선 씨는 독립선언서를 보성관에서 출판하여 선포할 책임을 수행한 후 북만주로 쫓겨갔다. 일제는 보성관을 영원히 폐쇄하고, 보성전문학교는 김성수(金性洙) 씨에게 넘어가서 고려대학(高麗大學)이 되었다.

3·1운동으로 관북(關北) 출신 인사들이 주간(主幹)하던 독립운동 계열은 종언을 고(告)했다. 이용익의 친노(親露) 정책은 러시아 제국의 멸망과 함께 끝날 수밖에 없었다. 천도교를 배경으로 한 최린의 노선은 천도교의 쇠퇴와 함께 물러갈 수밖에 없었다.

(2) 우남 계열

서재필(徐載弼) 박사의 독립협회는 월남(月南) 이상재(李商在), 좌옹(佐翁) 윤치호(尹致昊)를 거쳐 우남(雩南: *이승만)이 계승하여 그 계열이 4 · 19까지 내려왔다. 4 · 19후 국내에서는 유야무야(有耶無耶)로 끝날 것으로 본다.

(3) 도산 계열

도산 안창호 선생은 평남 강서(江西)에서 나신 애국자다. 독립협회 후기에 청년 회원으로 세상에 얼굴을 알렸다. 도산은 미국에서 돌아와서 평양에 대성(大成)학교를 창립하여 교육하는 한편, 신민회(新民會)를 조직했다가 '105인 사건'에 연루되어 다수의 희생자를 냈다. 이어 흥사단(興士團)을 조직해서 오늘에는 왕성한 활동을 하고 있다.

창단 단원: 경기 홍정마(洪正馬), 충청 조병옥(趙炳玉), 전라 정원도(鄭元道), 경상 송종익(宋鍾翊), 평안 강영운(姜永韻), 함경 김종림(金鍾林), 황해 김순조(金順祚), 강원 염만석(廉萬石), 비서역 정주 선우혁(鮮于爀)).

위와 같이 흥사단은 거국적으로 창단되었지만, 평안도 또는 기독교 중심의 단체로 발전했다. 그 조직체는 미국에 성행하는 프리메이슨(Freemason: 유대인의 비밀결사 조직)을 모방한 흔적이 역력하고, 농촌운동에 치중한 점은 덴마크에 성행하는 그룬트비(Grundtvig) 운동에 영향을 받은 것으로 보인다.

도산 계열과 우남 계열이 해외, 해내에서 50년 이래 대립, 불화한 것은 민족운동에 큰 불행이었다.

(4) 인촌 계열

인촌(仁村) 김성수(金性洙) 씨는 하서(河西: *김윤후)의 후손으로 전북 고창(高敞) 출신이다. 우남, 도산의 후배로 국내에서 민족운동을 일제 탄압 하에서도 열심히 계속하였으니, 오늘날의 중앙학교를 비롯하여 고려대학교, 동아일보 등 여러 사업체가 인촌의 업적이다. 해외에서보다 국내에서의 민족운동이 더 괴로웠고, 더 필요하였고, 더욱 공로가 많았다.

그런데 과거 인촌의 사업은 도산 계열과 협력함으로써 더 많은 성과를 거두었다. 즉, 평북 정주(定州)의 현상윤(玄相允) 씨는 교육면에서, 평북 정주의 이광수(李光洙) 씨와 평양의 주요한(朱耀翰) 씨는 신문에서, 평북 정주의 이승훈(李昇薰) 씨와 황해 재령(載寧)의 장덕수(張德秀) 씨는 정치면에서 협력했다. 인촌 자신은 평북 강계(江界)에서 후취(後娶)하였다.

우리 민족운동은 인촌의 사업체에서 남북협력의 효과를 실험했다. 이는 민족적 미덕이자, 민족적 교훈이었다.

(5) 5·16의 역사적 순번(順番)

적어도 해방 후에는 인촌 계열, 흥사단 계열, 우남 계열 3당이 일치단결하여 나라를 지켰어야 했다. 그런데 이 박사가 미국에서 귀국하니 인촌의 한민당(韓民黨)에서는 그 생활비를 제공하면서 당 총재로 모시려고까지 했으나 흥사단계에서는 애초부터 우남을 반대했다.

천만다행으로 건국이 되고 이 박사가 집권하자, 인촌계와 흥사단계는 (전부는 아니지만) 합작해서 민주당으로 통합하여 공동의 적인 이(李) 정권을 타도하는 데 성공했다. 그러면 적어도 이 박사를 타도한 4·19 후에는 인촌계와 흥사단계가 단결해서 나라를 지켰어야 했다. 그런데 이 정권을 타도하자 인촌계는 민정당(民政黨)으로, 흥사단계는 민주당(民主黨)으로 분열해 가지고 서로 맞서게 되니, 방공(防共) 질서는 무너지고 국가는 누란(累卵)의 위기에 놓이게 되었다.

그래도 반세기 동안이나 독립운동을 하던 민족의 지도자 3계열이 자신들이 당면한 국가와 민족의 안위(安危)는 돌보지 아니하고 정권 쟁탈전으로 국사(國事)를 그르치는 것을 보고 누가 실망하지 않으랴. 민족 전선 3당(黨)이 이러하니 이 위기에서 나라를 구할 힘이 어디에서 오겠느냐? 하늘에서 떨어질 것도 아니고, 땅에서 솟아날 것도 아니다.

이제 이 민족을 집결할 수 있는 힘은 군(軍) 밖에 없으니 거기밖에는 기대를 걸 데가 없었다. 과연 우리가 관측했던 바와 같이, 5·16 군사혁명이 일어나서 방공(防共) 질서를 유지하게 된 것은 천만다행이다.

3당(黨)이 다 같이 무너진 다음에는 5·16혁명 세력의 집권이 역사적 순번(順番)이다. 삼천만 겨레는 역사의 순번에 당(當)한 혁명과업에 기대를 걸고 있고 세계도 주목하고 있다. 역사적 과업의 성패는 삼천만 겨레의 공동운명이고 공동책임이다.

이제라도 합해야 산다. 사색당파(四色黨派) 싸움으로 인한 망국의 전철을 밟지 말고 합하기를 촉구한다. 적자생존(適者生存)이라고 한다. 합(合)하는 민족은 생(生)의 적자이고, 합하지 못하는 민족은 생의 낙제자다. 합하는 자는 역사의 수레바퀴 위에서 전진하고, 합하지 못하는 자는 역사의 수레바퀴 밑으로 떨어지고 만다.

2. 박 의장의 꽃다발

최고회의 의장 박정희 장군이 미국을 방문하였을 때(*1961.11) 하와이에 들러 병상에 누운 이승만 박사에게 꽃다발을 보내서 위문했다(*꽃다발만 보내고 방문하지는 않았다). 이는 전(前) 대통령에게 대한 예의이며, 박 의장의 담화대로, "반공(反共)의 세계적 상징인 이 박사를 위로한 것이다." 그리하여 박 의장의 꽃다발에 대다수의 국민이 기뻐했다.

무릇 나라를 세우려면 5대 요소가 구비되어야 하나니, 첫째 우수한 민족, 둘째 적당한 강토, 셋째 탁월한 영도자, 넷째 편의한 시기, 다섯째 윤리(倫理)이다. 다른 조건들이 갖추어져도 윤리가 무너지면 그 나라도 무너졌던 것이 역사이다.

그러므로 요·순의 정치를 계승한 우(禹)임금에 대한 글, 즉 우모(禹謨)에 나오는 세 가지 일(三事) 역시 첫째는 정덕(正德)이고, 둘째가 이용(利用), 셋째가 후생(厚生)이다. 먼저 정덕, 곧 기강이 서고 난 다음에 자연계의 이용(利用) 및 민생의 복지(厚生)가 이루어진다.

정덕(正德)이란 말할 것도 없이 국민 상하간의 기강이 그 으뜸이다. 민주주의 국가에 군신(君臣)의 기강은 없지만, 민주주의 군대에도 장병의 기율이 엄격한 것처럼, 원수(元首) 대(對) 국민이 지켜야 할 도리, 즉 강상(綱常)은 서야 한다. 민주국가는 군주국가보다도 더 고도(高度)의 윤리 위에만 설 수 있다.

그런데 장(張) 정권이 이전 대통령을 격하(格下)시킨 후에 장 정권 자체의 대통령(*尹潽善)이 하야하게 된 것은 윤리의 인과(因果)이다. 윤리의 인과(因果)란 무엇인가?

옛적에 불효자가 자기 아비를 노흉(老兇)이라 하여 지게에 져다가 산골짜기에 버리니, 그 불효자의 아들이 그 지게를 보관하면서, "나도 후일에 아비가 늙으면 이 지게로 져다 내다버리겠다"고 말했다. 장 정권이 이전 대통령을 져다가 버린 지게에 걸려서 넘어진 것이 윤리적 인과이다.

이렇게 건국한 지 20년도 안 되어 제3공화국(*박정희 정권)이 된다면

앞으로 몇 공화국까지 가게 될는지…. 안정이 없다. 제2의 4·19와 제4공
화국을 원하는가? 4·19가 아무리 좋아도 제100의 4·19와 제100 공화국
하다가는 민족이 견뎌 남지 못한다. 제1, 제4, 국가에 번호 붙이는 것이
상습이 되어서는 안 된다. 국기(國基)가 영구히 안정되려면 민족윤리(民族
倫理), 국가 도덕의 재건이 급선무이다.

그래서 나는 민족윤리를 세우고자 이 책의 대강(大綱)을 4·19 직후에
써서 그해 6·25날에 방송했더니, 여러 사람들이, "그 책을 발간하면 장
정권의 감옥에 간다. 데모 군중에게 맞아죽는다"면서 만류하기 때문에
출간을 못했다. 또 박(*박정희) 의장의 꽃다발을 보고는 이는 "민족 윤리
의 꽃이다"고 생각하여 다시 출간하려고 했으나 못했다. 그러다가 민정
(民政)의 때를 기다려서 오늘에 이르러 출간하게 되었다.

3. 5·16혁명의 4대 기념

(1) 민주당(民酒黨)[17] 국회 해산은 제1의 기념

① 이(李) 정권 12년간 국회는 극한투쟁의 난장판이었고 당파 싸움의
   소굴이었다. 이따위 국회는 도리어 해롭다. 그리하여 4·19 학도
   들의 구두 발길에 무너진 것이다.

② 민주당(民酒黨) 국회는 해산해야 한다. 4·19 후 국회는 국회의원들
   이 돈을 벌기 위하여 4백여 개의 양조장을 허가했다. 이런 민주당
   (民酒黨) 국회는 언제라도 해산해야 한다.

③ 민주당(民主黨)이 이(李) 정권을 타도하자 민주당과 신민당으로 분

---

17) 저자가 민주당을 民酒黨으로 익살스럽게 표현한 것은 그 국회의원들이 양조장
   을 많이 허가했기 때문이다.

당(分黨)해서는 전보다 더욱 심한 극한투쟁을 벌이고 방공(防共) 전선을 깨트렸다. 이런 국회는 백 번 해산해도 좋다.

④ 도산계가 핵심이 되어 있는 민주당과 인촌계가 중심이 되어 있는 민정당이 극한투쟁으로 맞섰다는 것은 멸족지화(滅族之禍)를 가져오는 민족 분열의 싸움이다. 민족분열의 국회는 해산하는 편이 유익하다.

⑤ '하나님'의 이름을 취소하자는 국회는 영원히 해산되는 것이다. 이 박사가 초대 국회의장으로 하나님의 은혜로 4천년 래 창립 국회를 개회하게 되자(*1948. 5. 31) "이윤영 목사! 기도하시오" 하고 부탁했다. 우리나라 창립 국회는 이렇게 기도로 개회했다. 이 박사는 초대 대통령 선서 식전에서(*1948. 7. 24) "하나님과 국민 앞에 선서하노라"고 선포했다.

한민당의 조헌영(趙憲永, *경북 영양 출신) 의원은, "이 박사가 헌법에 없는 하나님"을 불렀으니 '하나님'이란 말을 취소하라고 노호(怒號)했다. 조 의원은 국회 개회식에서 "하나님이 보우하사 우리나라 만세!"를 제 입으로 부르고는 '하나님'이란 말을 취소하라고 광호(狂號)했다. 조 의원은 6·25 때 이북에 납치되었다. 하나님의 이름을 취소하자던 한민당 국회는 영원히 폐쇄해야 할 것이다.

제 나라 원수(元首)를 원흉(元兇)이라 부르고, 동포에게 일인(日人) 이상의 소급법과 공민권 박탈법을 창작한 민족상잔의 국회가 해산되는 것은 역사의 심판이다.

(2) 소급법의 죄인을 석방한 것은 제2의 기념

이 나라 민족주의의 두 계열이 창작한 소급법의 죄인들을 (*5·16)군

사정권이 석방한 것은 잘한 일이다. 나머지 소급법의 죄인들도 석방할
수 있는 사람이라야 민정(民政)의 지도자가 될 수 있다. 만약 장면 정권
이 다시 나와서 소급법의 죄인을 석방한다면, 그 죄인은 집에도 가보지
못하고 중도에서 이기붕 씨를 뒤따라가게 될 것이고, 그 집은 서울신문
사처럼 학도들의 손에 재가 되고 말 것이다.

(3) 지벌(地閥) 폐지의 민적법(民籍法)은 제3기념

이 나라에는 다른 나라와는 달리 지벌(地閥)이란 것이 있다. 율곡계의
기호(畿湖)와 도산(퇴계)계의 영남(嶺南)이 피투성이 싸움으로 나라를 망
친 역사에서 생긴 것이 지벌이다. 조선의 역사는 이 지연(地緣)의 계보를
모르고는 그 실체를 알 수가 없다. 오늘도 그러하다. 나라의 종교를 대
표하는 예수교 사회 역시도 그렇다.

이 악습을 폐지하는 방법의 하나는 민적법(民籍法)의 개정이다. "현주
소가 원적(原籍)이 될 수 있다"는 이번 (*5 · 16)군사정부의 새 민적법은
지벌 폐지에 큰 도움이 될 것이다. 지방 차별대우란 예전 일본인의 차별
대우보다 더 원통한 감정이다. 홍경래(洪景來)의 서북 분국(分國) 운동, 이
시애(李施愛)의 관북(關北) 분국 운동이 이것이었다. 이 무서운 지벌 작당
을 막지 않으면 나라는 결단난다.

4. 예수 기원(西紀) 채용은 영원한 기념이다

군사정부에서 단기(檀紀)를 고쳐서 예수 기원(紀元: *서기)을 채용한
것은 적절한 용단이다.

(1) 세계적 3대 사실

첫째, 많은 나라들이 '예수 기원, 즉 서기(西紀) 1963년'을 통용하는 것은 1963년 전에 예수가 탄생한 사실을 세계가 인정하는 것이다.

둘째, 많은 나라들이 적십자사(赤十字社)를 영위하는 것은, 지인지자(至仁至慈)하신 예수가 만민의 죄를 대속(代贖)하기 위하여 죽으신 십자가를 세계가 인정하는 것이다.

셋째, 주일은 예수교인들이 주일날에 부활하신 예수께 예배를 드리는 예배일이다. 만국의 만민들이 주일날 안식을 하는 것은 예수 부활의 사실을 인정하는 것이다. 예수를 믿건 아니 믿건, 이 3대 사실을 위반하고는 살 수가 없다. 한국에서는 예수의 적십자(赤十字)를 걸고 예수의 주일에 휴업은 하지 않을 수 없으면서도, 예수 기원 1963년을 거부하고 단기(檀紀)를 가지고 살겠다는 것은 참으로 터무니없는 노릇이다.

(2) 중국의 운명은 예수 기원으로 결정

내(저자 南隱)가 1946년 압록강 강변에서 청년들에게 성서를 가르칠 때 장개석의 국민당군이 안동에 주둔하고 있었다. 그때 마셜의 지휘 하에 장개석 대(對) 모택동의 국공(國共) 평화회의가 열렸는데, 모택동 씨가 제출한 8조문에 "서기(西紀)를 통용하자"는 조문이 있었다.

나는 이 조문을 보고 놀라서 "모택동이 중원(中原)을 차지하게 될 것이다"고 예언했다. 그 이유를 질문하는 청년들에게 나는 "모택동 씨는 세계 기원을 안 쓰면 못 살 줄 아는 사람이다. 중원은 세계 기원을 채용하는 자가 차지하게 될 것이다"고 분명히 가르쳤다. 과연 나의 예언대로 역사가 진행되었다.

(3) 왜 예수 기원을 안 쓰면 못 사느냐?

첫째, 예수 기원을 안 쓰는 사람은 세계가 예수의 지배하에 있다는 대사실(大事實)을 모르니 살 수가 없다. 문명한 민족들과 강대한 열국들이 예수의 세력권 내에 있고 역사가 예수의 지배를 받고 있다. 그래서 전 세계가 예수의 3대 사실을 이행하지 않고는 살지 못한다. 이 세계적 중대 사실을 모르고는 문명권(文明圈) 내에서 살지 못하게 된다.

둘째, 유한한 인간의 머리로 수많은 사건(萬事萬件)들을 단기, 서기 두 연대(年代)로 기억할 수가 없다. 두 가지 연대를 사용하는 국민은 정신통일이 못되고, 두 연대에 매어달린 머리는 과학(科學)을 할 정력이 소모되므로 망한다.

이 때문에 공산세계에서는 예수교를 박해하면서도 예수 기원(紀元)을 쓴다. 중공에서는 공자 기원(孔紀) 쓰기로 실패했고, 인도에서는 석가모니 기원(釋紀) 통용으로 실패했다. 일본이 황기(皇紀)를 폐지한 것도 다 이 때문이다.

예수의 세력을 모르는 사람은 세계와 통하지 못한다. 중기(中紀)를 쓰는 장개석 총통이 쫓겨났고, 단기(檀紀)를 쓰는 이 정권, 장 정권이 망했다. 국회의원이 되면 단기를 복구하려고 하는 무지한 자들은 다시 나오지 말라.

(4) 황당무계한 단기

① 단군 전설은 7백여 년 전 고려조 때 중(僧) 일연(一然)의 『삼국유사(三國遺事)』가 가장 오래된 기록이다. 7백년 전의 야사(野史)를 4천년 전의 정사(正史)라고 볼 사람은 없다. 또 단기(檀紀) 연대는 일제 때 어윤적(魚允迪) 씨의 계산이지만, 지금 사람이 4천년 전의 연대를 계산해 낼 수는 없다.

또 단기는 중국 요(堯)의 연대에 준(準)했으나, 요의 연대 자체가 미상(未詳)하다. 미상한 연대를 통용하는 국민은 수(數)의 관념이 흐리게 되고, 수의 관념이 흐리고는 과학을 못한다.

『삼국유사』에 "환인(桓因)의 아들 환웅(桓雄)이 태백산에서 암곰과 교배해서 환검(桓儉), 곧 단군(檀君)을 낳았다"고 하였다. 환인은 제환인다라(提桓因陀那)라는 인도 귀신의 이름을 약칭(略稱)해서 환인이라고 쓴 것이다. 그러면 인도 귀신 환인과 조선 암곰의 새끼가 우리의 시조란 말인가? 이는 중 일연의 망설(妄說)이니, 단군 신사(神祀)를 지을 근거도 없고, 단군 기원을 쓸 이유도 없다. 단군(檀君)인지 단군(壇君)인지도 모른다.

② 나는 북경에 있는 라마교 본산(本山)을 본 일이 있다. 라마교는 인도에서 온 종교이고, 불교의 한 종파(宗派)이다. 라마교의 주신(主神)은 "황소가 여인과 교음(交淫)하는 우상"이다. 이는 대제일(大祭日)에만 보이는 우상이지만, 돈만 주면 언제라도 볼 수 있었다.

중국에서는 사납기 짝이 없는 몽고족을 없애기 위해 몽고에 라마교를 전했다. 그 결과 몽고인은 인수교음(人獸交淫)에서 무서운 성병이 만연하고, 몽고 여자는 누구나 라마승 홍의(紅衣) 주교나 황의(黃衣) 주교와 교음할 의무와 영광스런 행운을 가졌다. 이리하여 몽고인은 음란과 성병으로 멸망하고 있다. 원(元) 세조 홀필열(忽必烈: *쿠빌라이) 때 유럽까지 정복하던 몽고인도 라마교의 해독을 받아 지금은 7백만의 약소민족으로 떨어졌다.

인도 귀신 환웅과 조선 암곰이 교배해서 환검(桓儉: 檀君)을 낳았다는 단군 전설도 라마교의 본산지 인도에서 온 것이다.

인도에는 지금도 신마(神馬)와 여인(女人)이 교음하는 우상이 유행하고 있다. 이런 인수(人獸) 혼음(混淫)의 종교는 몽고만이 아니라 어떤 민족이든지 망치는 종교이다. 그러므로 모세의 계율에서는 인수 혼음죄는 극형으로 엄금했다. 가나안의 일곱 부족민(部族民)도 인수 혼음의 난행으로 말살되었다.

중(僧) 일연(一然)의 단군 전설은 조선 민족을 불교의 인도 귀신에 예속시키려는 민족적 모독(冒瀆)이다. 그러므로 김부식의 정사(正史) 『삼국사기(三國史記)』에는 단군 전설을 없앴다. 정사 아닌 중(僧)의 야담은 국가 기원의 근거가 될 수가 없다.

(5) 길이 길이 예수 기원

제헌국회에서 단기가 채용되었을 때 이 박사는 반대했지만, 민주주의 하에서는 어쩔 수 없었다. 장면 정권은 가톨릭 정권이면서도 예수 기원을 채택할 엄두도 못 내었다. 이번에 군사정부가 '서기1963년'을 채택한 것은 명단이자 용단이다. 싸움꾼 국회에서는 결정할 수 없었던 용단이다. 민정(民政)이 되더라도 또다시 단기 사용을 주장할 사람은 나오지 말라.

제6장 이승만 박사 소전(小傳)

이승만 박사의 이 짧은 전기(小傳)는 4·19 직후에 썼다. 이 박사 시대에 출판된 4, 5종의 전기들을 근거로 해서 썼다가 4·19 후에 쓰여진 알렌 씨의『한국의 이승만』과, 최근 백남주(白南柱) 씨 저『한국 정계 7인전』의「이승만 박사 편」과 기타 여러 책들을 참고하여 개정했다. 이 박사 몰락 후의 저서가 공정하리라는 생각에서이다.

나는 4·19 후에 이 박사를 연구하기 시작했다. 그 전기를 한 책, 두 책 읽어볼수록 "훌륭하다"고 생각되고, 5·6종 읽어보면 더 위대해 보이고. 반대편에서 쓴 전기를 읽어보면 참 신기한 인물이라는 생각이 든다. 그는 건강과 정력도 비상했지만 그 변함없는 애국정신에는 감복하지 않을 수가 없다.

정치가는 대개 종교에서 떠나가는데 이 박사는 약관(弱冠) 때 크리스천이 된 뒤에는 감옥에서나 망명 중에서나 신앙을 사수했다. 첫 번 국회도 개회(開會)를 기어이 기도로써 했고(*1948. 5. 31), 4·19 다음 주일에도 위험을 무릅쓰고 정동교회에 나가는 데에는 머리가 저절로 숙여진다.

1. 어릴 때

이승만 박사는 태조(太祖) 이성계(李成桂)의 18세손이요, 태종(太宗)의 태자 양녕(讓寧)대군의 16세손이다. 태종에겐 양녕대군, 효령(孝寧)대군, 충녕(忠寧)대군 세 분 아들이 있어 순서대로 양녕을 태자로 하였다. 그런데 셋째 분 충녕이 임금 될 만한 대기(大器)임을 알고 양녕은 양광(佯狂: * 거짓으로 미친 척함)하고, 둘째 분 효령도 중이 되어 입산하였다. 두 형이 이렇게 양위하여 셋째 분 충녕을 태자로 봉하니, 이 어른이 세종대왕이시다.

양녕대군의 15세손 경선(敬善) 공이 황해도 평산군 능내동에 낙향하여 농촌생활을 하는 중에 1875년 3월 26일 6대 독자 이 박사를 낳았다. 이 박사 3세 때 귀경하여 그를 서울에서 교육하였다. 이 박사 10세 때, 김옥균 등 개화당의 갑신정변(甲申政變)을 보았고 세상이 변천하는 것을 짐작했다. 또한 상해에서 홍종우(洪鍾宇)의 육혈포에 살해당한 김옥균 선생의 사체(死體)를 찢어서 각지에 돌리는 광경도 들었을 것이다.

총명이 뛰어난 박사는 한문을 공부하여 13세 때부터 과거 시험을 보았으니, 그 나이에 지금의 고등고시를 치른 것과 같다.

2. 청년 혁명가

1895년 20세 되던 때 배재학당에 입학하여 예수를 믿고 영어를 배우고 서구의 신문화(新文化)를 배웠다.

이 해에 청일(清日) 전쟁도 보았고, 김홍집(金弘集)의 친일 내각이 민비 살해사건으로 무너지고 김홍집이 살해당한 것도 보았다. 1895년 2월에 고종과 태자가 러시아 대사관으로 옮기고(*俄舘播遷) 김홍집 등의 친일파 내각 다음의 박정양(朴定陽) 등 친로(親露) 내각이 교대하는 등등 주마등 같은 정국의 혼란 무쌍한 시대를 보았다.

이승만은 기울어지는 국운을 그대로 보고만 있을 수가 없었다. 1896년 이 박사 22세 때 서재필(徐載弼) 박사가 지도하는 독립협회의 중견 청년으로 활약했다. 청년 지(誌)를 주필하여 『협성회보(協成會報)』를 간행하다가 이를 『매일신문(每日新聞)』으로 발행했다.

어두운 구한말 말기에 문명의 횃불, 독립의 깃발을 들고 민족의 선두에서 부르짖다가 러시아 공사관에 구속되기도 했고(*이것은 사실이 아님), 정부의 체포령을 받고, 혹은 선교사의 집에 은신하고, 혹은 황해도 평산(平山) 농촌에 피신하기도 하다가, 마침내 정순만(鄭淳萬) 씨, 신흥우(申興雨) 씨와 함께 투옥되었다. 탈옥에 실패하여 사형선고를 받았다가 선교사들의 주선으로 종신형으로 감형되었다.

옥중에서 매를 맞아 거의 죽었다가 회생한 뒤, 박사의 신앙은 더욱 열렬해졌다. 매 맞은 몸은 지금도 실룩거리고 부젓가락으로 지진 손가락 사이를 후후 부는 습관이 남아 있다고 한다.

괴로운 옥중에서도 수인(囚人) 동포에게 전도하며 교육하는 한편, 전도문(傳道文)을 써서 신학(神學) 잡지(*〈神學月報〉)에 기고하고, 『독립정신』이란 책을 써서 국민을 계발했다. 이 책은 민족의 갈 길, 가야 할 길을 명시했으며 일본의 침략을 경고했다. 이 책이 당시에 새 지식, 새 정신으로 민중을 크게 각성시켰음은 물론이다. 이 책에는 박용만(朴容萬) 씨의 후기(後記)도 첨부되었다. (*『독립정신』은 이승만이 감옥에 있던 1904년에 쓰여졌으나 출간은 1912년에 미국에서 이루어졌다. 이 부분의 서술은 상당히 부정확하다.)

3. 출옥하자 외교의 밀사

이 박사가 옥에 갇혀 있던 중 1904년에 일로(日露) 전쟁이 터져서 일본이 이기고 러시아 제국이 패했다. 미국 루즈벨트 대통령의 중재 하에 강화 담판이 포츠머스에서 열리게 되었다. 포츠머스 조약에서 전승국 일본이 한국합병 조문을 요구할 것은 뻔한 일이었다.

이 중대 시국을 맞이한 한규설(韓圭卨) 개화당 내각의 민영환(閔泳煥) 공은 일로(日露) 강화 조약에 대비하지 않을 수 없었다. 이 외교의 중임을 담당할 만한 인물로는 청년 이승만 밖에는 없다고 생각한 충정공(忠正公: *민영환)은 옥중의 이 박사를 석방했다. 출옥한 이 박사는 잠시 YMCA 총무(*이때는 아님. 상동교회 청년학교 교장을 맡았음)로 있다가 곧 외교의 장도(壯途)에 올랐다.

이 박사 30세 때 수상 한규설 씨와 민영환 공의 밀서를 받아가지고 1904년 12월 4일 오후 1시 인천에서 하와이로 가는 이민선에 올랐다. 12월 30일 워싱턴에 도착했다. 육군장관 태프트 씨의 소개로 시어도어 루즈벨트 대통령을 그의 산장으로 찾아가서 면회했다(*1905.8). 한규설·민영환 두 재상의 공함(公函)을 드리고, "한미 우호조약에 의하여 각하가 중재하는 일로(日露) 강화조약 중 일본이 한국을 침범하는 조문을 제거해 주기를 바랍니다"라고 호소한즉, 시어도어 루즈벨트 대통령은 "귀국 정부에서 귀국 공사관을 통하여 정식(正式) 서한을 미국 국무성에 보내주면 이것을 강화회의에 제출하고 내가 적극 원조할 수 있다"고 대답했다.(알렌 씨의 글에도 나옴.)

박사는 크게 기뻐서 자기가 추천한 대리공사 김윤정(金潤晶)을 보고 본국 정부에 속히 연락해 주기를 강력히 요청했으나, 김가는 벌써 일본에 매수되어 "본국 정부에서 먼저 지령이 오기 전에는 할 수 없다"고 거절하므로, 시기를 놓쳐버렸다. 김가는 후일 일제(日帝)의 도지사가 되었다.

루즈벨트 대통령의 중재 하에 포츠머스 강화회의가 열렸다. 전승국 (戰勝國) 일본의 전권대사 고무라 주타로(小村壽太郎: 外相)는 의기양양하게 수항(受降) 조문을 제시하여, "제1조. 러시아 국은 배상금을 일본에 배상할 것"을 요구했다.

이에 대하여 러시아 국 전권대사 위테는 "그야 말할 것도 없지. 그 다음 조문부터 말해 보시오."

그리하여 고무라는 "제2조. 러시아 국은 사할린(樺太) 반도를 일본에 양여할 것" "제3조. 러시아 국은 한국에서 일본의 우월권을 인정할 것"…… 제 30여 조까지 요구했다.

러시아 전권대사는 30여 번 '예스(yes)'로 승낙해 놓고는 "제1조 하나만 사정을 보아 주시오"하고는 딱 잡아떼니, 전승국 일본은 배상금을 못 받게 되었다.

그래서 고무라가 단호하게 "노!"라고 하자, 위테는 "그러면 전쟁을 계속하자"고 하며 맞받았다.

전쟁을 계속할 여력이 없는 일본 정부로서는 "할 수 없다"고 하면서 그 제안을 받아들였던 것이다.

시어도어 루즈벨트도 일본을 너무 강대하게 만들어 줄 마음이 없어서 무배상(無賠償) 강화를 흥정해 주니, 일본은 마지못해 일로(日露) 강화조약을 성립시켰다. 전승국 일본에게는 수치의 강화였고, 한국은 이로써 망하게 되었다.

유대인들이 러시아 제국의 유대인 학대를 보복하기 위하여 일본을 도와서 거액의 국채(國債)를 팔아 주었다. 그러나 러시아 국이 배상을 치르게 되는 경우에는 러시아 계 유대인들의 재산을 부정축재로 몰수할 것이므로, 유대인들은 일본이 배상금을 받지 못하도록 공작했던 것이다. 일로(日露) 전쟁을 붙인 것도 유대인이었고, 러시아 국이 망하게 한 것도 유대인이었고, 패전을 틈타서 적화(赤化)를 시킨 것도 유대인이었고, 배상금을 못 받게 한 것도 유대인이었다.

일본 제일의 외교가(外交家) 고무라가 외교에 대패하고 귀국할 때, 일본인들이 상복을 입고 그를 맞이하니, 고무라는 기가 막혀서 뇌가 터져 죽었다. 침한(侵韓) 조약자(條約者)가 뇌가 터져 죽은 것은 당연한 보상이었다.

한국 청년 이승만은 통분을 금할 수 없어서 매국(賣國) 공사관에 불을 지르고 타서 죽으려다가(*부정확한 표현임) "다음날(明日) 보자"는 새 결심으로 생명을 남겨두었다. 세계적으로 유명한 '이승만의 고집'이란 이때부터 시작된 것이다. 고무라(小村)는 죽었지만 이승만은 살아서 40년 후에 대한민국을 건국함으로써 포츠머스의 국치(國恥)를 씻었다.

4. 민충정공의 충혈(忠血)에 보답

1904년 이 박사가 조지워싱턴 대학에 입학하던 해, 이또 히로부미(伊藤博文)가 포츠머스 조약에 의하여 구(舊) 한국정부를 위협하여 이완용 등과 소위 을사매국(乙巳賣國) 5조약을 체결하니, 민영환 씨는 이를 보고 망국의 통분을 이기지 못하여 칼로 자기 목을 찔러 순국하였다.

이 박사가 조지워싱턴 대학을 졸업하고 학사 학위를 받은 다음해인 1907년에 이상설(李相卨), 이위종(李瑋鍾), 이준(李儁) 세 분이 고종황제의 밀사로 헤이그 만국 평화회의에 갔다. 을사5조약에 의하여 외교권을 얻지 못하매, 이준 공은 충분(忠憤)을 이기지 못하여 죽고, 이위종 씨는 신문협회가 주최한 회의장에서 만고(萬古)의 통분을 연설하였다. 이 때문에 일본은 고종황제를 협박하여 퇴위시키고 융희황제(隆熙皇帝: *순종)가 즉위하니, 이 어른이 마지막 임금이었다. 이러한 일들은 망명객 이승만의 피를 끓게 하였다.

민충정공의 지우(知遇)로 석방을 받고 그의 보냄을 받아 세계에 진출한 이 박사는 언제나 선배의 충혈(忠血)에 감격을 잊지 못했다. 포츠머스에서는 비록 이루지 못했으나 충정공의 사후(死後) 40여년 만에 대한민국을 창건하여 그 충혈에 보답하였다.

5. 학업을 마치고 슬픈 귀국

이 박사는 포츠머스의 실패를 보고 "죽는 것보다 살아서 독립하자"는 결심을 품고 먼저 학문을 닦기로 작정했다. 그래서 조지워싱턴 대학에서 공부하여 학사학위를 받고, 다시 하버드 대학에 들어가서 석사학위를 받고, 또 프린스턴 대학에서 공부하여 정치학박사 학위를 받았다. 당시의 프린스턴 대학 총장이 후일의 대통령 윌슨이었다. 윌슨 대통령과 이 박사는 사제간(師弟間)이자 또 절친한 친구가 되었다. 이로써 이 박사가 세계 외교에 나설 토대가 마련되었다.

이 박사는 공부하는 한편 재미(在美) 동포들을 찾아 애국심을 고취하며 동양 대세와 한국의 실정을 선전하기 위하여 재미 6년간 각지에서 170여 차나 연설을 하였다.

1910년 8월, 조국이 합병당했다는 소식에 놀라서 귀국했다. 금의환향(錦衣還鄉)이 아니라 눈물의 귀국이었다.

귀국 후 YMCA에 몸을 의탁(依託)하고 청년들을 모아 독립정신을 고취하기에 열중했다. 일본인들은 '기독교 음모사건'(*105인 사건)을 조작해 가지고 이 박사를 압박했다.

6. 다시 세계로 진출

이 박사는 국내에서 활동할 여지가 없으니 다시 세계무대에 나가야 했으나 탈출할 길이 없었다. 그런데 마침 1912년 3월 미국 미네아폴리스에서 열리는 감리교회 세계대회에 한국 대표로 출석하고자 하였으나, 일제(日帝)는 우리 안에 갇힌 범을 내 놓을 리가 없었다. 그때 일본 선교사로서 일본의 훈장을 받은 해리스 감독의 보증을 받고 출국이 허락되었는 바, 우리를 벗어난 범이 다시 돌아올 리가 없었다.

이 박사는 동 대회에서부터 세계평화, 아시아 평화를 위하여 한국이 독립할 필요성을 연설하기 시작했다. 제1차 대전이 벌어지자, 미국 대통령이 된 프린스턴 대학 은사(恩師) 우드로 윌슨 박사로부터 물심양면의 원조를 얻어 보려고 하였다.

1917년 뉴욕에서 열린 '세계 약소민족 대표회의'에는 동지 박용만(朴容萬: 강원도 출신)을 보내어 한국의 독립을 주장했다. 박용만 씨는 미국 대학을 졸업하고 독립군 양성에 주력하는 군인이었다. 박용만 씨는 불행하게도 3·1운동 때 북경에서 모 계열(*義烈團) 한인 청년의 총에 암살당했다. 그가 인도하던 국민회계(國民會系)는 아직도 미국에 남아 있어 도산의 흥사단(興士團)과 이 박사의 동지회(同志會)와 함께 3계열의 하나로 남아 있다.

이 박사는 하와이에 교회를 세워 동포들을 신앙으로 인도하고, 기독

학원을 세워 2세를 교육하였다. 그리고 밖으로는 워싱턴을 비롯하여 각
국에 외교전(外交戰)을 벌이면서 때를 기다렸다.

7. 3·1운동

때는 왔다. 1918년 1월 제1차 세계대전의 종말을 앞두고 대전의 주도
역할을 담당한 윌슨 대통령이 민족자결주의(民族自決主義)를 선포하자 이
박사는 천재일우의 때를 놓치지 아니하고 국내, 국외에 있는 동지들에게
독립운동에 총진군(總進軍)할 것을 지시하였다. 이리하여 1918년 봄부터
각지에서 독립운동이 전개되어 김규식 박사는 중국에서, 장덕수 씨와 김
도연 씨를 비롯하여 동경 유학생들은 1919년 2월에 독립을 선언하고, 상
해에서 국내에 연락하는 한편, 김 박사를 파리 강화회의에 파견하고, 국
내에서는 3월 1일 대한독립을 선언하고 전(全) 민족이 독립운동에 총궐
기했다.(*이 문장의 서술은 내용이 부정확하다.)

8. 관(棺) 속에서 대통령 취임

상해에서는 13도 대표 회의를 열고(*이 회의가 열린 곳은 한성(漢城)이
었음) 이승만 박사를 초대 대통령으로 하여 대한민국 임시정부를 수립했
다. 이때 이 박사는 44세였다. 그는 한국 임시정부 공식 대표자의 자격
으로 워싱턴에 한국정부 구미위원회(歐美委員會)를 설치하고 파리 강화회
의에 파견했던 김규식 박사를 위원장으로 맡기고 구미 각국에 외교활동
을 하는 한편, 독립운동 자금 조달에 노력했다.

박사는 1920년 12월에서 1921년 5월까지 상해 임시정부에 와서 동지들과 같이 활동했다. 이 박사가 미국을 떠나 상해에 들어간다는 정보를 받은 일본 당국은 이 박사의 머리에 30만 불의 상금을 걸고 중국 경찰에 이 박사 체포를 의뢰했다. 상해의 일본 경찰망은 물 샐 틈 없는 경계를 폈다.

그래서 이 박사는 호놀룰루에서 미국인 친구의 도움으로 사망한 중국인 시체들을 본국으로 운송하는 선실의 관(棺) 틈에 끼어서 상해에 입성했다. 아! 관 틈에서 대통령에 취임한 것이다.

9. 이 박사의 외교와 2차대전

이 박사는 상해를 떠나 워싱턴에서 열리는 군축(軍縮) 회의에 한국대표로 참석하여 일본의 침략 사실을 폭로하고, 한국의 독립을 만방에 호소했다.

1933년 제네바에 모이는 국제연맹(國際聯盟) 회의에 출석하여 일본의 한국 침략의 진상과 만주 침략 계획을 과학적으로 여지없이 폭로하니, 일본 대표의 선전은 거짓말이 되었다. 이 때문에 일본은 국제연맹에서 탈퇴할 수밖에 없게 되었다.

이후 이 박사는 런던 경제회의에 참석했다가 유럽 각지에서 한국 사정을 호소하고, 다시 제네바에 들러 "국제연맹을 탈퇴한 일본을 징계처분 하려는" 대표자들과 협의할 때, 일본이 제출한 문서를 일일이 검토하며 그 허위를 지적했다. 소련의 거부로 징계처분은 단행치 못했으나, 일본의 국제적 위신은 여지없이 떨어져 버렸다. 이것이 바로 대동아(大東亞)전쟁의 발단이다. 대동아전쟁은 다시 2차대전의 원인이 되었고, 그 결과 일본은 패전하고 우리에게는 8·15 해방이 오게 되었다. 이 박사의 외교의 공적은 크다.

10. 2차대전의 예언자

세계 사람들이 한국을 잊고 있을 때에도 이 박사는 꿈에서조차 한국을 잊지 못했다. 이 박사의 머리는 어느덧 백발이 되었으나, 한국의 해방이 올 날이 머지않았다는 신념은 더욱 불탔다.

이 박사는 언제나 누구보다 정확한 예언을 할 수 있었다. 이 박사는 일본이 미국에 도전하고 마침내 망할 것이라고 예언했던 것이다. 이런 대담한 박사의 폭로로 미국 시민들은 항시 이 박사에 대해 흥미를 느끼고 있었다. 만주사변(滿洲事變)이 한낱 여기에 그치지 않고 2, 3년 안에 반드시 중·일전쟁이 일어날 것이라고 예언했던 것이다. 그런데 과연 일본은 1937년 7월 7일 이 박사의 예언대로 중국을 침범하고야 만 것이다.

이 박사는 또한 말하기를, "일본의 침략은 아세아에 그치지 않고 몇 해 안에 태평양의 여러 섬들을 침략할 것이며, 미국의 동양 근거지인 진주만에 폭격을 하게 될 것이다"고 또 한 번 대담하게 갈파했다. 이 예언도 틀림없이 적중(的中)되고야 말았다.

1941년 12월 8일 일본 전투기가 진주만에 폭탄을 투하하자, 전 미국인들은 다시금 놀랐던 것이다. 미국 정객들은 박사의 이런 예언을 평하여 말하기를, "저 이승만 박사는 마치 성서(聖書)의 선지자와 같은 눈을 갖고 있다"고 하면서 놀랐던 것이다.

11. 얄타 회담과 이 박사

태평양전쟁의 종결을 앞두고 국제적인 회합이 빈번히 개최되었다. 이미 백발이 되었으나 눈에는 아직도 한국 독립에 대한 열정이 불타고 있는 이 박사는 샌프란시스코에서 개최된 국제기구 유엔의 창립총회에서(*1945.4-6) 한국대표부를 지휘하고 있었다. 이 회의에서 한국에 대한 어떠한 소식이 들리기를 여러 가지 이유로 기대하고 있었다.

유엔 총회에 출석한 어느 나라 대표도 표면상으로 이를 반대하지 않았다. 그 중에서도 가장 중요한 사실은, 중국의 장개석 총통이 중국 대표들에게 이 박사가 의장으로 있는 한국임시정부 대표단을 적극 지원하라고 훈령한 것이다. 뿐만 아니라 중국 가톨릭교와 많은 문화단체와 민간 기관을 대표한 비공식 대표인 우빈(于斌) 주교(主教)도 한국 문제를 공개적으로 거론하고, 이면으로는 정식 대표들에게 한국문제를 회의에 상정하도록 권고하였다.

이 회의석상에 한국 문제가 제출되도록 여러 가지로 애를 쓰고 시험해 보았으나 결국 성공하지 못하게 되자, 이 박사는 비로소 자신의 힘으로써 극복할 수 없는 어떠한 커다란 숨은 세력이 한국의 진로를 가로막고 있다는 것을 깨닫게 되었다. 극동에 대한 강대한 정치세력에 숨어 있는 요소를 예리하게 평가함으로써 박사는 대담한 행동을 공개적으로 취하게 되었다.

박사는 얄타회담에서 미국과 소련과 영국 사이에 한국의 장래에 대한 비밀협정이 있었다는 것, 그리고 이 비밀협정으로 말미암아 샌프란시스코 회의에 한국이 참가하는 것이 저지되었다고 비난하였다. 이와 같은 공개적 비난은 진실로 대담한 행동이었다. 이 박사의 친구 한 사람이

"박사께서는 그렇게 비난하시지만 아직까지 아무런 증거도 없습니다. 사실상 아무런 근거도 없으면 그 결과를 어떻게 하시렵니까?"하고 묻자, 이 박사는 대답했다.

> 사실 아무런 증거도 없다. 그것은 오직 나의 관찰에 근거한 확신일 뿐이다. 한국을 위해서는 나의 확신이 그릇되기를 바란다. 얄타 회담에서 한국에 대한 비밀협정이 사실상 없었다면 내가 비난한 결과에 대한 책임을 내가 전부 지더라도 오히려 다행일 것이다. 그것이 사실이거나 허위이거나를 막론하고, 지금이야말로 한국의 지위를 세상에 뚜렷이 표시해 주어야 할 때이다. 내가 오직 바라는 것은 얄타협정에 조인한 국가의 원수들이 한국에 대한 비밀협정을 공식적으로 부인(否認)해 달라는 것이다. 그 이상으로 나를 기쁘게 할 것은 없을 것이다.

이것이 보도되자 굉장한 '센세이션'이 일어났다. 샌프란시스코에 주재하고 있던 소련 '타스' 통신원은 이 박사 비난에 대한 기사를 본국에 보내달라고 뉴욕 사무소에 전보를 쳤다.

미국 내의 공산계 신문은 이 박사가 반소적(反蘇的)이라고 비난했다. 소련 외상 몰로토프나 미 국무장관 스테티너스 씨는 이에 대한 설명은 하지 않았으나, 소련 대표단과 일부 미국인들은 이 박사는 반소적이기 때문에 한국 문제 해결을 도리어 방해한다는 당치도 않은 비난을 퍼부었다.

그러나 모든 사람들이 예상한 것보다 훨씬 일찍 사실이 판명되는 날이 왔다. 당시 맥아더 장군은 마닐라에 있었으나 장군이 발표한 일반명령 제1호로써 미군이 한국 38선까지 진주한 것이 사실화되었기 때문이

다. 동시에 소련군은 남진(南進)하여 쿠릴 열도, 남부 사할린, 그리고 38
선까지의 한국 북반(北半)을 점령하였기 때문이다.

이것은 이미 예정된 계획에 의한 것이었다. 드디어 1946년 1월 29일,
미 국무장관 번즈 씨는 쿠릴과 남부 사할린을 소련이 점령하게 된 데 대
한 '얄타 비밀협정'이 있었다는 것을 인정하였다. 그 다음 신문기자 회합
석상에서 트루먼 대통령은 '얄타 비밀협정'의 일부가 적당한 시기에 발
표될 것이라고 암시했다.

이와 같이 박사가 예언자요 위대한 정치가라는 것이 증명된 사실은
한두 번이 아니었다. 박사는 '얄타 비밀협정'에 한국이 포함되어 있음을
예언하는 확신과 용기를 지녔던 것이다.

제 7장 대한민국 건국 약사(建國略史)

이 건국약사(建國略史)도 4·19 직후에 내가 쓴 것을 최근 출판된 여러 서적과 기록을 참고하여 개정한 것이다. 역시 4·19 이후의 출판물이 이 박사에 대한 보다 공정한 기록일 것이라는 생각에서이다.

이승만은 두 가지 일을 하기 위하여 이 세상에 왔다. 첫째 8·15건국(建國), 둘째 6·25 동란 평정(平定)이다.

대한민국의 건국사(建國史)는 이 박사를 빼고서는 쓸 수가 없다. 이 박사 아니고는 분산된 국내정세를 수습할 수 없었고, 미 국무성의 대공(對共) 유화정책을 뒤집을 수가 없었다. 이 박사의 국내 수습과 대미(對美) 외교를 통하여 건국의 대업이 성취되었다.

6·25 동란은 맥아더 장군이 아니면 평정할 사람이 없었고, 이 대통령이 아니고는 맥아더 장군을 움직일 사람이 없었다. 이 대통령이 맥아더 장군과 이인일체(二人一體)가 되어 세계적 동란을 극복했다. 한국인들이 이 박사를 위인으로 대접하거나 원흉으로 대접하거나 간에, 그는 당신이 할 일을 하고 가시었다.

1. 8·15 해방

1945년 8월 15일 한국은 36년간의 일본의 기반(羈絆)에서 해방되었다. 그러나 불행하게도 이 박사의 예견과 같이 국토가 양단(兩斷)되어 38 이북에는 벌써 소련군이 들어왔고, 이남에는 9월 9일 미군이 서울에 진주했다.

일제하의 총독은 8월 9일부터 고하(古下) 송진우(宋鎭禹) 씨를 네 번이나 청하여 정권을 이양하려고 했으나 고하가 이를 굳이 거절하니, 8월 17일 공산당 여운형(呂運亨)에게 정권을 인도했다. 여운형 씨는 건국준비위원회를 만들고 박헌영(朴憲永) 등 공산당과 합작하여 인민공화국(人民共和國) 간판을 걸고 나섰다. 그리하여 이남(以南)은 미군이 진주하기 20일 전에 공산세력에게 벌써 휩쓸렸다.

이북(以北)에서도 조만식(曺晚植) 선생이 일제 도지사의 정권 인도를 거절하고 스티코프(*소련군 최고 정치장교)에게 이용당하다가 그 손에 순국했고, 또한 많은 애국자와 많은 순교자들이 피를 흘렸다.

고하(古下, *송진우)는 1945년 9월 7일 한국민주당(韓國民主黨)을 조직하여 좌파에 대항했으나 때는 이미 늦어서 적색(赤色) 세력은 날로 범람하였다. 평양은 할 수 없었다고 하더라도, 서울에서까지 공산세력에 뒤진 것은 준비가 없었기 때문이다. 고하가 왜 일제의 정권 인도를 거절하고 여운형 씨에게 넘겨주었는지 알 수가 없다. "해외 망명정부나 선배들이 귀국해서 정권을 인수해야 된다"고 겸양한 점은 귀(貴)하다 하겠으나, 실제로 시국을 담당할 영도자가 없었다.

9월 9일, 하지(John Reed Hodge) 중장이 인솔한 미군이 서울에 진주했으나 붉은 무리들(赤徒)은 더 한층 난무(亂舞)하였다.

2. 이 박사 33년 만에 귀국

이 박사는 8·15 직후 미 국무성에서 여권을 받았으나, 국방성에서 허락하지 않아서 귀국이 늦어졌다. 국방성의 귀국 불허는 현지의 하지 장군의 보고에 의한 것이라고 본다.[18] 마침내 이 박사는 맥아더 장군의 주선으로 귀로에 올라 동경에서 맥아더 장군을 방문하고, 1945년 10월 16일에야 33년 만에 겨우 고국에 들어섰다. 맥아더 장군은 하지 중장에게 "한국의 자유를 위하여 일생을 바친 위대한 지도자를 잘 영접하라"고 지령했다.

10월 17일 중앙청 광장에는 5만 명의 군중이 모여서 이 박사를 환영했다. 그날 이 박사의 연설은 마디마디 감격에 넘치는 눈물이었다. 한마디로 말하면, "한데 뭉치자. 뭉치면 살고 못하면 죽는다"는 것이었다.

하지 중장은 임정 요인들의 입국을 허용하지 않았다.[19] 이 박사가 하지 중장과 타협한 결과, 중경에서 돌아오는 "임시 정부 요인들은 개인 자격으로 입국하라"는 허락을 얻어 11월 23일 김구(金九) 주석 이하 임정 요인들이 귀국했다.

이리하여 대륙에서는 장군들이 나오고, 미국에서는 박사들이 건너오고, 일본에서는 '똑똑이들'이 모여들고, 이북에서는 피난민이 쓸어 넘어

---

18) 이승만의 귀국을 방해한 것은 국방부가 아니라 국무부 안의 알저 히스, 빈센트 같은 좌파 관리들이다. 그들은 반공, 반소주의자인 이승만이 귀국하게 되면 소련과 협의해서 좌우합작 연립정부를 수립하는 것이 어렵다고 판단했다.

19) 이 표현은 실제와는 약간 다르다. 하지는 김구 등 임정 요인들의 귀국이 사회안정에 도움이 된다고 판단해 미군 장교를 중경에 보내 귀국을 종용하고, 미군 수송기를 상해까지 보냈다. 김구 일행의 귀국이 늦어진 것은 그들이 임시정부 요인 자격으로 귀국을 고집한 데 있다. 결국 김구 일행도 이승만처럼 개인자격으로 귀국했다.

오니, 땅바닥은 좁고 인구는 팽창했다. 저마다 우국지사였고 정치가 아닌 자가 없었다. 알려진 것만 해도 50여 개의 정당이 난립하여 서로 물고 찢었다.

적산(敵産)을 점령하는 데는 영어와 계집이 필요했고. 도망가는 일본인의 보따리 쟁탈전에는 술과 주먹이 제일이었다. 모(某) 요인은 일본인의 보따리 170개를 빼앗았다는 신문 보도도 있었다. 산림을 깎아 먹는데는 도끼와 톱이 필요했고, 구제품으로 치부(致富)하는 사람들은 양의 가죽이 제일이었다.

이리하여 미 군정(軍政) 초기부터 상·하가 부패하고 민심은 악화되었다. 공산당은 대구 학살사건(*대구10·1폭동)을 비롯하여 도처(到處)에서 파업, 방화, 살인, 파괴의 난장판을 벌였으나, 미 군정은 이를 막지 못했다. 이때 설산(雪山) 장덕수(張德秀) 씨가 이 박사를 모셔야 한다고 서둘렀다. 한민당(韓民黨)에서 이 박사의 돈암동 생활비를 제공했으나, 이 박사는 한민당 총재를 맡아 달라는 부탁은 사양했다.

3. 신탁통치 반대

이때 건국(建國)의 대사업이 어려울 것은 말할 필요도 없었다. 제일 어려운 것은 위에서 말한 것과 같이 내부의 불통일(不統一)과 혼란이었다. 그 다음으로 대외적 곤란도 한두 가지가 아니었다. 첫째 난관은 소위 영·미·소 3국의 모스크바 3상 회담에서 결의한 한국 5개년 신탁통치안(信託統治案)이었다.

1945년 12월 28일 신탁 통치안이 발표되자, "신탁통치는 독립이 아니다. 반대한다"는 이 박사의 말이 떨어지자 공산당을 제외한 전 국민이 모두 이에 호응했다. 소련의 지령을 받아 신탁통치 찬성운동을 하는 공산당에 대하여 이 박사는 할 수 없이 "병든 가지는 쳐 버리라"고 단안을 내렸다.

신탁통치안에 의한 소위 미소공동위원회도 1946년 3월 20일부터 덕수궁에서 모이다가 5월 7일 무기 연기되고 말았다. 그리고 한편에서는 정치권력에 맛을 들인 군정 요인들이 군정 연장(軍政延長) 운동을[20] 추진하고 있었다.

4. 건국 도상(途上)의 최대 난관

1946년 1월 대한독립촉성 국민대회에서 미군정 최고 고문기관으로 한국 대표 민주의원(民主議院)을 결성하여 의장에 이 박사, 부의장에 김규식 박사, 총리에 김구 씨가 취임했다. 그러나 또 다시 최대의 난관에 봉착했다. 하지(John Reed Hodge) 중장이 좌우합작(左右合作) 정부를 세우려는 계책이 있었기 때문이다.

이에 따라 김규식 박사와 여운형의 좌우합작이 진행되는 한편, 이것을 성취시키기 위하여 하지는 1946년 12월에 소위 과도입법의원(過渡立法議院)이란 기관을 창안하여 민선(民選) 의원 45명을 뽑고 중간파 45명을 관선(官選) 의원으로 지명했다.

이 기관을 통하여 김규식 박사를 수반으로 하는 좌우합작 정권을 수립하려는 것이 하지의 계획이었다. 이 계획은 미 국무성의 대공(對共) 정

---

20) 미 군정청의 일부 한국인 관리들은 이승만의 집권을 우려하여 1947년 9월 하지 중장에게 미군정 연장을 요청하는 청원서를 비밀리에 제출했다. 그들의 중심은 김규식이나 서재필을 내세우려는 흥사단계의 조병옥, 정일형 등이었다. 그 사실이 알려지면서 그들은 크게 지탄을 받았다.

책으로, 중국에서는 마샬 안(案), 한국에서는 하지 안(案)으로 나타났다.

이 박사는 이에 반대하여 하지 중장을 향해 "당신은 군인이지 정치가는 못 된다." "나는 당신의 잘못을 더 변호할 수 없다. 한국 독립을 위하여 가만히 있을 수 없다"고 하지 장군을 정면으로 공격했다. 그러자 하지는 "나는 공갈을 당했다. 당신에게 정권을 줄 수 없다"고 응수하여 크게 충돌하였다.

독자 여러분! 하지 중장의 계획대로 좌우합작(左右合作) 정권이 수립되었다면 이 나라는 어찌되었겠는가? 하지 안(案)은 국공합작(國共合作)의 제2 마샬 안(案)이 되고, 한국도 마샬 좌우합작 운동에 망(亡)한 중국과 같이 되었을 것임이 틀림없다.

이 위기를 벗어나기 위해서는 미국 조야(朝野)에 호소하는 길밖에 없었다. 그렇지만 범을 잡으려는 영웅은 많았지만 범의 굴에 들어갈 사람은 없었다. 이때 이 박사가 민족사절(民族使節)로 나섰다. 그러나 하지 군정부에서 여권을 내어줄 것인가?

박사는 먼저 임영신(任永信, *중앙대 설립자) 여사를 미국에 보내어 외교 준비공작을 하게 하였다. 이때 동경에 주둔해 있던 맥아더 장군은 자기 비행기로 이 박사를 미국으로 보냈던 것이다.

5. 건국 외교의 대성공

1946년 12월 4일, 이 박사는 한국 민족대표 사절로 미국으로 향해 출발했다. 이 박사는 미국에 도착하자 신문과 라디오를 통하여 한국의 사정을 호소하는 동시에, 요로(要路)를 방문하여 "가능한 지역에서부터 총선거(總選擧)를 실시하여 독립정부를 수립하게 하라"고 청원했다.

그 결과 미 국무성에서는 하지를 불러 그 정책을 재검토해 보고 나서 결국 이 박사의 호소를 받아들였다.

"1947년 9월 17일 미국이 한국문제를 유엔에 상정(上程)한 것은 획기적인 일이었다.… 간접적으로 훗날 유엔이 한국동란에 참여하게 된 기초 공작이 되기도 했다."(알렌 저 『한국의 이승만』 (Korea's Syngman Rhee) 92~ 93페이지)

"1947년 11월 14일, 유엔 총회에서는 한국에 총선거(總選擧)를 시행하고 한국 정부를 수립할 것, 그리고 총선거를 감시하기 위하여 한국위원단(韓國委員團)을 보내기로 가결하기에 이르렀던 것이다."(이상 백남주씨 저, 『한국정계 7인전』 242~246페이지)

이때 미국 육·해군 재향군인 연합회에서는 이 박사의 평화에의 노력을 찬양하여 다음과 같은 감사장과 금(金) 훈장을 주었다. 이 훈장은 60년간 단 17인에게만 수여되었던 것이다.[21]

"귀하의 한국 독립과 한국 민족의 자유를 위하여 전 생애를 바친 현저한 공로와 제2차 대전에 있어서의 한국 민족의 위대한 공헌과 아울러 미·소 양국 간의 친선을 위한 귀하의 불변한 노력을 감사한다."

---

21) 1947년 1월 퇴역 군인 단체인 The Army & Union, USA는 이승만에게 금메달을 수여했다. 이 단체가 60년 동안 금메달을 수여한 인물은 마셜 장군, 아이젠하워 장군, 프랭클린 루즈벨트 대통령 등 17명 뿐이었다.

이와 같이 외교에 성공한 이 박사는 네 달 반 만인 1947년 4월 21일에 귀국하였다. 이 박사는 4월 27일 외교 성공 국민환영대회에 임하여 중대한 외교 보고와 함께, 군중의 환호 소리는 남산이 떠나갈듯 진동하였다.

그러나 그로부터 13년 후인 1960년 4월 26일 이 박사는 하야(下野)했다. 13년 전 4월 27일 민족의 환호는 13년 후 4월 19일 민족의 노호(怒號)로 변했다. 13년 전 민족의 영웅이 13년 후 민족의 원흉이라니! … 아! 민족의 비극이여!

6. 건국의 총선거

"가능한 지역에서 총선거(總選擧)를 시행하여 국회를 소집하고 정부를 세워 국권을 회복하자"는 이 박사의 주장은 미국을 통하여 유엔에서 결의되었다.

1948년 1월 8일 중국의 호세택(胡世澤) 박사를 단장으로 하는 유엔 한국임시위원단이 서울에 들어오게 되었다. 건국 운동의 최종 단계에 들어선 이즈음 또 다시 반대가 일어났다. 그 하나는 공산당의 반발이오, 또 하나는 김구 주석을 중심으로 한 중경 임시정부를 법통으로 하자는 것이오, 또 다른 하나는 남북협상파였다.

김구 주석과 김규식 박사는 국민의 간절한 만류를 물리치고 조소앙(趙素昻), 홍명희(洪命憙) 등 여러 사람들을 데리고 4월 19일 월북하기에 이르렀다. 그리하여 1948년 4월 19일 김구 주석은 김일성 등과 모란봉 아래의 괴뢰 회관(*모란봉극장)에서 남북협상(南北協商)을 시작하였다. 건국 운동의 세 영수(領袖)들 중 두 분이 이남의 총선거를 반대하고 김일성과 협상하니, 이는 심상치 않은 난관이었다.(1948년 평양의 4월 19일, 1960년 서울의 4월 19일.)

이북 괴뢰들은 유엔위원단의 입북을 거절하는 동시에 이남에 있는 공산도당에게 지령하여 총선거를 반대하도록 하였다.

이 박사는 유엔 한국임시위원단을 찾아가서, "가능한 지역에서의 총선거를 조속히 시행하여 한국의 독립을 이룩하게 하라. 만일 약자(弱者)가 제 나라를 지키지 못하면 제2차대전의 피는 수포로 돌아가고 이 세계에 평화와 자유는 있을 수 없으리라"고 호소했다. 그 결과, 1948년 2월 15일 "가능한 지역에서 총선거를 실시할 것"을 유엔 소총회(小總會: *정치위원회)가 31대 2로 가결했다.

그래서 유엔 한국임시위원단은 4월 28일 덕수궁 석조전에서 전체 회의를 개최하고 5월 10일 남한 총선거를 실시하기로 가결하였다. 중국·필리핀·호주·인도·엘살바도르 대표들은 찬성했지만, 프랑스·캐나다·시리아 대표들은 본국의 입장 때문에 반대했다.

그러나 총선거는 확정되었다. 이 박사의 몰락이 12년 후로 연기된 셈이다. 그러나 김구 주석과 김규식 박사는 끝끝내 건국(建國)을 위한 총선거를 거부했다.

1948년 5월 10일 유엔위원단 감시 하에 역사적인 총선거는 총인구 94%, 등록인원 92%의 투표 참가로 각국의 선거 역사상 유례없는 투표율을 보여주었다. 도시로부터 농촌에 이르기까지 조용한 가운데 투표는 진행되어 198명의 초대 국회의원이 선출되었다.

이 박사는 4월 13일 동대문구에서 출마하여 무투표로 당선되었다. 이 박사와 4월은 당초부터 불길하여 평양 출신 최능진(崔能鎭) 씨가 기어이 동대문구에서 출마해 가지고 이 박사와 대결하다가 불상사가 생겼다.[22] 이것도 재미(在美) 숙적(宿敵)계열(*즉, 국민회,『신한민보사』, 좌우합작파) 의 방해였다고 하니, 여기서도 심상치 않은 불길을 예감할 수 있었다.

7. 대한민국의 성립

1948년 5월 31일 10시 20분, 신생 한국의 초대 국회의원 198명은 중앙청 국회의사당에 모여 첫 국회를 구성했다. 방청석과 귀빈석에는 하지 장군과 내외 귀빈이 열석하였다. 선거위원 사무총장의 개회사에 이어 이승만 박사가 임시의장에 취임하여 눈물에 떨리는 목소리로 말했다:

> "대한민국 독립 민주국회 제2차 회의를 여기에 열리게 된 것을 우리가 하나님에게 감사해야 할 것입니다. 오늘을 정한 것은 사람의 힘으로만 된 것이라고 우리가 자랑할 수 없습니다. 그러므로 하나님께 감사를 드리지 아니할 수 없습니다. 나는 먼저 우리가 다 성심으로 일어서서 하나님께 감사를 드릴 것을 제기합니다."

의원 일동은 조용히 일어섰고, 의원 이윤영 목사(牧師)의 엄숙하고 경건한 기도 소리는 소리소리 의사당을 울렸고, 모든 사람들은 감사에 넘쳤다. 그러나 이 기도에 역정(逆情)을 품은 한민당 국회의원(*경북 영양 출신의 조헌영)도 있었다는 것을 알아야 한다.

---

22) 평양 숭실전문대 체육교수 출신으로 미국에 유학했던 흥사단계 인물이다. 미 군정 경무부 수사국장으로서 친일경찰의 숙청을 요구하다가 경무부장 조병옥에 의해 파면당했다. 6·25전쟁 중에 부역 혐의로 처형당했으나, 2014년 판결이 번복되어 국가로부터 보상을 받았다.

이날 188표란 절대다수로 이 박사가 초대 국회의장에 당선되었다. 제헌국회는 만 20일 만에 전문(前文) 제10장 제103조로 새 헌법을 제정하니, 이것이 이 박사의 건국이념이자 혁명정신이었다. 이리하여 7월 17일 초대 국회의장 이승만 박사의 이름으로 대한민국 헌법을 공포하였다. 이로써 한국은 주권국가의 체제를 갖추기에 이르렀던 것이다.

제헌국회는 공포한 헌법에 의하여 7월 20일 대통령을 선거하니, 출석의원 186명 중 180명이란 압도적 다수표로 이승만 박사가 초대 대통령에 당선되었다. 박사는 부의장 신익희(申翼熙) 씨의 인도로 단(壇)에 올라 감개무량한 당선 인사를 말했다.

1948년 7월 24일 중앙청 앞뜰에서 대통령 취임식이 열렸다. 군악대의 우렁찬 주악에 맞추어 이 대통령, 이시영(李始榮) 부통령이 등단하였다. 국회 부의장의 개회사가 끝나자 새 대통령은 황색 우산을 받고 오른 손을 들고, "나 이승만은 헌법을 준수하여 국민의 복리를 증진하며 국가를 보위하며 대통령의 직무를 충실히 이행할 것을 국민과 하나님 앞에 엄숙히 선서한다. 대한민국 30년 7월 24일[23], 대한민국 초대 대통령 이승만."

민중의 우레 같은 박수 소리는 북악산이 흔들릴 듯했다. 4천년 래 첫 대통령을 환영하는 국민이니 아니 그럴 수 있었으랴! 제2차세계대전의

---

23) 이승만이 여기서 대한민국 원년인 1948년을 대한민국 30년으로 쓴 것은 3·1운동 후 자기를 집정관 총재(대통령)로 선임한 한성임시정부가 선포된 1919년을 민국 원년으로 삼았기 때문이다. 그러나 1948년 8월 15일 대한민국의 건국이 선포되고 뒤이어 9월에 국회가 연호를 단기로 제정하면서 민국 연호는 더 이상 사용되지 않게 되었다. 그러나 이승만이 잠시 민국 연호 사용을 고집했던 돌출행위는 최근에 대한민국이 1919년에 건국되었다고 주장하는 사람들의 근거 자료로 인용되기도 했다. 지금의 대한민국은 임시정부의 대한민국과 같은 국호를 사용하고 있다. 하지만, 그것은 1948년 6월 7일 국회 헌법기초위원회에서 투표로 새롭게 결정된 후 국회 본회의에서 채택된 것이다. 투표에서 대한민국은 17표, 고려공화국은 7표, 조선공화국은 2표, 한국은 1표였다.

승전 장군 맥아더 원수 부처를 위시하여 내외 귀빈이 열석한 가운데 4천 년 역사상 첫 번의 대례(大禮)가 진행되었다.

그러나 나는 식장에 가지도 않았고 식장에서 방송하는 라디오도 듣지 않았다. 나의 한국 역사의 지식과 40년 민족운동의 경험은, "첫 대통령은 얼마 안 가서 꺾이리라"는 예감 때문이었다. 천기(天氣)도 나의 음울한 마음 같이 비를 내리고 있었다.

8. 자주독립을 열방에 공포

1948년 8월 15일 해방 3주년 만에 이 대통령은 미국 군정에서 정권을 이양받고 대한민국은 자주독립(自主獨立) 국가임을 세계만방에 선포했다. 그리고 3천만 겨레에게, ① 전도(前途)는 험악, ② 민주주의 수호, ③ 민권 사상 강화, ④ 상호 부조, ⑤ 농민 노동자 후대(厚待), ⑥ 외국의 경제 원조 선용(善用) 등 6대 정강(政綱)을 포고했다.

1948년 가을에 파리에서 열리는 제3차 유엔총회에 사절단을 보내어 대한민국은 한국의 유일(唯一)한 합법적 정부임을 48 대 6표로 승인받았다. 우리 사절단이 파리 예수교인들이 경영하는 신문사를 찾아가서 사정을 설명하자, 동 신문사는 사절단의 사진 등 기사를 대서특필하여 발표했다. 이리하여 신문기자 등 유엔 참관자 11만 명의 동정을 얻기에 이르렀다.

제3차 파리 유엔총회는 기도(祈禱)로 개회했는데, 눈 뜨고 있는 자는 소련 대표 2인뿐이었다. 이 정도로 기독교 분위기의 회합이었으므로, 우리 대표들은 먼저 예수교 국가의 대표들을 각각 방문하고 독립을 호소하였다.

12월 12일 마지막 날 밤 12시에야 우리의 독립승인건이 상정되었으나, 소련 대표의 방해연설 때문에 이튿날 3시에야 48 대 6표로 가결되었다. 가(可)편을 든 48표의 손들은 대부분 예수교 국가의 대표들의 손이었다고 한다.

그리하여 1949년 1월 1일 미국이 맨 먼저 대한민국 정부를 승인하고, 4일에 중국, 18일에 영국, 25일에 프랑스, 3월 3일에 필리핀이 승인하여, 9월까지 30여 주요 국가들이 한국 정부를 승인하였다. 이 대통령 75세 때였다.

이로써 건국의 창업(創業)은 성취되었다. 4천년 역사상 처음의 민주국가이니 그 아니 귀한가! 이 건국사(建國史)를 글로써 쓰니 한 편(篇)에 불과하지만, 이를 위해 흘린 피 얼마인고! 건국 도상(途上)에서 송진우 씨, 장덕수 씨 두 기둥이 부러졌고(*암살되었고). 김구 씨, 김규식 씨 두 분 영도자 남북협상에 나섰으니, 그 누구와 의논할꼬!

이 나라 건국에 이 박사가 주도 역할을 했다는 사실을 부정할 역사가는 아무도 없을 것이다.

나는 이 박사 개인의 불행을 슬퍼하지 않는다. 이 박사가 죄인 됨으로써 찬란한 건국의 역사가 더러워지는 것을 울지 않을 수 없을 뿐이다. 이 나라의 첫 국회의장, 4천년래의 첫 대통령, 최초의 헌법 공포자, 세계 만방에 독립을 선포한 그가 죄인이 되고서는 대한민국 건국사가 더러워지지 않을 수 없다. 3·15 하루의 죄가 건국을 위한 반백년 수고보다 더 큰 것이었을까?

건국사의 오점(汚點)을 들고 흐르는 눈물을 금할 수 없어서 한 편의 애가(哀歌)를 부르노라!

제 8장   건국 12년의 업적

1. 사상(史上) 최대의 군비

한국 국군은 미군정 시대부터 편성하기 시작했다. 처음에 유동열(柳東說) 장군(평북 박천, 일본육사 출신, 천도교인)이 군무(軍務: *통위부장)를 담당했으나 아편중독으로 노후(老朽)한 군인인지라 성과가 없었다. 그 다음에 만주계 송호성(宋虎聲: 함경도 출신)이 군 훈련에 능했으나 적색(赤色) 혐의를 받고 쫓겨났다. 채병덕(蔡秉德: 평양 출신), 김석원(金錫源: 평남 용강 출신) 두 장군은 서로 의견이 맞지 않아 성과가 없었다.

김구 주석의 주장대로 미군은 철수한 뒤인지라 거의 무방비 상태에서 6·25 적침(赤侵)을 당했다. 목이 마른 다음에야 우물을 파는 식으로(臨渴掘井), 6·25 적침을 받고 나서야 싸울 수 있는 정병(精兵)을 정비하기에 전력을 다했다.

그리하여 건국 12년간 단시일 내에 육, 해, 공 100만의 정예병을 자유 진영 최전선에 내세운 것이 우리 역사상 최대의 군비이다. 이렇듯 대군비(大軍備)에 있어서 이 대통령의 노력이 컸다는 것은 밴플리트 장군이 말한 바와 같다.

2. 경제외교에 성공

이 나라의 재산 대부분은 이미 일본이 약탈해 갔고, 국토가 양단된
후 이북에 편재(偏在)한 지하자원과 공업시설은 잃어버리고, 이남에 있는
적산(敵産)과 시설들은 군정 3년 동안 흐지부지되었다. 그 나머지 경제력
으로 현대국가를 건설할 수 없었음은 물론이다. 외국 원조를 빌리지 않
을 수 없었고, 미국이 신용할만한 정치적 영도자 없이는 그 원조를 받을
수 없다는 것도 상식이다.

당시의 미국 조야(朝野)는 모두 "이 박사는 둘도 없는 방공(防共) 지도
자"라고 신용하고 원조를 아끼지 않았다. 방공 지도자이기보다 예수란
중보(中保)를 통하여 원조한 것이다. 이 박사가 애국자, 또는 영웅이라기
보다 예수 교인(敎人)이란 명목이 미국인의 인심을 끌었던 것이다.

1949년 1월 트루만 대통령이 국회에 보낸 교서가 그것을 말하고 있
다. 그는 말하기를, "60여년 전부터 우리 선교사들이 가서 활동하고 있는
한국을 원조하지 않을 수 없다. 우선 3억 불의 경제 원조를 주도록 결정
하기 바란다."

예수교 선교사가 교육한 청년 이승만, 선교사가 구출한 사형수 이승
만을 예수 교인 트루먼이 신용한다는 것이었다.

3. 6·25동란 중의 구국 공로

(1) 미군의 이면(裏面)

1948년 10월 19일 여수에 주둔하고 있던 국군 연대 중에서 반란이 일

어나서 장교들을 살해하고 2천여 명의 양민을 학살했다. 이 반란은 5일
만에 평정되었으나 그 배후는 아직 밝혀지지 않았다. 국군 중에서 반란
이 일어났으니 경찰력을 강화할 수밖에 없었던 관계로 '경찰국가'란 비
난을 듣게 되었다.

반란 후 2년이 못되어 1950년 6월 25일 소련의 사주를 받은 괴뢰군이
침략해 들어왔다. 일찍이 있어 본 적이 없었던 국난을 당하여 이 대통령
은 미국 트루먼 정부에 육·해·공 구원군(救援軍)을 보내 달라고 호소하
는 동시에, 동경에 주둔하고 있는 맥아더 원수에게 위급함을 호소했다.
한국 구출의 열쇠는 극동군 총사령관 맥아더 장군에게 있었다.

앞의 건국사(建國史) 편에서, "이 박사가 맥아더 장군의 주선으로 미
국방성의 허가를 받아 귀국하게 되었다"는 사실을 말했다. 하지 중장의
중간 노선을 반대하고 미국에 호소하려고 갈 때에도 맥아더 장군의 직권
으로 갔다 왔다는 것도 말했다.

맥아더 원수 부처는 1948년 8월 15일 대한민국 독립 식전(式典)에도
찾아와서 축하했다. 1950년 2월 16일 맥아더 원수는 이 대통령을 동경으
로 초청해서 극진히 대접했다. 이것은 단지 외교상의 예의만이 아니라
동서 두 영웅의 인격적 교제였다.

6·25의 위급을 당하여 이 대통령의 급박한 호소를 받은 맥아더 원수
는 6·25 후 제4일에 비행기로 전선(戰線)을 살펴보고 수원에서 이 대통
령과 맥아더 장군은 극적으로 면담했다. 그 결과 맥아더 원수는, "미군
지상(地上) 부대가 출동해야 한국을 구할 수 있다"고 트루먼 정부에 건의
했다. 맥아더 원수의 건의서가 위기의 한국을 구해낸 것이고, 이 건의서
는 친구 이 박사의 호소의 눈물로 쓰여진 것이었다. 유엔 전쟁기(戰爭記)
에서 철수 중지의 장면 일절(一節)을 다음에 소개한다.

맥아더 원수의 부관(副官)인 코트니 휘트니 장군이 24일 말한
바에 의하면, 한국에 미 지상군(地上軍)을 파송시킨 투르먼 대통령
의 결정은 맥아더 원수의 건의에 의하여 취해진 것이라고 한다.
휘트니 장군은『라이프』지(誌)의 맥아더 장군에 관한 특집 연재
기사 제3회분에서 다음과 같이 말하였다.

맥아더 원수는 공산군이 북방으로부터 그들의 침공을 개시한
지 4일 후에 한국에 비행기를 타고 가서 현지 시찰을 한 결과, 원
수(元帥)는 한국을 구출하려면 미국 지상군이 출동하여야 한다는
것을 확신하게 되었던 것이다. 현 전선을 유지하고 실지(失地)를
회복하는 데 있어서의 유일한 보장은 미 지상군 전투부대들의 한
국전선 투입을 통해서만 얻을 수 있다는 것이었다. 유능한 지상군
의 출동이 없이 우리의 공군 및 해군 부대만을 계속 이용한다는
것은 결정적인 효과를 갖지 못하게 된다.

맥아더 원수가 최초로 한국전선 상공을 비행하고 있을 때, 동
(同) 원수가 타고 있던 비무장 수송기에 접근하여 온 소련제 야크
전투기가 있었는데, 맥아더 원수는 쌍방 간에 벌어진 공중전(空中
戰)을 관망하고 있었는바, 공산기(共産機)는 결국 파괴당하였다.(나
는 직접 이 장면을 목도했다.)

1·4후퇴 때 워커 장군의 한반도에서의 미군 철수 작전이 왜 중지되
었던가? 맥아더 원수가 철수 중지 명령을 내렸기 때문이다. 맥아더 원수
는 왜 철수 중지를 명령했던가? "미군이 철수하면 한국과 한민족은 영구
히 적마(赤魔)의 어육(魚肉)이 된다"는 이승만 박사의 호소에 응(應)했기
때문이다. 유엔군 전쟁기(戰爭記)에서 철수 중지의 장면 1절을 여기에 소
개한다.

휘트니 장군은 맥아더 원수의 제2차 한국전선 방문시를 회고하여 다음과 같이 말하였다.

그 당시의 재한(在韓) 지상군 사령관 워커 장군은 맥아더 원수에게 한반도로부터 미군을 질서정연하게 철수시키는 것을 가능케 하는 일련의 조치에 관하여 설명하였다. 그때 진격 계획에 관해서는 전혀 언급하지 않았다. 나는 워커 장군의 계획을 설명듣고 있는 맥아더 원수의 표정을 보고 있었다. 1분, 1분이 경과함에 따라 원수의 표정은 긴장으로부터 의외라는 기색으로 변하였으며, 이어 놀라움을 표명한 다음 매우 경악한 표정을 지었다.

맥아더 원수는 설명하는 워커 장군을 똑바로 주시하면서 굵은 목소리로 명령하였다. "이 계획은 즉시 취소하라. 현(現) 전선은 어떠한 희생을 지불해서라도 확보해야 한다."

그날 밤 워커 장군은 휘하 장병들에게 다음과 같이 단호한 명령을 내렸다. "적 앞에서 이 이상 더 후퇴해서는 안 된다. 지금 부터는 장병 전원은 목숨이 붙어 있을 때까지 현 전선을 확보하라."

이리하여 유엔군의 전선은 확보되었으며, 한국 전쟁의 대세는 전환되었다.

(2) 한국 전선에 일어난 일대 이적(異蹟)

미군을 중심으로 한 유엔군이 한국 전선에 출동하게 된 것은 있을 수 없었던 일이다. 그 이유가 무엇인가?

미국이 중국 및 한국에서 철퇴한 후 대만, 오키나와, 일본만이 '트루먼 라인(애치슨 라인)' 안에 속했고 그것이 미국의 방위선이었다. 대륙이 떨어져 나가버린 한반도 남단에 대군(大軍)이 상륙한다는 것은 군사학이나 지정학이 허락하지 않는 일이다. 소련과 중국 양(兩) 대군이 결진(結

陣)하고 있는 대륙 일각에 4만 리를 건너 군대를 파견한다는 것은 거의 자살적 모험이었다. 또 미국이 남의 나라를 위하여 대군을 동원한 역사가 없었다.

　그럴 때 미군이 한국 전선에 출동했다는 것은 상식이 허락하지 않는 일대 이적(異蹟)이다. 이 세기의 이적은 이승만 박사와 맥아더 장군이란 동서 두 영웅의 우의(友誼)에서 이루어진 것이다. 아니, 두 사람이 믿는 하나님의 이적이시다. 동해물과 백두산이 마르고 닳도록 하나님이 보호하사 우리나라 만세다!

　(3) 동서 두 영웅의 전쟁이념
　맥아더 원수는 유엔군 출동과 함께 최고사령관에 임명되어 낙동강 제3선까지 전선을 압축해 갔다. 뒤이어 인천에 상륙하여 1950년 9월 28일에는 서울을 탈환, 수복했다. 이는 전쟁사상 탁월한 작전이라고 한다.

　9월 29일 중앙청 앞에 설치된 서울 수복(收復) 식전(式典)에 맥아더 장군과 이 대통령이 나란히 앉아서 승전의 기쁨을 함께 할 때, 맥아더 원수는 이 대통령에게 역사적인 메시지를 주었다. 그는 말했다: "우리는 하나님의 은혜로 싸웠습니다.… 우리는 하나님의 도우심으로 이겼습니다.… 하늘에 계신 우리 아버지의 뜻이 하늘에서 이룬 것같이 땅에서도 이루어지이다."

　승전(勝戰) 장군의 메시지라면, "무슨 무기, 무슨 작전으로 용감하게 싸웠다"고 할 것이지, 하나님을 부르고 있으니 이 무슨 목사의 설교인가? 우리나라의 학자들과 정치가들은 그 뜻을 모른다. 그러나 이 문자야말로 미군의 전쟁이념이오, 우리 역사에 대서특기(大書特記)할 글이다.

　"하늘에 계신 우리 아버지"는 미국인의 아버지시오, 한국인의 아버지시오, 트루먼의 아버지시오, 이승만 대통령의 아버지시오, 인류의 하나님

이시라는 말이다. 그러므로 "미국 사람과 한국 사람은 한 아버지의 아들
이고 한 형제이므로, 형제가 난(難)을 당하면 형제가 와서 구원합니다"라
는 말이다. 그러므로 "미국 시민 14만 명이 피를 흘려 찾은 이 땅을 형제
이승만에게 돌려드립니다"라는 말이다. 이 얼마나 숭고하고 성엄(聖嚴)
한 전쟁이념이냐?

맥아더의 전투 정신과 이승만의 전투 이념이 합치하는 점에서 대적
(大敵)을 38선 이북으로 격퇴한 것이다. 3천만 겨레가 이 이념을 실천하
기 전에는 통일은 없다.

(4) 북벌(北伐)의 두 영웅이 같이 넘어지다

"이번에 중공을 때려눕히지 않으면 후일에 더 큰 전화(戰禍), 더 많은
피를 흘리게 되리라"는 것이 맥아더 원수의 안광(眼光)이자 이승만 박사
의 예언이었다. 동서 두 영웅은 선견지명(先見之明)이 일치하는 점에서
목소리를 합하여 북진을 부르짖었다.

맥아더 원수의 북벌전략은 ① 중공에 대한 경제 봉쇄, ② 중국 해안
선 봉쇄, ③ 만주에 공중 폭격, ④ 장개석 군의 상륙작전 원조였다.

트루만 정부가 맥아더 전략을 승인만 하면 취후의 승리는 문제없다
고 말했으나, 자유진영의 겁쟁이들(*미 국부부 관리들)은 그러면 소련군
이 침입해서 세계대전으로 확장되지나 않을까 염려하여 주저하였다.

이에 대하여 맥아더 원수는, "시베리아 철도를 복선(複線)으로 부설하
기 전에는 소련군은 결코 침입할 수 없다. 소련은 현재 시베리아 철도
복선 계획도 없다. 염려 말고 제한전쟁(制限戰爭)을 해제하라"고 목이 터
지도록 부르짖었다. 이리하여 유엔군과 트루먼 정부의 전쟁 불확대(不擴
大) 방침과 맥아더 원수와 이 박사의 북벌(北伐) 주장은 맞부딪치게 되었
다.

미국의 여론 조사는 맥아더 원수 해임(解任) 반대가 52%, 찬성이 48%였다. 하지만, 중공(中共)과 장사하는 영국이 맥아더 장군을 반대하니, 4월 11일 총사령관 해임장은 오고야 말았다.

6월 23일 소련의 유엔대표 말리크가 휴전을 제안하자, 6월 28일 맥아더 장군의 사임이 발표되고야 말았다. 상승(常勝) 장군 70 노원수(老元帥)가 투구를 벗고 쓸쓸히 귀국하니, 노인 이승만 박사도 더 어찌해볼 수가 없었다.

맥아더 원수는 유엔에서 두들겨 맞고, 이 박사는 국내에서 한없이 두들겨 맞으니, 1951년 4월 11일 동서의 두 영웅은 함께 꺾이었다. 세계의 운명, 한국의 운명이 이 날에 결정되었다. 이승만은 4·19에 망한 원흉이 아니고 4월 11일에 거꾸러진 영웅이다.

4. 통일 아니면 죽음을!

1950년 9월 28일, 서울을 탈환한 아군(我軍)은 전광석화(電光石火)와 같이 10월 20일 평양에 입성하고, 북쪽으로 청진(淸津)까지, 서쪽으로 초산(楚山)까지 진출했다. 중공군의 인해전술(人海戰術)을 만난 후 한강 이남까지 후퇴했다가, 다시 적군을 38선 이북으로 격퇴했다.

그러나 휴전협상을 위하여 맥아더 장군이 해임되었다. 이대로 휴전되면 이 나라의 운명은 풍전등화(風前燈火)였다. 3천만의 생명을 사수(死守)하고 있던 이 박사는 부르짖었다. "통일 없는 휴전은 죽음이다. 우방의 보장 없는 휴전은 3천만 겨레의 죽음임을 통곡하며, 한국을 이대로 버리는 것은 자유진영의 자멸(自滅)이다"고 경고에 경고를 거듭하였다.

1951년 6월 28일 맥아더 원수의 해임으로부터 1953년 7월 28일 판문

점에서 휴전이 조인되기까지 2년 1개월이란 시간이 걸렸다. 그동안 맥아 더 원수의 후임(後任) 클라크 장군은 전투보다는 휴전(休戰)에 힘을 들였 다. 제24대 미국 대통령에 당선된 아이젠하워 장군이 1952년 12월 2일 한국을 방문했어도 휴전 성립을 공표하지 못했다.

아이젠하워 대통령의 특사 로버트슨 씨가 1953년 6월 25일 와서 3주 일 회담한 결과 7월 27일에야 겨우 휴전이 성립되었다.

5. 대한민국의 만리장성

휴전회담 2년 동안 이 박사는 국내에서는 폭군, 독재자란 가시관을 쓰고, 야당의 저격(狙擊)[24], 부산정치파동 등으로 두들겨 맞으면서 '단독 북진통일', '반공포로 석방', "미국은 전우(戰友)를 죽음에 버리지 말라"고 부르짖었다. 그래서 이 박사는 공산진영의 협박, 유엔의 독촉, 영국의 반 대, 미국의 오해 속에서 두들겨 맞아 만신창상(滿身槍傷)을 받았다. 아! 지 긋지긋한 고집, 사고덩어리란 욕을 먹었다.

이 박사는 무엇 때문에 국내, 국외에서 두들겨 맞았느냐? 사람들은 '정권 연장 운동'이라고 중상(中傷)하지만, 미국의 미움을 사는 것은 정권 연장이 아니고 자살이다.

휴전협상 2년간 이 대통령이 반대하던 90일간 유엔군은 매일 9백 명 의 살상자를 내었다. 휴전이 하루 지연되면 9백 명이 죽고, 열흘 늦어지

---

24) 전쟁 중인 1952년 6·25남침 2주년 부산 기념행사장에서 민국당 국회의원 김시 현의 사주를 받은 유시태(柳時泰)가 권총으로 대통령을 쏘았으나 불발로 끝남. 의 열단 출신들인 유시태와 김시현은 사형, 민국당 국회의원인 백남훈과 서상일은 징역형을 언도받았으나, 나중에 모두 석방되었다. 4·19후에 유시태는 국회의원 에 당선되었다.

면 9천 명이 희생되었다. 미군의 어머니와 아내들은 이 박사를 저주하니 4·19 전(前)에도 매카나기 대사(*이승만에 적대적인 주한 미국대사)는 오기 마련이었다.

이 박사는 왜 세계의 저주를 받아가면서 북진통일(北進統一)을 외쳤느냐? 3천만 겨레를 범의 아가리에서 살려 내려고, 세계를 공산당의 손에서 구출하기 위해서가 아니었던가? 그 소득이 무엇인가? 1953년 7월 27일 조인된 휴전 조약 중간(中間) 90일 만의 한미상호방위조약(韓美相互防衛條約)이다.

이 방위조약은 북진통일을 약속하고 38선상에 쌓은 만리장성이 되었다. 이 박사는 대한민국에 만리장성을 쌓기 위하여 2년 동안에 국내, 국외에서 미치광이처럼 두들겨 맞은 후에 매카나기 대사를 맞이하게 된 것이다. 그러므로 이 박사는 4·19에 쫓겨날 원흉이 아니라 벌써 만리장성을 베고 자살할 애국자이다.

아이젠하워 대통령은 그래도 세계적 반공투사(反共鬪士)를 감싸주려고 이 박사를 초청했다. 그래서 이 박사는 1954년 7월 25일 미국을 방문하여 북진통일을 되풀이 주장하고 귀국하였다.

아이젠하워 대통령이 옛날의 전우(戰友)를 마지막 만나보려고 한국에 찾아 왔을 때(*1960년 6월) 이 박사는 벌써 4·19로 일락만장(一落萬丈), 감히 우방의 원수를 만나볼 수 없는 원흉이 되었다. 그러나 이승만 박사가 쌓아 놓고 쫓겨간 만리장성(*한미동맹)은 지금 우리를 방위하고 있다.

6. 세계의 화근을 뽑지 못하다

이승만 박사의 주장대로 북진(北進)하고, 맥아더 원수의 전략대로 만주를 폭격하고 중국 본토와 해상선(海上線)을 봉쇄했더라면 중공의 기세를 꺾을 수 있었고, 한국은 통일되고, 국부군(國府軍: *장개석군)이 상륙하면 본토의 대부분을 수복할 수 있었다. 트루만 정부가 만일 이번(*1962년) 쿠바에 대한 케네디 정부의 태도만치만 강경하였다면, 당시의 군비 불충분한 소련을 꺾어버렸을 것이고, 중공의 세력을 꺾을 수 있었을 것이다. 맥아더 장군은 중공을 격퇴할 기회가 4번 지나갔다고 지금도 회고(回顧)의 통분을 금(禁)치 못한다고 한다.

마샬 장군이 길러 놓은 중공의 화근(禍根)을 맥아더 장군이 뽑지 못하고 저렇게 길러 놓고서는 동남아의 방공(防共)은 불가능한 일이니, 중공은 세계의 화근이다. "오늘 중공과 유화(宥和)하면 내일 더 많은 피를 흘린다"는 이 박사의 경고를 잊지 말라.

제 9장   전후 재건

1. 경제 안정

일본의 신문기자는 6·25 동란 후 한국을 보고 "사상 최대의 파괴요 비참"이라고 보도했다. 6·25 동란은 2백만 명의 사상자, 1백만 명의 과부와 고아, 30억 불의 손해, 도시와 촌락의 파괴, 산천 황폐를 가져온, 비참일색(悲慘一色)이었다.

전후의 재건(再建)은 적군(赤軍) 격퇴 못지않은 고난이었다. 한편으로는 공비(共匪)소탕, 한편으로는 건설. 한 손으로는 방공(防共), 한 손으로는 전재민(戰災民) 구제. 우편(右便)에는 부패한 부하, 좌편(左便)에는 극한 투쟁하는 야당. 이 대통령은 그런 틈에 끼어서 폭군, 독재자란 욕을 먹어가면서 전후의 방공질서(防共秩序)를 유지했다. 그런데도 전후의 재건에는 볼만한 것이 많지 않은가?

내가 조사한 것은 한편으로 치우칠 듯하므로, 장면 정권이 유엔 총회에 보고한 대요(大要)를 다음 편에서 나란히 기재하려고 한다. 우선 두 조문만 간략히 기록하자면, 전(前) 국무총리 장면 박사가 한 말에 의하면, ① "1957년까지 6·25동란의 전재(戰災)가 완전히 복구되었다." ② "1959년까지 경제가 안정되었다"고 하였다.

전재복구(戰災復舊)와 경제안정은 폭정(暴政)이 아니라 선정(善政)이라고 해야 하지 않겠는가?

(1) 전후의 도시 재건

전화(戰禍)에 무너진 서울을 2백만 시민의 새 도시로, 기타 도시도 대개 재건했다. 아세아 제국(諸國)을 일주한 일본 신문기자는 한국의 도시는 동아에서 둘째로 잘 재건되었다고 감탄했다. 전쟁 중 이만한 재건도 쉬운 일이 아니다. 2백만 서울은 4천년 이래 처음이 아닌가?

10대 도시 건축허가의 통계는 다음과 같다.

> 1956년 1만 626동(棟)
>
> 1958년 1만 2,056동

이렇게 전화에 불타고 무너진 서울과 기타 도시들을 재를 파헤치면서 52만 호의 주택을 건조했다. 노(老) 대통령은 전보다 더 장려(壯麗)하게 재건하다가 쫓겨난 것이다.

(2) 교통망의 재건

내가 처음 미군정 시대에 월남(越南: *1948년 4월)하여 보니, 열차의 차창은 부서지고 차는 제 시간에 다니지 못했다. 6·25 동란 후에는 교통이 더 말이 아니었다. 지금은 '무궁화호', '통일호', '태극호' 등이 정시간에 쾌속으로 달리고 있다. 일제 시대에 허물어진 선로(線路)를 수리하고, 휴전 후 새 선로를 다음과 같이 부설하였다.

① 문경선. ② 영암선. ③ 영월선. ④ 함백선. ⑤ 충북선.
⑥ 삼척화력선. ⑦ 강경선(江景線).

이밖에 해상(海上), 공중(空中) 교통의 진전(進展) 통계는 생략한다.

(3) 광업·산업의 발전

광구(鑛區): 1951년 4천 723구(區), 1958년 6천752구로 건국 초에 비교하면 크게 증가했다.

석탄 생산량: 1951년 16만 1,727MT, 1958년 267만 889MT.

 석탄은 건국 초에는 수입탄에 의존했으나 지금은 자급자족에 달(達)하고 있다. 기타 광업산물도 생산량이 증가하고 있다.

판유리: 1948년 0상자, 1957년 7천 상자, 1958년 13만2천 상자,   1960년 50만 상자.

시멘트: 1948년 1만 7,350MT, 1958년 29만 5,622MT.

 기타 광업물 통계표는 생략함.

(4) 발전력(發電力)의 발전

발전소: 수력(水力): 청평, 섬진강, 운암, 괴산.

   구화력(舊火力): 영월, 당인리.

   신화력(新火力): 마산, 삼척, 당인리.

발전량: 1957년 132만 3,112KW, 1958년 151만 1,675KW

 기타 전원(電源) 개발 계획과 기타 통계는 생략함.

(5) 기간산업(基幹産業) 공장 건설

① 충주 비료공장, ② 나주 비료공장, ③ 대한중공업공사 압연기 설치 공장, ④ 조선기계제작소, 디젤엔진 공장 건설, ⑤ 대한조선공사 시설 개량 및 확충 공사

(6) 농산업(農産業)의 발전

미곡: 1948년 1,548만 6천석에서 1958년 1,659만 5천 석으로 증가.

기타 농산물 증산(增産) 통계표는 생략함.

소(牛): 1946년 65만 3,030두(頭)에서 1958년 100만 590두로 증가.

기타 축산 증산 통계표는 생략함.

수산(水産) 증산 통계표, 무역 수출고 통계표는 생략함.

(7) 방적업의 발전

면포: 1948년 2만 7,682마(碼)에서 1958년 14만 9,010마로 증가.

모직: 1948년 188마에서 1958년 4,588마로 증가.

나이롱: 1948년 0마, 1954년 591마에서 1958년 4,511마로 증가.

기타 증산 통계는 생략함.

(8) 신문용지 제조의 발전

1948년 786MT에서 1958년 1만 1,689MT으로 증가.

기타 제조공업 통계표는 생략함.

이승만 정부는 신문(新聞)이란 폭탄에 맞아 부서졌다. 12년간 신문의 공격만 받았지 신문의 협조는 조금도 받지 못하고 넘어졌다. 그런데도 이승만 정권은 신문용지를 해마다 증산해서 공격 재료로 제공했던 것이다.

이 박사가 만약 미국식 민주주의로 이만치 건설했으면 오늘의 비극이 없었으련만. 초창기(草創期)인데다가 불행히도 또 전쟁(戰爭), 과학에 유치한 인간들과 비애국적 부정직한 인간들을 데리고 건설하려니 강력한 정부가 필요했다. 후계 정권도 이러한 건설을 유지, 발전시키려면 강력한 정부가 필요할 것이다. 강력한 정부는 조금 심해지면 독재와 폭정과 통한다.

2. 문화면의 건설

(1) 교육의 발전

종합대학이 16개 교(校), 단과대학이 62개 교로 합계 78개 교. 9만여 대학생, 연(年) 2만여 대학 졸업자가 배출되고 있다. 대학으로는 세계 제4위, 우리 역사상 최고의 문화 수준에 달하고 있다.

전 대통령(*이승만)의 계획대로 실과(實科) 7할, 인문(人文) 3할이었더라면 실력배양의 국가가 될 것이었으나, 반대로 인문 7할, 실과 3할이니 실력의 빈약함은 불행한 일이다.

통화(通貨)의 4분지 1을 학교에서 거두어 들여 혀(舌)의 사람은 기르되 손(手)의 사람, 실업인을 못 기르면 그 교육은 실패요, 민주건설도 안 된다. 어떤 선정(善政)을 실시하더라도 매년 인문학사 1만5천 명을 취직시키는 것은 불가능하다. 미국 신문은 "한국 학생의 데모는 취직에 대한 실망에서 일어난 것"이라고 하였다.

78개 대학의 굉장한 건물과 2백이 넘는 중·고교는 설립자의 돈으로 짓고 유지되는 것이 아니라 학부형의 돈으로 건축하고 경영하는 것이니, 농촌의 피폐는 학교 때문이다. 이것이 흥사단의 『새벽』 지(誌)에서 말한 '학교 망국론'이다.

(2) 문화 향상

신문은 환도(還都) 초에 겨우 2면(二面) 발행되던 것이 지금은 수십 종의 일간 신문이 당당 8면지로 간행되고, 무슨 대사전(大辭典), 무슨 전집(全集)이 연달아 출판되고 있다. 내가 사는 부산에서는 라디오 소리가 거의 가가호호에서 들리고, 텔레비전도 100여 대나 된다. 이(李) 정권 하에서도 입이 밥을 먹었으니 귀가 라디오를 즐기고 눈이 민주신문을 읽었을 것이다.

이승만 정부는 언론을 탄압한 독재정권이라고 공격당한다. 미군정 시대에 『해방일보』를 비롯하여 4대 신문이 폐간당한 데 비하여, 이승만 정부에서는 『경향신문』 하나만 정간되었다.

터키의 멘데레스 정권에서는 1950~1958년 동안에 언론인 피소자 2,324명 중 82명이 유죄판결을 받았고, 체형(體刑)을 선고받은 언론인도 58명이나 되었다. 이에 비해, 이승만 정부에서는 주요한(朱耀翰) 씨 1인만 피소되었고, 오히려 공보처장이 역(逆)피소되었다. 전라도 야당 국회의원들은 〈야화(夜話)〉지를 폐간시키고 동 기자 2인을 체형하도록 했다.[25]

3. 종교의 발전

예수교는 서울을 비롯하여 방방곡곡에 5천 개의 교회가 서고 160만 교인이 넘게 되었으니, 일제 때에 비하면 이남(以南)만 해도 배가되었다. 구교(舊敎)인 천주교 신자도 배가되어 동양최대의 교세이다. 아직 민족 지도의 영력(靈力)이 부족하지만, 군(軍)에는 종군(從軍)목사, 형무소에는 교해(敎誨)목사가 배치되었다. 이는 동양 최대의 전도이다. 이리하여 건국 12년간 모든 방향에서 4천년 역사상 새 기록을 달성했다.

---

25) 작가 조영암이 호남지역을 비판하는 글을 썼다는 이유로 피소되어 응징을 받았던 사건.

제10장 장면 정권이 유엔총회에 보고한 「통한각서」

1961년 3월 유엔총회에 보고한 「통한각서(統韓覺書)」는 본서(本書)의 통계표가 만들어진 이후에 작성된 것으로, 서두(書頭)에는 이 박사의 건국 대략(大略)을 기록했고, 각 부문의 통계는 이(李) 정권 12년간의 업적을 재록(再錄)했다. 말하자면, 이전의 이 정권 시대의 업적을 찬양한 것이다. 그 일부분을 들어보면 다음과 같다.

① 교육방면에서 11세까지의 아이들은 96%가 교육을 받았고, 78개 대학에 등록한 학생이 9만여 명에, 졸업생도 수십만 명이다. 운운(云云).

② 경제면에서 6·25동란 중 30억 불의 피해와 농지 기타 산업부문에 막대한 파손을 당했으나 1953년 7월 휴전 후 급속 복구(復舊)되었다. 공업시설은 대체로 복구되었고, 한국 경제는 파괴로부터 완전히 복구할 계기를 얻게 되었다.

1958년에는 복구기로부터 발전기(發展期)로 들어갔다. 특히 전력 부문은 24.2%가 증가되었다. 동 기간에 제1 관심사인 가격안정, 경제안정이 보증되었다. 개인 저축고는 1957년도 6천50만 환이던 것이 1958년 2월에는 1억 240만 환이 되었다.

〈주〉 1957, 58년의 이(李) 정권 시대에 경제가 안정되었다면, "못 살 겠다 갈아보자"고 한 민주당의 구호는 국민들을 속인 것이다.

1959~1960년 경제발전 및 성장은 매우 만족스러운 비율로 계속되었 다. 1959년의 곡물 생산량은 1954~58년의 연평균 비율보다 11% 나 상승하여 420만 톤 최고기록을 보였다.

1959년 해산물 수출고는 1955~58년간의 연평균보다 28%가 증가된 240만불에 달하였다.

1959년 채광(採鑛), 제조 및 전력을 종합한 공업생산 지수는 1958년보 다 14,7% 증가했다.

1959년의 석탄생산고는 1958년보다 54.9% 증가되었다.

1959년의 제조공업의 생산지수는 1958년보다 11.2% 증가했다.

섬유공업은 극히 만족스러운 수준에 달하여 해외 판로를 모색하게 되었다.

시멘트 생산은 현저한 발전을 이루어 연간 36만톤을 생산하는 2개의 시멘트 공장이 가동되고 있다.

그리고 년 17만 상자를 생산하는 판유리(板硝子) 공장이 가동되고 있 다.

③ 교통 방면에서는 6·25동란 중 60%가 파괴되었던 공로(公路) 및 교 량이 완전히 복구되었으며, 전반적인 교통량은 현재 대한민국 역 사상 어느 때보다 만족스러운 상태에 있다.

④ 주택부문에서는 1956년 이래 1만 이상의 교실이 신축되었고, 1954~59년간 52만 호의 주택을 건조하였다. 운운(云云).

이상은 장면 정권이 이승만 정권 시대의 업적을 유엔총회에 보고한 보고서 중에서 초록(抄錄)한 것이다.(『동아일보』 1961년 3월 22일)

장면 정권의 유엔 보고를 요약하면,

이 대통령의 통치시대에

① 민주주의는 뿌리를 깊이 박았으며,

② 교육은 전체 아동의 96%가 교육을 받고 78개 대학 9만 명의 대학생, 수십만 명의 졸업생으로 세계 3위이고,

③ 6·25동란으로 인한 30억 불의 전화(戰禍) 손해는 1959년까지 완전 복구했고, 52만 호의 주택을 건조했으며,

④ 경제는 1959년 화폐가치의 안정으로 경제가 안정되었고. 이 해에 양곡을 420만 톤 생산함으로써 모든 것이 역사상 최고 수준에 달했다는 것이다.

이승만은 건국대통령(建國大統領)으로 이만한 정치를 하고서도 '똥'이 되고 '정치적 악한(惡漢)'이 되었다. 사람은 때려잡고 훌륭한 업적은 제 것처럼 세계에 발표했다. 그 업적을 알면서도 그 사람은 때려잡은 것이다.

▲우리 다 같이 노래나 불러보자.

못 살겠다 갈아보자.

1959년 양곡 420만 톤 3천만 석이로다.

1960년 ××× 배불러 못 살겠다 갈아보자.

78개 대학 9만 대학생도 너무 많아 못 살겠다.

데모로 다 갈아보니 ×××이로다.

부기(附記): 한국의 세계 제일 세 가지- 벨기에 과학자의 고백:

　이승만 정권 시대에는 모든 부문의 생산고가 통계표보다 실제로는 더 많았다. 내가 철암 석탄광을 시찰했을 때, 일제 때 년 2만 톤 채광하던 것을 이 정권 시대에는 년 12만 톤을 파내고 있었다. 영암선(榮巖線) 선로 부설공사는 일제시대에 시작했다가 중지해 버린 난공사(難工事)였는데, 이 정권 시대에 이것을 개통하고 이 박사가 친히 임하여 생산고를 높였다고 한다. 영암선은 물굽이를 50여 번 도는데, 터널도 그렇게 많다.

　인천 판유리 공장도 내가 1962년 봄에 관람할 때 그 공장은 최고 년 1백만 상자, 최하 년 50만 상자를 생산하고 있었다. 그러나 장(張) 정권시대에는 건축업이 부진하여 50만 상자가 팔리지 않았다. 유리를 국제시장에 수출하려면 경쟁이 심하여 어느 나라든지 국가 보조 없이는 수출을 못한다. 이 정권 시대에 국가 보조를 부정한 수단으로 주었기 때문에 장 정권 시대에 부정축재로 몰수를 당하게 되어 운영난에 처해 있다고 했다.

　이 공장은 13개 국의 과학자를 데려다가 설계하고 이 박사가 점화(點火)한 불이 지금까지 계속 타고 있다.

　유리공업은 벨기에가 제일인데 그 나라 과학자가 이 공장을 설계하고 귀국 송별회 석상에서 말하기를, 한국에는 세계 제일이 세 가지 있다고 했다.

　① 기후가 세계 제일이다.

　② 물자가 세계 제일이다. 7종의 유리원료가 다 한국에서 나는데 모두 세계 제일의 품질이다. 황해도 몽금포 모래는 북한 괴

뢰가 쓰고, 충청도 안면도 모래는 우리가 쓰고, 소록도 모래는 일본서 도적질해 간다. 일본이 독도를 점유하려는 것은 소록도 모래를 파가는 중계 지점을 만들려는 것이다.

③ 한국인의 두뇌가 세계 제일이다. 그가 장개석 총통의 초빙을 받아 중경(重慶)에서 과학을 가르칠 때 60명의 학생들에게 6개월 가르치고 시험을 친 성적이 모두 30점 이하였다. 그런데 한국에 와서 그 과정을 배우는 13명 학생에게 6주간 가르치고 시험을 친 성적이 모두 90점 이상이었으니, 한국인의 두뇌는 세계 제일이라고 하였다. 이 좋은 나라를 떠나기 아깝다고 말했다고 한다.

세계 제일의 좋은 기후, 세계 제일의 좋은 물자, 세계 제일 좋은 두뇌를 가지고 왜 못사느냐? 통곡할 일이다. 동족상잔(同族相殘), 싸우기 때문에 못 산다. 싸우지 말고 배우자. 물어 찢지 말고 일하자!

제11장   외국 사람이 본 이승만 박사

이승만 대통령에 대하여,『동아일보』는 '독재자', '폭군', '똥'이라고 악평(惡評)을 하였고, 『사상계(思想界)』는 '협잡군', '사기꾼', '정치적 악한', '원흉'이라고 악평을 하였는 데 반하여, 외국인은 '다이아몬드', '한국의 워싱턴', '유엔군의 힘'이라고 극찬을 하고 있다. 아래에서 대강 기록하여 국민 여러분의 판단을 바란다.

1. "이승만 박사는 유엔군의 힘"
   - 릿지웨이 장군

미 8군이 마침내 공산군의 진출을 서울 남방에서 저지했을 때, 미8군은 신임 사령관 릿지웨이(Matthew B. Ridgway) 장군의 휘하에 있었다. 부산 교두보에서 유엔군을 이끌어낸 워커 장군은 차를 타고 얼음으로 미끄러운 산길을 달리다가 한국군이 운전하는 트럭과 충돌하여 사망하였다.[26]

---

26) 6·25전쟁 중인 1950년 12월 미8군사령관 워커 중장은 지프차를 타고 의정부 북쪽의 축석령을 지나다가 마주 오던 한국군 트럭과 충돌하여 사망했다. 사고를 낸 한국군 운전병은 짙은 안개로 어쩔 수 없었다는 이유로 무죄가 되었다.

릿지웨이 장군은 압록강까지 진격했다가 줄곧 후퇴만을 계속해 온 유엔군의 사기(士氣)를 다시 앙양시키는 것이 급선무라고 생각했다. 그는 이 점에 있어서 이승만의 강력한 지지를 받았다. 장군은 그의 회고록에서 유엔군의 후퇴를 다음과 같이 묘사하였다:

나는 서울 북방 수마일 지점에서 퇴각하는 부대와 정면으로 마주쳤다. 그들은 트럭을 타고 밀려 내려오고 있었다. 그들은 차 안에 너무나 빽빽이 들어섰기 때문에 중대포, 기관총, 그 밖의 모든 중무기(重武器)를 버리고 있었다. 소총을 가진 군인도 얼마 되지 않았다. 그들은 오직 빨리 후퇴하여 바로 뒤에 밀려드는 무서운 적군을 멀리할 생각뿐이었다.… 그러나 나는 그들이 다시 적군과 맞서서 싸울 수 있을 것이라고 확신했다.

나는 이승만을 찾아가서 도움을 청했다. 나는 그에게 같이 전선(戰線)으로 올라가서 군인들의 실정을 보고 그들에게 용기를 북돋아줄 수 없겠느냐고 부탁했다. 그는 즉석에서 이를 흔쾌히 수락하였다. 우리는 2차대전 때 쓰던 낡은 경비행기를 타고, 그것도 히터 장치도 없이, 전방(前方)으로 날아갔다. 공중의 기온은 영(零)도에 가까웠으며, 나는 두터운 동복(冬服)을 입고도 떨었다. 이 대통령은 한복에 단화(短靴) 차림이었으며 목도리도 두르지 않고 있었다. 쭈글쭈글한 그의 검은 얼굴은 추위 때문에 더욱 주름이 잡혀 있었으나 불평은 한 마디도 없었다.

이 대통령은 전선(前線)에 임하여 후퇴하는 유엔군을 격려했다.

서울 남방에서 유엔군의 진지가 안정되자, 릿지웨이 장군은 일련의 탐색 공격을 전개하였다. 그 결과 공산군은 병참선의 연장으로 또다시 보급에 애로를 느끼고 있음을 알게 되었다. 유엔군은 1951년 1월과 2월에 새로이 공세(攻勢)를 취하여 공산군을 또 다시 서울 북방으로 몰아냈다. 유엔군의 이 반격은 한국 전쟁의 최종적이며 가장 장기적인 국면(局面)의 시작이었다.

2. "이승만 박사는 다이아몬드"
   – 밴플리트 장군

그는(*이승만은) 단(壇) 위에 서서 국민들에게 다음과 같이 고백하였다. "나는 몇 번이나 자유세계가 우리 한국이 공산주의와 싸우기를 바라는지, 그렇지 않으면 싸우기를 그만 두기를 바라는지 궁금해 왔다."

이 말은 이 완강한 노인에게는 참기 어려운 지긋지긋한 자백이었다. "휴전회담은 나에게는 아무런 의미가 없다"고 그는 솔직히 자인(自認)하였다.

그는 강단 앞의 난간을 손가락 마디가 파래질 때까지 꼭 붙잡고 이렇게 말하였다. "필요하다면, 한국은 혼자서라도 끝까지 싸우겠다. 한 치의 우리 땅도 공산주의자들의 수중(手中)에 남겨 두어서는 안 되며, 한 사람의 우리 겨레도 공산 치하에서 노예(奴隷) 생활을 하게 할 수는 없다"고 외쳤다.

많은 군중이 그들의 대통령이 눈물을 머금고 목 메어 말하는 것을 황공한 마음으로 들었다. 그는 조용히 말을 이었다. "1950년에 내가 공산군의 공격에 대항하라고 명령하였을 때 아마 나는 잘못을 범했는지 모르겠다. 나는 승리를 바랐었다. 하지만 수십만 명의 생명이 없어졌는데도 승리는 없지 않는가." 잠간 쉬었다가 그는 말을 이었다. "이에 대해서는 나에게 직접 책임이 있고 또한 나에게 죄가 있다고 느낀다."

노인의 눈은 눈물로 번쩍거렸고, 손은 떨렸고, 그의 목소리도 감정으로 떨렸다. 그가 다음과 같이 선언할 때에는 마치 구약성서(舊約聖書)의 산울림과도 같았다. "나는 우리 국민 앞에 나타나 내 잘못을 인정하겠다. 나는 그것이 자살을 의미하겠지만 우리 한국군에게 나와 함께 싸울 것을 요청하겠다. 나는 끝까지 우리 한인을 영도(領導)하면서 여생을 마치겠다."

한국군을 고무(鼓舞)시키는 이승만의 능력을 언급한 것이 분명한데, 여하튼 밴플리트 장군은 그를 가리켜서 "그의 몸무게만한 다이아몬드만큼 값 있는 분"이라고 칭찬했던 것이다.

3. "이 박사의 주장은 정당하다"

키프(O.D. Keep) 씨가 1953년 7월 20일 『포트나이트(Fortnight)』 지(誌)에 실은 글은 생략함.

4. "이 박사와 선견지명"

이 박사와 워싱턴에서 오랫동안 반공외교(反共外交)에 협조하던 제임스 H. R. 크롬웰(*전 캐나다 특명전권공사, 독립운동 시절 이승만의 후원자)

씨의 연설 원고는 생략함.

5. "이승만 박사는 '한국의 조지 워싱턴'"

1951년 4월 4일 릿지웨이 장군의 후임으로 미 제8군 사령관의 중책을 맡은 밴플리트 장군은 22개월의 재임 중 공산침략자들을 소탕하는 한편, 보잘것없던 국군을 증강시켜 '국군 육성(育成)의 아버지'라는 찬사까지 받았는데, 장군은 한국의 실정과 한국민의 전통과 이 대통령의 독립정신을 가장 잘 이해하여 우남노선(雩南路線: *이승만노선)을 적극 지지한 외국인의 한 사람이었다.

밴플리트 장군은 『리더스 다이제스트』 지(誌)에 『한국 평화의 대가(代價)』라는 제하에 글을 발표하였다.

밴플리트 장군은 재임 중 모든 열정과 귀여운 아들까지 한국 전선에 바쳤는데,[27] 그는 그의 귀국을 아끼는 많은 전송자들이 보이지 않을 때까지 눈물을 씻으면서 미국으로 돌아갔거니와, 그의 마음은 항상 한국에 남아 있어 그 후에도 가끔 한국을 찾아왔다. 또 기회 있는 대로 목격자로서 한국의 실정과 우남노선을 미국인들에게 해명하고 있다.

『리더스 다이제스트』 지에 발표한 '한국평화의 대가'라는 글 가운데서 이 대통령에 관한 것만을 추려서 보면 다음과 같다:

> 한국군의 힘은 대부분이 대통령 이승만 박사의 덕(德)임을 나는 우선 지적하지 않을 수 없다. 내가 한국에 있는 동안에 자주 이

---

27) 밴플리트 장군의 아들은 공군 조종사로서 북한 상공에 출격하였다가 돌아오지 못했다. 장군은 아들을 찾기 위한 특공대 파견에 반대했다.

대통령과 만났거니와, 그는 대개 일 주(週)에 한번 씩은 한국군 부
대를 찾아가서 격려 위로했다.

나는 한국의 군대와 국민이 이 위인(偉人)에 대하여 느끼는 헌
신적인 경모(敬慕)의 정을 눈으로 보았고, 또 그들이 그들의 영도
자 이 박사에게 한국을 통일해 달라고 애원하는 동시에 그들의 모
든 희망을 이 노(老) 대통령에게 걸고 있음을 보았다.…

한국에는 교육을 받지 못한 사람이 적지 않다. 이것은 로일(露
日) 전쟁 끝에 미국의 동의로 한국을 물려받은 일본인에 의해서 반
세기 동안 그들은 지식이나 개인 발전의 기회를 박탈당한 탓이었
다. 일제의 지독한 착취로 말미암아 그들은 몹시 빈한(貧寒)하였다.

그러나 한국의 조지 워싱턴이라 할 수 있는 이승만 박사가
1948년에 초대 대통령으로 당선되어 자주정부를 세운 후에, 한국
국민은 비로소 민주주의라는 것을 맛보게 되었다.

이러한 한국인들에게 공산주의자(共産主義者)들은 미국을 배척
하고 지주와 자본가들을 학살하는 데 협력하여 그 빼앗은 물건을
나누어 갖자고 강요하는 선전을 했다.

그러나 이 대통령은 국민들에게 자신들의 자유(自由)에 대한 공
산주의자의 위협의 본성(本性)을 이해시켰다. 또 조국의 광복을 이
룩하기까지 그가 지녔던 용기와 인내를 국민들에게 고취해 왔다.
그가 다스려야 하고 거느려야 할 국민은 충분한 교육을 받지 못했
고 무질서했으나, 그는 그의 위덕(威德)으로써 그들을 공산침략을
막아내는 세계 최강의 보루(堡壘)의 하나로 만들어 놓은 것이다.

나는 이 박사가 미국 정책에 비협력적이라는 비난을 들을 때
마다 도대체 그게 무슨 뜻인지 이해하기 어렵다. 내가 한국군을

보강(補强)하는 데 힘쓰고 있을 적에 자주 그를 찾아가 온갖 종류의 희생과 협조를 부탁했다. 그때마다 단 한 번이라도 그는 기대에 어긋나거나 주저한 적이 없었다. 이 대통령이 비협력적이라는 비난은 모두 그로 하여금 한국 국민의 정당한 목적을 단념시키고 한국의 자유(自由)를 위해서는 파괴적인 계획을 수락시키려는 사람들의 입에서 나오는 것이다.

지금까지 그가 비협력적이라고 비난당했던 일이란 그 전부가 그에게 협력을 바란 것이 아니라 추종(追從)을 요구했던 경우였다. 우리는 과거 우리의 한국 정책을 수락하지 않았다고 그를 비난하기 전에, 만일 우리 측에서 그에게 협력하였더라면 얼마나 모든 일들이 호전(好轉)되었겠는지를 반성해야 할 것이다.

이러한 면에 있어서 그는 일관(一貫)된 신념에 사는 사람이요, 또한 위대한 선각자요, 투철한 선견지명을 지닌 영도자이다. 그는 미국 정부가 협조하기 시작한 수년 전부터 막강한 한국군을 만드는 데 온갖 힘을 다하여 왔다. 만일 그가 3년만 더 일찍이 그 길을 취할 수 있었더라면 공산군의 공격도 없었을 터이고, 수만 명의 미국 청년의 생명도 구해졌을 것이며, 또 한국의 몸서리치는 파괴도 모면했을 것이다.

이 대통령은 1951년 6월에 휴전회담이 개시되자, 이것은 오로지 공산군이 패배당한 자기의 군세(軍勢)를 회복하기 위한 음흉한 계획에 불과하다고 경고한 바 있었다. 오늘날 그의 경고가 얼마나 옳은 것이었는지를 우리는 뼈저리게 느끼고 있다.

그는 다시금 되풀이하여 그가 지닌 훌륭한 통찰력으로써 현명한 정치가만이 보여줄 수 있는 지혜를 우리에게 보여주고 있다.

이리하여 밴플리트 장군은 휴전반대(休戰反對), 북진통일(北進統一) 등이 박사의 주장을 맥아더 장군 못지않게 적극 지지하여 온갖 방면에서 한국을 원조하는 데 힘썼다.

6. "한국 자주독립의 창설자"
– 미국 하원의사록, 하원의원 폭 W. 웨이러

대한민국 대통령 이승만 박사가 전(全) 생애를 통해 싸워온 정치 투쟁사는 지금 미국하원 의사록에 역력히 점철되어 있다. 이는 미국 하원의원 폭 W. 웨이러 씨가 최근 미국 하원에서 이 대통령을 찬양한 발언을 속기(速記)해 둔 것이다. 그 전문(全文)은 다음과 같다.

존 포스터 덜레스씨를 수반으로 하여 구성된 미국 국무성은 지난날의 정무(政務)에서 지금까지 못 본 채 남겨둔 심각한 문제, 즉 한국문제를 어떻게 처리할 것인가라는 문제에 대하여 커다란 흥미를 가지고 있다.

지금으로부터 50년 전 승승장구하는 일본이 러시아를 굴복시켰을 당시 시어도어 루스벨트 대통령은 싸움의 중재자로 나섰다. 포츠머스 강화조약을 체결하는 데 암초가 놓여 있었으니, 그것은 바로 4천2백년이라는 장구(長久)한 시일을 두고 독립을 유지해온 것을 자랑하는 한국을 일본이 자기의 손아귀에 넣어버린 사실이다.

일본은 한국을 예속화시켰으나, 한 사람의 위대한 한국인의 정신만은 정복하지 못했던 것이다. 이 위대한 인물이란 다름 아니라 바로 현재 공산주의와 싸우고 있는 대한민국 대통령 이승만 박사이신 것이다.

지금으로부터 50년 전의 일이다. 젊고 씩씩한 한 사람의 한국 청년이 서울에 있는 미국인 선교사가 경영하는 배재학당에 뚜벅 뚜벅 걸어 들어와서 "나는 이승만입니다"라고 말하면서, "나는 이 학교에서 서양사정(西洋事情)을 공부하고자 합니다"라며 자기가 그 학교에 나타난 목적을 말하였다. 그는 이 학교에 오기 전에 이미 독학의 유생(儒生)이며 시인이고 귀족이었다. 그는 이 학교에서 두 가지를 배웠으니 하나는 기독교요, 또 하나는 민주주의다. 그는 이 두 가지 이념을 즉시 실천에 옮겼다.

그 당시는 아직도 전제군주 정치가 지배하고 있던 그의 모국에서 이 박사는 일간(日刊)『독립신문』(*『매일신문』)을 발간하였다. 이는 실로 한국 역사상 최초의 언론기관이었다. 이때부터 청년 이 승만 박사는 이 신문으로써 자기 동포가 오래 전에 상실한 자유 (自由)를 얻기 위한 투사로서 등장하게 되었던 것이다.

그는 또 정치 관계로 인하여 5년 7개월의 감옥생활을 하게 되었다. 그가 감옥에 갇힌 후 처음 1년 동안에 포박된 채 철창 밖으로 내놓은 그의 두 손을 간수들은 대나무 가지로 어느 한 곳 성한데 없이 구타하였던 것이다. 그럼에도 불구하고 그는 철창(鐵窓) 생활 속에서『독립정신』이란 책을 저술하였다. 오늘날 이 책은 대부분의 한국인에게는 제2의 성서(聖書)로 되어 있는 것이다.

1904년, 즉 일본이 한국을 정식으로 점령하게 되자 청년 이승만은 미국으로 망명하였다. 그는 이때 이미 한국 독립을 위하여 투쟁하는 것이 자기의 평생 목적만으로 깨달았던 것이다.

청년 이승만은 또 다시 미국에서 학교를 다니게 되었으니, 이

때 그는 29세였다. 그는 조지워싱턴 대학과 하버드 대학, 그리고 프린스턴 대학에서 학사, 석사, 정치학박사의 빛나는 학위를 획득하였던 것이다.

특히 프린스턴 대학 재학 시에는 총장 우드로 윌슨 씨의 가장 사랑을 받는 제자들 중의 한 사람이었으며, 윌슨 씨는 그를 항상 한국 해방운동자라고 격찬하였다. 윌슨 씨의 둘째 딸이 결혼을 할 때 극소수의 친구에게만 보낸 초대장의 한 장이 하와이에 있던 이 박사에게도 보내졌던 것이다. 그 당시 이 박사는 하와이 한인기독학교의 교장으로 있었으며, 젊은 한국인 2세들에게 그의 평생의 한국독립의 지도이념인 기독교 교리와 민주주의를 가르치고 있었다.

그러자 제 1차 대전이 벌어졌고, 윌슨 씨는 미국 합중국 대통령으로 취임하였다. 이 박사는 그의 은사(恩師)인 윌슨 대통령이 항상 약소민족(弱小民族)의 자결을 주장하였던 사실을 명심하고, 1919년 3월 1일 모국에 있는 그의 동지들에게 점령자인 일본인들에게 대항할 것을 지도하였다.

이리하여 민족자결(民族自決)의 숭고한 이념은 일본인들의 무지(無知)한 기관총과 창검에 대하여 태극기만 손에 든 애국심으로써 대항하였으니, 이것이야말로 세계사에 커다란 획(劃)을 그은 3·1운동이었다.

이때 일인(日人)들은 수천 명에 달하는 한국인들을 교회와 커다란 건물에 몰아넣고 잔인하게도 총화(銃火)를 퍼부었다. 곳에 따라서는 수십 명의 한국인들을 사지(四肢)를 갈기갈기 찢어 죽이기도 하였다.

일인들은 이승만을 생포하거나 또는 그의 시체를 가져오는 자에게는 30만 달러의 상금까지 주겠다는 현상금까지 내걸었다. 이

는 이 박사의 강철 같은 민족자결의 신념이 한국인에서 더 나아가
전 세계를 감동시켰기 때문이다.

이 운동을 국내에서 실천 지도하였던 소수의 한국인들은 상해
로 망명하면서 대한민국 임시정부를 조직한 다음 이 박사를 그 초
대 대통령으로 모셨다. 이 정부에 가기 위하여 상해로 가는 일 또
한 그리 쉬운 일이 아니었다.

이 당시 미국에서 중국으로 가는 모든 선편(船便)은 반드시 일
본을 경유해서만 가게 되어 있었으므로, 일본 관헌의 혹독한 조사
를 면할 도리는 도저히 없었던 것이다. 만약 이 자들에게 체포되
는 날이면 총살은 틀림없는 사실이었다.

그러나 일편단심 조국의 광복을 위한 결의(決意)에 불타고 있
던 이 박사는 호놀룰루를 출발하여 상해로 향하는 미국 상선에 몸
을 실었다. 그것은 보통 사람으로서는 도저히 이행할 수 없는 것
이었다. 그는 교묘한 방법으로 삼엄한 일본 관헌들의 경계망을 뚫
고 나아가는 데 무난히 성공하여 목적지인 상해의 임시정부 대통
령에 취임하였다.

그 후 해는 가고 달은 바뀌었다. 그러나 한국을 기억하는 사람
은 드물었다. 이 박사의 머리는 이미 반백(半白)이 되었으나 자나
깨나 한국 독립을 위하여 고심하며, 파리로, 런던으로, 워싱턴으로
전전하면서 한국의 불우한 실정과 독립 달성을 호소하면서 강대
국의 협력을 요청하였던 것이다.

이 박사의 망명생활은 드디어 끝을 맺게 되었다. 그러나 곤란
한 시기는 이제부터라, 또 다시 새로운 투쟁이 시작되었다. 그는
황폐하고도 남북으로 갈려진 국토를 통일하고 부흥하는 데 노력

하고 있지만, 한국을 절대 지지하여야 할 여러 나라에서 비난을
받게 되는 결과를 초래하였다.

즉, 미국과 국제연합 당국자들은 한때 이 박사가 한국의 독재
자가 되려 한다고 주장하였다. 〈미국의소리 방송〉까지도 이러한
내용의 비난을 한국인들에게 전하였던 것이다. 이 박사는 이러한
방송의 청취를 금지하였는데, 그러자 다시 언론자유까지 억압한
다고 비난을 받았다.

그러나 사실은 이러하다. 이 박사는 공비(共匪)를 적극적으로
소탕하기 위하여 전국에 계엄령을 선포하였던 것이다. 그러나 이
조치는 이 박사를 미워하는 자들로부터 그가 경찰국가적인 권력
을 잡기 위해서라는 비난과 모략을 당하는 결과를 초래하였다.

이 박사는 그의 경찰로부터 국회의원들이 정부 전복(顚覆)을
꾀하는 공산당과 연락이 되어 있다는 정보에 접하자, 12인의 국회
의원을 체포하였다(*1952년의 부산정치파동). 그의 적대자들은 또
한 그가 국회를 위협한다고 공격하였다. 그러나 이 박사는 이들
국회의원의 재판을 공개하였다. 이 사건에서 결정적 역할을 한 범
인이 아직 체포되지 못하였으므로 이들 국회의원들은 석방되었다.

가장 논란이 많았던 문제는 대통령을 국회(國會)만이 선출할
수 있게 하는 대신에 전국민(全國民)의 투표로써 결정할 수 있도록
하자는 이 박사의 요구였다. 이것은 이 박사 자신이 기초하여 통
과된 한국 헌법의 기본적 개정을 의미하는 것이었다.

사람들은 이것이 국회를 자신의 손아귀에 못 넣은 이 박사가
대통령의 자리에 머물러 있고자 하는 시도에서 나온 것이라고 비
난했다. 그러나 이 박사는 국회가 공산당의 압력에 견디어 나가기

에는 너무 약한 것을 두려워하여 국회의 손을 거치지 않는 길을 택하였던 것이다.

이 박사의 이러한 주장은 이남(以南) 7도(道)의 전(全) 도의회가 지지하였다. 그러나 이 위기에 대처하는 이 박사의 제반 조치는 유엔과 미 국무성에서 맹렬한 공격을 받게 되었으므로, 이를 조정하는 것은 쉬운 일이 아니었다.

우둔해서 그랬던지 악의로 그랬던지는 모르지만, 하여튼 국무성은 공산당이 군중을 지배하는 것을 방조하고, 적구(赤狗)들로 하여금 남한을 침범하는 것을 용이하게 하였던 것이다.

이러한 국무성의 태도는 공산주의 국정자(國政者)들과 소련 공작원들이 유엔에 잠입(潛入)하는 것을 방조해 주는 결과로 나타났다. 이 박사는 이러한 좌익(左翼)들의 음모를 분쇄하려고 하였다. 동시에 공산주의의 친구 되는 분자들은 이 기회에 이 박사를 매장시키려고 덤볐던 것이다. 또한 이 박사는 유엔이 로버트 네이산(*진보 좌파성향의 경제전문가) 씨와 한국 공업실태 조사를 위한 12만5천 달러에 달하는 계약을 체결함으로 인하여 곤란에 직면하게 되었다.

자유결제(自由決濟)를 열렬히 지지하는 이 박사는 미국이 중공을 승인해야 한다고 주장하였던 '미국 민주주의 실천회의'(Americans for Democratic Action, 진보좌파 성향 단체) 최고의원의 한 사람인 네이산 씨가 작성한 결제 계획에 구속(拘束)을 받게 되었기 때문이다.

오늘날 시체를 파먹는 독수리의 떼들이 대한의 하늘을 끊임없이 배회하고 있다. 그러나 거인의 심장을 가진 노현인(老賢人) 이 박사는 아직도 빈곤과 음모, 파괴와 절망 등 모든 것과 싸우고 또 싸워서 이기고 있는 것이다.

그는 하나님을 굳게 믿고 오직 통일 민주국가 건설을 위하여 그의 현명하고 세련된 평생의 투쟁을 계속하고 있는 것이다.

제 2 편
장면 정권의 차례

『공자 가어(孔子家語)』에 보면 다음과 같은 실화(實話)가 기재되어 있다.

공자님이 한번은 태산을 통과하다가 애절(哀絕)하게 통곡하는 여인을 보았다. 그 여인에게 그 이유를 물어보니, 여인의 대답이, "작년에는 남편이 범에게 물려 죽었고, 금년에는 아들이 범에게 물려가서 통곡한다"는 것이었다.

공자가, "이 여인아! 작년에 남편이 범에게 죽었을 때 곧 들로 내려갔으면 아들은 살았을 게 아니냐"고 반문하자, 여인이 하는 말이, "들에는 관리가 범보다 더 무서워서 못 갔다"는 것이었다. 공자는 길게 한숨을 쉬었다.

이(李) 정권 시대의 관리는 배부른 범(飽虎)이요, 장(張) 정권 시대의 관리는 굶주린 호랑이라는 차이가 있을 뿐이다. 이 정권 12년 동안 배가 부른 범은 마구 잡아먹을 필요가 없었고, 12년간 굶주리던 장 정권의 범은 마구 잡아먹었다. 2천억 환을 치르고 산 정권인지라, 할 수 없었다. 광산이요, 일본이요, 부정축재요, 소급법이요, 되는대로 마구 잡아먹다가 9개월 만에 무너졌다.

제 12장 장면 정권의 성립

1. 장면 박사는 어떤 사람인가?

장면(張勉) 박사의 집은 진실한 가톨릭 가정이다. 그 부친은 평남 중화(中和) 사람으로 일제 때부터 세무관리였다. 장 박사는 일찍이 수원 고농(高農)을 졸업하고 미국에 유학한 뒤에는 모 중등학교 교장이 되었다. 성품은 온순하여 정치가이기보다 종교가나 교육가 타입이다. 제헌국회 국회의원으로 당선된 것이 정치운동의 입문이었다.

그는 이 대통령의 신임을 얻어 일약 미국 대사로 승진했다. 그가 대사로 있을 때 유엔군이 한국에 출동했고, 유엔 제3차 총회에서 대한민국 독립이 인정되었으니, 이 박사와 함께 외교에 성공했다.

외교 성공의 명성으로 부산 피난정부의 국무총리로 승진했다. 이만치 올라가고 보니 대통령 자리까지 탐났다. 이리하여 이 정권을 대신하려는 장 정권 운동이 부산정치파동이었다. 부산에서 장 정권이 성립되었다면 나라는 크게 위태로워졌을 것이다.

알렌 씨의 글에 의하면, 장면 씨는 주미대사로 있을 때 흥사단(興士團)과 결탁하여 이 정권 타도를 획책했다. 이 박사는 또 속았다. 이래저래 이 박사의 불신용(不信用) 병(病)이 악화됐다. 흥사단과 장 대사의 결탁

획책은 부산정치파동에서는 성공하지 못했다. 그러나 4·19에 소원성취했으니 장 박사는 행운아다. 그러나 장 박사는 이 박사 시대보다 더 복(福)되지는 못했다.

세상에서는 장면 씨가 흥사단원이라고 말하고 있지만, 그는 정(正) 단원이 될 수 없는 인물이다. 흥사단 입단(入團) 문답(問答)은 입교(入敎) 문답과 같은 서약이다. 신교(新敎)의 목사, 장로 중에는 하나님 앞에 드린 맹서(盟誓)를 사람 앞에 재매도(再賣渡)하는 사람도 혹 있지만, 장면 씨 같은 신실한 가톨릭 신자는 십자가 앞에서 드린 성서를 흥사단 앞에 재매도는 하지 않았을 줄로 안다. 장 씨와 흥사단과의 관계는 정권을 위한 피차의 결탁뿐이라고 본다.

2. 당파 싸움의 구판(舊版)

사색당파(四色黨派)란 무엇인가?

이퇴계가 안동 사람이기 때문에 그의 제자인 안동 사람 유성룡(柳成龍), 그 다음에 상주 사람 채제공(蔡濟恭) 등의 영남파가 남인(南人)이다.

이율곡(李栗谷)이 파주 사람이기 때문에 그의 제자인 충청도 사람 김장생(金長生), 충청도 사람 송시열(宋時烈), 이완용(李完用) 등이 노론(老論)이다.

이들 두 계통의 싸움이 조선 4백년의 역사이다. 북인(北人)이나 소론(少論)은 거기 따라갔다.

〈西 人〉		〈東 人〉	
심의겸 (율곡계)		김효원 (의성인, 조식 문인)	
		南 人	北 人
율곡 제자		유성용 이원익 (퇴계 제자, (종실) 안동인)	이산해 (서울) 정인홍 (합천)
김장생(충청도)		↓ 채제공 (정조 수상, 상주인)	
老 論	少 論		小 北
송시열 민정중	윤증 박태보	↓ 정약용,	남이공
↓ ↓	↓	이승훈,	↓
송병준, 민씨	조태구	이가환	남상교
이완용 문벌	↓	(모두	(천주교인)
	조중응	천주교인)	
	(이완용		박승종
	내각의		(광해 수상)
	農相)		

이러한 당쟁의 결과는 경술 합병(＊1910년의 한일합병)의 망국(亡國)이
었다. 남인(南人)은 퇴계, 유성룡, 채제공 ＝ 천주교에 이르고. 서인(西人)
은 율곡 ＝ 김장생 ＝ 송시열 ＝ 이완용으로 끝났다.

그래서 일제의 합병 때 일본의 작위를 받은 73인 중에 소론(少論)은 조
중응 외 수인(數人)에 불과했지만, 70인은 이완용 이하 노론(老論)이었다
(일본인의 기록).

함남 장진(長津) 무당의 아들이자 민영환 공 집의 상노(床奴)이던 송병
준(宋秉畯)도 송우암(宋尤庵: ＊송시열)의 족보에 가입했다.(尹孝貢의 舊稿).

그렇다면 송병준은 노론의 원조 송(宋)씨 집 가계의 자작(子爵)이 된다.

노론(老論)은 광해조 때의 '4월혁명 정권'의 상속자이지만(*광해조 4월
혁명條 참고) 이완용의 매국으로 끝났으니, 당파 싸움의 결과가 얼마나
비참한가.

우리나라 당파 싸움의 특징은 지방(地方) 싸움이다. 율곡의 파주 대
(對) 퇴계의 안동, 송우암의 충청도 대(對) 유서애(*유성룡)의 경상도 싸움
이다. 그래서 다른 나라에는 학벌, 군벌, 재벌이 있지만 우리나라에는 '지
벌(地閥)'이란 것이 있다.

그 전술은 모략, 중상, 잔인, 죽임이다. 싸움의 결과는 인재 토벌, 민
족정기의 저락(低落), 정력의 쇠퇴와 마모, 민족분열, 망국이었다. 그 피를
이은 오늘 우리의 당쟁도 꼭 옛날 당쟁의 '텔레비전'이다. 아니 그보다
더한 점도 많다.

3. 당파싸움의 신판(新版)

(1) 서 · 북파

서재필 박사가 영도하던 독립협회가 해산된 뒤에는 다시 지방 파벌
로 갈리었다. 평안 남·북도, 황해도, 함경 남·북도의 5도가 모여서 서울
에 서북(西北)학교를 세우니, 서북파(西北派)가 구성되었다.

민영휘(閔泳徽)가 평안도 관찰사(*지금의 도지사)로 있으면서 백성들
의 재물을 사정없이 빼앗아서 평안도의 흙 석 자를 긁어 갔다고 원성이
자자했다. 그런 중에 평남 숙천(肅川)의 이갑(李甲) 씨가 민영휘에게 가산
을 빼앗긴 뒤 일본으로 가서 일본 육사(陸士)를 졸업하고 하세가와(長谷
川) 사령관의 막하 장교로 귀국했다.

이갑 씨는 군복 차림으로 민씨 집에 달려들어 가서 칼을 빼어들고 "이놈 민가야! 네가 강도질한 내 돈을 내 놓아라"고 호통을 치니, 민 대감은 벌벌 떨면서 돈을 달라는 대로 내어 놓았다. 이갑 씨는 그 돈으로 민 씨 집 앞에 서북학교(西北學校) 교사를 이층 벽돌집으로 건축하니, 민 대감 집은 흉가(凶家)가 되었다. 민 대감도 휘문(徽文)학교를 세웠다.

"일본놈은 30년 원수요, 양반은 5백년 원수라"는 말이 이때 생겼다.

서북학교는 오성(五星)학교로, 그 후 다시 지금의 건국대학(建國大學)으로 발전하였다. 함북 출신 이용익(李容翊) 공은 고종황제의 총신(寵臣)으로 보성전문학교(高大)와 보성중학교를 세웠다.

이리하여 서북 사람들이 새 문화의 주도권을 잡았다. 3·1운동 후 함경도는 떨어져 나가고, 흥사단을 중심으로 황해·평안 양도(兩道)가 민족 운동의 주력이 되었다.

도산계(島山系: *안창호계)는 비록 서북 지역을 잃어버렸으나, 미국에 근거를 갖고 강력한 집단으로 오래 활동하였다. 흥사단은 지금까지는 평안도가 주체가 되고 있는데, 장래에 전국적 지도 단체로 발전하지 못한다면, 율곡계나 도산계(陶山系: *퇴계계)처럼 지벌화(地閥化)할 우려가 많다.

(2) 기호파(I)

유길준(兪吉濬) 씨를 중심으로 한 기호파(畿湖派)는 서울에 기호학교(畿湖學校)를 세우고 결집했으나 학교를 유지할 수 없을 정도로 세력이 미약했다. 전북 고창(高敞) 출신의 김성수(金性洙) 선생이 그 학교를 인수하여 중앙(中央)중고등학교를 세우고, 보성(普成)전문학교를 인수하여 고려대로 발전시키고, 동아일보사를 세워서 민족을 지도할 큰 기반을 닦았다.

인촌계(仁村系)가 기호를 대표한다고 하겠으나 흥사단과 같은 결사(結社)는 없고, 한민당(韓民黨), 신민당, 민주당, 민정당(民政黨) 등 정당으로 진출하고 있다.

(3) 기호파(II)

김옥균(金玉均) 선생(아산), 서재필 박사(논산), 이상재 선생(한산), 윤치호 선생(천안)의 호서(湖西: 충청도) 계열에 이승만 박사가 가담해서 이 박사의 동지회(同志會)가 내려오고 있다. 그러나 이 박사의 뒤를 이을 인물이 나서지 않았다.

호서에 김좌진(金佐鎭), 이범석(李範奭), 송요찬(宋堯讚), 이형근(李亨根) 등의 군인들이 있으나, 조직계통이 없다.

예전에 남인 지역이었던 영남에서는 장지영(張志暎) 선생(대구), 김창숙(金昌淑) 옹(성주), 허정(許政) 씨(부산), 재벌 이병철(李秉喆) 씨(의령) 같은 인물이 일어났으나, 영남 파벌은 아직 생기지 않았다(*145쪽의 계보표 참조).

이상의 계열 중에서 도산(*안창호)계와 인촌(*김성수)계가 민족지도의 양대(兩大) 주류를 이루고 있다. 이 두 주류가 합하느냐 못 합하느냐는 민족 운명에 중대한 결과를 가져온다.

한국의 지리를 보면 목포에서 용암포까지 서해안선이 직통하고 대동강과 한강이 똑같이 서해로 흘러들기 때문에, 황해, 평안과 기호는 피를 많이 섞었다. 백제와 고구려는 다 같이 동명성왕(東明聖王)의 피를 이었다. 본래부터 쉽게 합할 조건이 갖추어져 있었다.

그러나 영남은 추풍령(秋風嶺)으로 둘러막고 낙동강이 남으로 흘렀기 때문에 신라 때부터 독자성이 강하다. 경상도는 동해안선을 통하여 함경도와 피를 많이 섞었다.

어찌 함경도뿐이겠느냐? 경상도와 평안도도 피로 통한다. 도산(島山)은 순흥(順興) 문성공(文成公)의 피를 이었고, 장면은 안동 장태사(張太師)

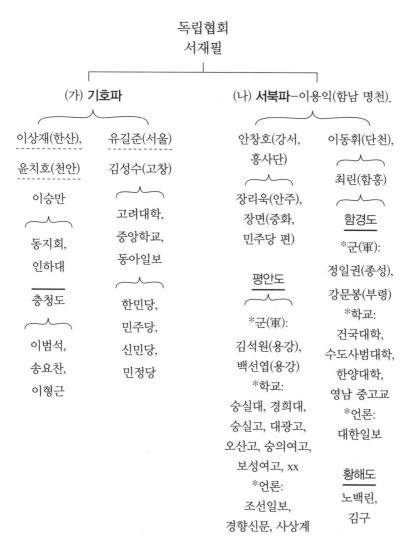

독립협회
서재필

(가) **기호파**　　　　　　(나) **서북파**—이용익(함남 명천).

이상재(한산),　유길준(서울)　　안창호(강서,　이동휘(단천),
윤치호(천안)　김성수(고창)　　　흥사단)
　　　　　　　　　　　　　　　　　　　　　최린(함흥)
이승만　　　　　　　　　　장리욱(안주),
　　　　　고려대학,　　　장면(중화,　　함경도
동지회,　중앙학교,　　민주당 편)　　*군(軍):
인하대　동아일보　　　　　　　　　　정일권(종성),
　　　　　　　　　　　　평안도　　강문봉(부령)
충청도　한민당,　　　　　　　　　　*학교:
　　　　　민주당,　　　*군(軍):　　　건국대학,
이범석,　신민당,　　　김석원(용강),　수도사범대학,
송요찬,　민정당　　　백선엽(용강)　한양대학,
이형근　　　　　　　*학교:　　　영남 중고교
　　　　　　　　　　　숭실대, 경희대,　*언론:
　　　　　　　　　　　숭실고, 대광고,　대한일보
　　　　　　　　　　　오산고, 숭의여고,
　　　　　　　　　　　보성여고, xx　　황해도
　　　　　　　　　　　*언론:　　　　노백린,
　　　　　　　　　　　조선일보,　　　김구
　　　　　　　　　　　경향신문, 사상계

의 피를 이었고, 영계(靈溪: 길선주 吉善宙)는 선산 길야은(吉)冶隱: *길재吉
再)의 피를 이었고, 김석원(金錫源) 장군은 김수로왕(金首露王)의 피를 이었
으니, 모두 경상도 사람이다.

　손바닥만한 나라에서 같은 피(同血)에 같은 말(同言)을 쓰면서도 합하

면 살고 못 합하면 죽는다.

4. 경무대 담장이 무너졌다

1956년 제3차 정·부통령 선거 준비를 앞두고 김창룡(金昌龍) 중장(함남 영홍)이 암살되었다. 장면 씨와 동향인 평남 중화(中和) 출신의 허태영(許泰英) 대령이 함남 사람인 김창룡 장군을 죽였다. 김 장군이 살아있었다면 장 박사가 부통령에 당선될 수 없었을 것이고, 4·19도 용이하지 않았을 것이다. 아뿔싸! 이 박사가 함경도 바위로 쌓았던 경무대 담장이 무너지고 말았다.

허태영이 사형선고를 받을 때까지 강문봉(姜文奉) 중장의 이름을 말하지 않은 것은 양심적이었다. 그러나 허 씨 부인이 허 대령의 배후가 강문봉 중장이라고 투서한 글이 만송(晩松) 이기붕(李起鵬) 씨의 손을 거쳐서 경무대에 들어갔다. 만송은 모(某)계에 속아서 부통령 낙선의 분풀이를 강 중장에게 한 것이다. 이는 만송이 자살행위를 한 것이었다.

평남 강서(江西) 사람 백선엽(白善燁) 대장에 의해 함북 부령(富寧) 출신의 강문봉 중장이 사형선고를 받고, 함북 종성(鐘城) 출신의 정일권(丁一權) 대장이 군에서 밀려났다. 함경도의 단단한 돌로 쌓였던 경무대의 담장이 장면 정권이 성립되기 전야(前夜)에 무너진 것이다. 어리석은 만송(* 이기붕)이여!

1959년 2월 18일, 백선엽 대장의 아우 백인엽(白仁燁) 중장 휘하에 있던 서(徐) 준장이 정 중령이 쏜 7발의 총탄에 맞아 살해되었다.[28] 7발이나

---

28) 1군 6군단장 백인엽 중장 밑의 28사단에서 일어난 상관 살해 사건을 말한다. 사단장 서정철 준장이 그로부터 모욕을 당한 정구현 중령에 의해 살해되었다.

쏜 것은 말을 하지 못하게 하는 살해 방법이다. 서 준장과 정 중령 두 사람은 같은 장로교인으로 서로 죽여야만 할 적대 감정이란 있을 수 없었다. 서 준장은 7발의 총탄을 맞아 할 말을 못하고 죽었다. 그 입에 무슨 말이 남아 있었을까?

정 중령이 사형선고를 받고 나서 할 말이 있다고 하자, 급히 사형이 집행되어 할 말을 못하고 죽었다. 할 말이 무슨 말이었을까? 장면 정권이 성립되기 전야(前夜)에 백인엽 장군의 막하(幕下)에서 통영 사람 서(徐) 준장이 평양 사람 정(鄭) 중령의 손에 총살당했으니, 경무대 담장이 아주 무너지고 만 것이다.

5. 장면 정권의 성격

장(張) 정권에 대하여, 당시 서울 일일신문들과 기타 신문들은 장면 정권을 가리켜 지벌(地閥) 정권, 가톨릭 정권, 흥사단(興士團)의 고문, 친일(親日)정권이라고 평했다. 장 정권의 중요 멤버들로 보아서 그렇게 평했던 것이다.

국무총리	장 면 (평남 중화, 가톨릭)
상공장관	주요한 (평양, 흥사단)
문교장관	오천석 (평양, 흥사단)
외무장관	정일형 (평북 영변, 흥사단)
육군참모총장	장도영 (평북 용천)
검찰총장	김태희 (평남 강동)
화폐창	선우종원 (평양, 가톨릭)

주미대사   장리욱 (평남 안주, 홍사단)

유엔대사   임창영 (평안도, 홍사단)

기타 차관급, 고관, 대사직 등등

제1차 조각(組閣)에 함경도는 한 사람도 없으니 장면 정권은 백두산을 완전히 잊어버렸다. 아무리 선의로 해석해도 한 지방으로 너무 치우쳤다.

국무총리가 가톨릭이고, 법무장관 조재천(曹在千), 무임소장관 오위영(吳緯泳), 광산 담당자 문창권(文昌權) 등이 가톨릭 장관이었다. 그뿐 아니라 장면 총리 막후에는 신부(神父) 고문단이 있었으니, 그래서 가톨릭 정권이라고 한 것이다.

집권 9개월 동안 장 정권은 가톨릭교회의 권익을 위하여 전력을 다했다. 이 박사 시대에 세운 형목(刑牧), 군목(軍牧) 제도를 집권 첫날부터 뜯어고쳐 신교(新敎) 세력의 구축(驅逐)을 꾀했다.

보다 큰 걱정은 세계의 구교권(舊敎圈)에서 공산당이 일어나고 있었다는 사실이다. 소련이 그러하고, 쿠바나 브라질이 그러하고, 이태리, 프랑스 제국이 그러했다. 한국에도 가톨릭 정권이 들어서자 공산당이 대두하여 결국 장면 정권이 무너졌다.

친일(親日)정권이란 평은 여기서 말하지 않고 다른 곳에서 말할 것이다.

6. 백두산을 잊어버린 장 내각

장면 박사의 제1차 조각(組閣)을 보면 평안도는 너무 많고 함경도는 한 사람도 없으니, 백두산을 잊어버린 것이다. 정일권 장군(함북 종성)이 주미 대사에서 낙직(落職)하고 그 대신 장리욱 박사(평남 안주)가 뒤를 이었다. 엄모(嚴某) 씨(함남 영흥)가 외무차관 될 뻔했을 뿐이다.

홍경래(洪景來)의 혁명 격문에 "서북인은 문과에 급제해 봐야 지평, 장령에 불과하고(文不過持平掌令), 무과에 급제해 봐야 만호, 첨지에 불과했다(武不過萬戶僉知)"고 불평했다. 그래서 평안도를 찢어 가지고 만주(滿洲)와 합하자는 것이었다. 함경도에서는 이시애(李施愛)의 난(亂)이 일어났는데, 이것도 함경도를 찢어 가지고 만주와 합하자는 것이었다.

이것이 옛날 이남(以南) 지벌(地閥) 정권의 민족분열이었다. 그런데 이제 장면 정권이 또 지벌정권으로 백두산을 내다버리려는 정치를 하려는 것인가?

윤관(尹瓘)이 다년간의 전공(戰功)으로 장성 이북(長城以北: 의주-정평 이북)의 아홉 개 성(城)을 수복해 놓았으나, 고려의 문신들이 윤 시중(侍中)을 소환하고는 아홉 개 성을 내버리고 말았다. 여진(女眞)이 아홉 개 성을 기반으로 하여 대금(大金) 제국을 건국해 가지고 중원에 진출했을 때, 고려는 대금 황제 발아래에 꿇어 엎드려 조공을 바쳤다.

이제 장면 내각도 고려의 문신들처럼 함경도는 내다버릴 작정인가? 대동강의 장려(壯麗)함을 알면서도 소·만(蘇滿) 국경, 두만강의 중요성을 모르면 정쟁과 내분으로 시종(始終)하게 된다.

조각(組閣) 첫머리에 부사산(富士山) 밑의 귀빈(*한국을 처음 방문한 일본 외무상 일행) 영접에 열중하여 백두산 밑의 사람들(*함경도인)을 박대하니, 부사산의 수려(秀麗)함에 감탄하되 백두산의 숭엄(崇嚴)함과 웅장함은 모른다. 백두산을 잊어버리지 않았다면, 백두산 아래의 사람들을 박대하지 못할 것이다.

『여지승람(輿地勝覽)』에 청(淸) 태조가 두만강변 회령(會寧)에서 자랐다고 하여 청국 강희(康熙) 황제는 백두산맥이 뻗어서 공자의 태산(泰山)을 이루었다고 하면서 백두산을 중국 태산의 조봉(祖峰)이라고까지 자랑했다.(『도엽서(稻葉書)』). 청(淸)의 황제도 백두산을 조봉으로 자랑하는데 대한민국이 백두산을 잊어버린다면 백두산 영봉(靈峰)은 얼굴을 돌리고 말 것이다.

〈주〉 이 글은 장면 정권 제1차 조각을 보고 쓴 글이다. 지금 와서 보면, 장 내각이 가톨릭 이한림(李翰林) 장군(*함경도)을 등용하여 북방 군인들을 어루만졌더라면, 장 정권이 그렇게 쉽게 무너지지는 않았을 것이다. 지벌(地閥) 정권은 강한 듯하지만 위험하다.

7. 4·19를 통해 본 흥사단

흥사단은 도산 안창호 선생이 민족개조(民族改造)의 이념 위에 창립하고, 반세기 동안 지도하여 온 민족주의 단체이다. 민중이 기대하는 흥사단에 대하여 도산 정신을 어기는 점을 지적하지 않을 수 없다.

(1) 재미 흥사단
흥사단과 이승만 박사의 반세기에 걸친 당파 싸움이 "전부 이 박사의 죄"라고 보는 제3자는 한 사람도 없을 것이다. 그러므로 이승만, 안창호 양계(兩系)의 당파 싸움은 흥사단 역사에도 일대 오점이 아닐 수 없다.

(2) 미 군정시대의 흥사단
일제 때는 흥사단이 핍박을 받았다. 해방 후 일부 단원이 미 군정의 요직을 가지고 인촌계(*김성수계)와 같이 일했다. 그런데 가장 기대가 컸던 도산·인촌 양계(兩系)의 정권(*미군정)이 자유당 정권 이상으로 부패했다는 것을 국민들은 기억하고 있다. 이것이 해방 후 제1차의 민족적 실망이었다. 미군정 때 부패를 인촌계만의 죄라고 볼 제3자는 한 사람도 없다.

(3) 민주당 시대의 흥사단

민주당은 도산, 인촌 양계가 중심 세력이었다. 흥사단 전체라고는 할 수 없지만, 흥사단원들이 민주당에 가담했고 후원한 것은 사실이다. 그런데 도산, 인촌 양계는 공동의 적(敵)인 이승만 정권 타도에만 힘을 합하고, 건설 단계에서는 서로 맞서서 나라를 위태롭게 하다가 5·16 혁명을 만났다.

(4) 지연(地緣) 이하의 당(黨) 이념

도산계가 민주당 영수(領袖)를 선택할 때, 조병옥이냐? 장면이냐? 조병옥 씨는 일찍이 충청도를 대표한 흥사단 창당 단원이었고, 독립운동의 동지였고, 민주당 원훈이었고, 신교도(新敎徒)였다.

장면 씨는 흥사단 후기 결탁자이고, 민주당 후배였고, 친일의 혐의를 받았고, 가톨릭 신자였다.

그런데 도산계가 단원(團員)인 조병옥을 버리고 장면 박사를 택한 것은 무엇 때문이냐? 대동강에서 조병옥 씨의 충남 천안까지의 거리보다 대동강에서 장면 씨의 평남 중화까지의 거리가 더 가깝기 때문이다. 당연(黨緣)보다는 지연(地緣). 지연 이하의 당 이념이 아닌가? 이것이 지벌의 출발점이다. 바로 인촌계와의 대립도 지방적 당파 싸움이 될 위험성이 있다.

(5) 지연 이하의 종교

조병옥 박사도 신교(新敎)요 이승만 박사도 신교인 반면에, 장면 박사는 구교(舊敎)이다. 신교(新敎)의 도산계가 왜 신교의 이(李) 정권을 때려

부수고, 신교의 조병옥 박사도 버리고, 구교의 장면 박사를 추대했을까? 이승만 박사의 서울과 조병옥 박사의 천안이 장면 박사의 중화보다 대동 강에서 멀다는 이유밖에는 찾을 수가 없다. 그렇다면 흥사단원의 신앙이 란 것도 지연(地緣) 이하(以下)의 종교이다.

흥사단은 신교(新敎)에서 자랐고 지금도 신교 각 부문에 뿌리박고 있 다. 장로교는 흥사단 때문에 일제 36년 동안 받은 고난이 심대했다. 그 런데 이제 또다시 가톨릭 정권을 메고 신교에 박해를 주는 것은 종교적 배은망덕이 아닌가?

8. 장면 정권을 통하여 본 흥사단의 실력

① 아무리 정적이라도 나라를 위하여 초대 원수(元首)는 잘 모시겠다 는 도의심의 결여(缺如).

② 초대부터 적전(敵前) 폭력교대(暴力交代)한 나라들은 망했다는 역사 지식의 결여. 알고 했다면 애국심 결여.

③ "동포에게 소급법 못 쓴다"는 동족애의 결여.

④ 옛날부터 나라를 망친 지벌 정권 복습(複習)은 염치없는 정치.

⑤ "가톨릭 정권은 국가에 손해"라는 세계사 지식의 결여.

⑥ 이(李) 정권의 500 대 1 환율을 1,300 대 1로 올린 것은 경제지식이 없는 매국적 외교.

⑦ 흥사단의 뛰어난 인재인 주요한(朱耀翰) 씨와 최고 영도자인 장리 욱(張利郁) 박사까지 출동해서 군정(軍政: *5·16군사혁명)을 불러오 고 말았다.

홍사단 전체에 인재가 부족하다는 말은 아니다. "도산 선생이 50년 길러낸 인재라도 이 나라에서 민주정치는 못 한다"는 역사를 명심하시라.

아직도 이승만을 동정할 마음이 없다면 다시 더 기대할 것이 없다. 첫 원수(元首)를 원흉(元兇) 만들고서 잘 산 백성은 한국에나 있을까 몰라도 역사에는 없다. 이 나라에서는 군정(君政) 아니면 군정(軍政)이라야 살 수 있다. 민정(民政)을 하고 싶거든 총머리(銃頭)에 '민정'이라고 걸어라. 이승만이 민정을 하려다가 망했다. 도산계도 못하는 민정을 누가 한다는 말이냐?

구교(舊敎)에는 3·1운동에 참여한 교인이 안중근 의사 외에는 한 사람도 없다.[29] 그런데 이제 홍사단이 독립운동의 동고자(同苦者) 이승만도 타도하고 자기 당(黨)의 동지 조병옥도 차버리고, 구교 정권을 메고 나온다는 것은 동지애(同志愛)라기보다는 동지애(同地愛)이다. 대동강 5백리 동지애(同地愛)가 3천리 동지애(同志愛)까지 확충하기 전에는 민족개조는 공염불이다.

9. 기자(箕子)와 이준경(李浚慶)과 조지 워싱톤의 당파훈(黨派訓)

(1) 홍범구주(洪範九疇)의 당파 훈

주(周) 무왕(武王)이 은(殷) 나라를 쳐 빼앗고 은나라 사람 기자(箕子)에게 치국책(治國策)을 물으니, 기자는 천년 전 하우(夏禹)가 하나님께 받은 홍범구주(洪範九疇)를 전했다. 이 글이 바로 동양의 정치 원리이다. 제5주

---

29) 1909년 안중근의 이토 히로부미(伊藤博文) 저격을 1919년의 3·1운동과 같은 맥락에서 본 해석이다.

(疇) 황극편(篇)에 "편당이 없으면(無黨無偏) 천하가 태평해진다(王道平平)"
고 했다. 당파싸움이 극성하고도 망하지 않은 나라는 없다(『書傳』제4권
周書).

(2) 동고(東皐) 이준경(李浚慶)의 당파훈

퇴계 이황(李滉)은 동방의 주자라고 칭한다. 퇴계 45세 때 23세의 율
곡 이이(李珥)가 도산(陶山: *경북 안동)에 찾아와서 한 달 배우고 사제(師
弟)의 의를 맺고 갔다.

그 후 율곡이 정부에 출사하여 노(老)재상 이준경(李浚慶)과 맞섬으로
써 노소(老少)의 충돌이 일어났다. 뿐만 아니라, 율곡의 문하에는 경호(京
湖)의 학생들이 모이고, 퇴계의 문하에는 영남(嶺南) 학생들이 모였다.

홍범구주에 정통한 퇴계는 이 형세를 걱정하여 연동(蓮洞)에 가서 동
고(東皐) 이준경을 찾아보고 장차 당파싸움이 일어날 것을 경고했다. 동
고 이준경은 74세에 임종할 때 선조대왕에게 유차(遺箚)를 올려 "오늘의
붕당의 폐해는 나중에 가서 구제하기 어려운 재앙(今日朋黨之害, 後日難救
之禍)"이라고 했다. 이에 대하여 율곡 이이는 "동고 이준경이 죽어 가면
서 한 말이 사악하다(東皐將死, 其言也惡)"고[30] 욕하고, 그 관작을 추탈(追
奪)하자고까지 극언했다.

그 후 4년 만에 동인, 서인의 당파 싸움이 일어나서 나라를 망쳤다.
율곡 이이 문하에서 노론(老論) 송시열(宋時烈)을 거쳐 도암(陶庵: *이재)의
7세손 이완용(李完用)이 일어나 나라를 팔아먹었다. 오늘의 당파싸움은
후일에 무슨 결과를 가져오려는가?

---

30) "동고 이준경이 죽어 가면서 한 말이 악하다."(*이는 『論語』의 말"鳥之將死, 其
鳴也哀; 人之將死, 其言也善"(새가 장차 죽으려 할 때는 그 우는 소리가 애달프고,
사람이 장차 죽으려 할 때는 그 하는 말이 선하다)을 패러디한 것이다.)

율곡이 임진왜란을 예언한 것으로 유명하지만, 동고 이준경은 임진란을 치를 수 있는 선조 대왕을 영립했다. 그 전에 벌써 임진왜란을 예방하기 위하여 삼포(*웅천의 제포薺浦, 동래의 부산포釜山浦, 울산의 염포鹽浦)에 기류하는 왜인(倭人)들을 축출했으니, 이것이 삼포난(三浦亂)이란 것이다. 그리고 동고 이준경은 그 자손들을 미리 피난시켰다. 율곡에 비하여 동고는 대정치가였다.

(3) 조지 워싱턴의 당파훈

조지 워싱턴에 따르면, 당파심(黨派心)은 인간의 본성에 비추어 어쩔 수 없는 뿌리 깊은 것으로 어떤 형태의 정부에서도 존재하기 마련이다. 하지만 그것은 민주정부에서 최고도로 발휘되는 만큼, 이것이야말로 '최악의 나쁜 적(下敵)'이라고 불렀던 것이다.

또한 한 당파가 다른 당파와 교대(交代)로 나라를 다스리는 것이야말로 무서운 전제정치, 영속적인 전제정치로 이끌 것이라고 걱정했다. 그리고 당파심은 언제나 공공(公共)의 토론을 혼란으로 몰고 가고, 공공의 시정(施政)을 약화(弱化)시키고, 사회를 질투와 경보(警報)와 증오(憎惡)로 동요시키고, 때로는 폭동과 반란을 일으킨다고 걱정했다.

이상이 흔히 인용되는 유명한 조지 워싱턴의 고별 연설에 비친 정당관(政黨觀)이었다.

제13장 장면 정권의 실패

1. 장면 정권의 대가 2천억 환

이(李) 정권 시대에 500환 대(對) 1불의 환율을 장(張) 정권은 일약 1,300환 대 1불로 배가(倍加)했다. 이것은 화폐 발행고 3,720억 환을 반(半) 절하(切下)하는 것이니 그 손해가 거의 2천억 환에 해당한다.

이승만 정권은 1960년 8월 15일부터 650환 대 1불 환율로 하기로 약정했었다. 그때 이 박사는 "700환 대 1불 이상이면 내 목을 베어 가라"고까지 극언을 하였다. 그런데 1,300환 대 1불의 환율을 만들었으니 이것은 꼭 이승만 정권이 약정한 환율의 배가 인상된 것으로, 2천억 환의 손해이다.

4·19혁명이 환율 배가 운동이냐? 우리는 이 정권을 장 정권으로 바꾸기 위해서 2천억 환의 대가를 치른 것이다. 이 대가는 장 정권이 치를 것이 아니고 국민 각자가 가진 돈에서 반액씩 지불하는 것이다. 10만 환 소유자는 5만 환, 200만 환 소유자는 100만 환씩 부담한 것이다. 이야말로 국민의 생명과 바꾼 2천억 환의 손실이다. 이 금액은 이완용이 이 나라를 판 1천만 불의 15배에 해당한다.

장 정권의 외무장관 정일형(鄭一亨) 씨는 이승만 정권의 500 대 1 환율을 일언지하(一言之下)에 1,000 대 1의 환율로, 이승만 정권의 650 대 1

의 환율을 일언지하에 1,300 대 1의 환율로 만들었다.

4·19 전후에 장면 대(對) 매카나기 미국 대사간의 흥정이 없이는 이렇게 하룻밤 사이에 장 정권 대가(代價) 2천억 환을 치렀을 수는 없었을 것이다.

원통하도다! 호소할 곳이 없구나! 이완용의 외교와 정일형의 외교가 다를 게 무엇이냐? 장 정권의 대가는 4·19의 피에 2천억 환을 더보탰다. 우리는 이완용이 팔아먹은 나라 값을 36년간 피와 땀으로 갚았다. 우리는 장 정권의 대가로 치른 4·19의 피 값과 2천억 환을 언제 다 갚느냐? 36년 이상의 피와 땀이 아니고는 다 갚지 못할 것이다.

오늘의 군사정부도 장 정권의 대가를 치르고, 국민도 장 정권의 대가를 치르느라 곤궁에 빠졌다. 이 때문에 1959년도의 경제안정은 장 정권 초기부터 위기에 빠졌다. 장 정권은 나라의 도적(國賊)을 면하려거든 2천억 환을 내어 놓아라.

가톨릭 정권, 흥사단계의 정권은 할 말이 있거든 나와 함께 심판정에서 변론하자.

이승만 전 대통령이 6·25 동란 후 목숨을 건 외교가 첫째는 적군(赤軍) 격퇴요, 둘째는 한미상호방위조약(韓美相互防衛條約)이었다는 것이 알렌 씨의 글이다.

셋째는 환율(換率)에 목숨을 걸었다. "700 대 1 이상 환율로는 국민이 살 수가 없으니 내 목을 잘라 가기 전에는 안 된다"고 버텨서 650 대 1 환율을 조약(條約)했던 것이다. 그런데 장 정권은 이 박사의 목을 자르고 1,300 대 1 환율을 만들었다. 주미대사 장리욱 박사가 이따위 외교를 했다면 흥사단 외교는 이 대통령의 목을 자른 것이 아니라 2천만 식구의 목을 자른 것이다. 이제 우리는 어떻게 살겠느냐?

(*엮은이: 이 부분을 이해하기 위해서는 당시의 환율 결정 원리를

이해해야 한다. 원화와 달러화에 대한 수요와 공급이 시장에서 만나 자동적으로 환율 수준이 결정되는 지금의 변동환율 제도와는 달리, 당시에는 우리나라 정부와 미국 정부와의 협상에 의해 환율이 결정되는 고정환율제도였다. 국가 경제가 대부분 미국의 원조에 의해 유지되던 당시에 환율 수준이 두 배로 오른다는 것은 곧 달러화로 평가한 국부(國富)는 반으로 줄어들고, 국민 각자의 재산도 그만큼 반으로 줄어든다는 것을 의미했다.)

2. 화재 만난 민주주의의 나체 행진

(1) 민주주의의 화재

4·19후 민주당 중심의 7·29 국회의원 선거 때(*1960년) 민주당원들의 폭행으로 각처에서 난동이 일어나서 선거 사범은 1,371건에 이르렀다. 삼천포(三千浦)를 위시하여 각처에서 투표함 4백여 개가 불에 탔다. 동서고금을 통틀어 화재(火災)를 만난 민주주의는 장 정권에서 처음 일어났다.

(2) 나체 행진의 민정(民政)

경남 창녕(昌寧)에서는 4·19 후 인민이 봉기하는 바람에 경찰서장은 도망치고 서장 부인이 체포되어 인민재판을 받았다. 그리고 당시의 보도에 의하면, 옷을 찢고 벗겨서 나체로 시가행진을 시켰다는 것이다. 해방후 평양에서도 인민재판에 사형당한 동포들은 있었으나 부녀를 나체로 시가행진시키는 것은 보지 못했다. 야만사회에서도 있을 수 없는 일이다. 장 정권 시대는 나체 행진의 민주주의였다.

(3) 남북협상의 민주주의

4·19혁명의 대가로 수립된 장 정권은 제일 긴급한 방공(防共) 질서를 무너뜨렸다. 교원노조(敎員勞組)가 일어나고, 혁신을 가장한 적색(赤色) 정당이 일어나고, 무장간첩이 수도에까지 침입했지만, 이를 방비할 능력을 상실해 버렸다. 4·19혁명이 김구 씨의 평양 4·19 남북협상인 줄 아는가?

3. 이 박사의 대일 '질~질 외교'와 장 박사의
　　대일 '바싹' 외교

이승만 대통령 시절, 김모(金某) 씨가 주일공사 임명을 받고 경무대에 가서 지시를 기다렸으나 대답이 없었다. 제2일에도 아무 대답이 없었다. 제 3일에는 이 박사가 화원에서 풀을 뜯고 있다가 "그저 질~질 끌어야지!" 하고 한 마디를 던지는 것이었다. 김 공사는 '질~질 외교' 지시를 받아가지고 갔다.

질~질 끄는 대일(對日) 외교에는 세 가지 이유가 있다.

① 시간 연장으로 평화선을 굳게 지키기 위해서요,

② 손해배상을 많이 받기 위해서요,

③ 한국의 공업 수준이 일본과 같아지는 시간을 마련하기 위해서다. 우리의 공업 수준이 일본보다 열등할 때 동등(同等) 외교란 경제적 침략을 면치 못하기 때문이다.

그런데 장 정권의 정일형(鄭一亨) 외무장관은 일본에 바싹 달라붙었다. 이것은 '바싹 외교'다. 민주당은 조병옥 박사 이래 정견 발표에서 이 박사의 '질~질 외교'를 공격하고 대일(對日) '바싹 외교'를 주장해 왔다. 그러나 외교사에 있어서 '바싹 외교'가 성공한 전례는 없다.

이 박사는 왜 이렇게 '질~질 외교'를 할 수 있었느냐. 일본에서 돈을 급히 받지 않아도 이끌어 갈 경제적 여유가 있었기 때문이다.

그러나 장 내각은 환율에서 반 절하(切下)로 2천억 환의 손실을 보고 나서는 일본돈 밖에 바라볼 데가 없는 급박한 경제사정에 놓였기 때문에 화급한 '바싹 외교'를 주장했다. 이 박사가 요구하던 30억 불 대신에 장 정권은 단 3억 불이라도 받으면 임시로 해갈(解渴)할 수 있었기 때문이다. 이것이 바로 이완용의 대일 '바싹 외교', 친일외교의 전철(前轍)이었다.

4. 근세조선의 3대 노선

이완용은 본래 친일파가 아니라 이범진(李範晋)과 함께 친로파(親露派)였고, 서재필(徐載弼) 박사와 함께 독립협회 창립회원으로 독립문을 세운 자였다. 독립문에는 이완용이 바친 돌맹이도 들어가 있다.

실력 없이 국정을 담당하고 청일(淸日), 로일(露日) 양(兩) 대전에 승전한 일본과 맞서고 보니 하는 수 없었다. '바싹 외교', 친일 외교로 일본 돈을 빌려서 나라 살림을 하다가, 할 수 없어서 나라를 팔고 매국 원흉이 되었다. 나라 값 1천만 불을 받아서 나눠 먹고(分食), 큰 뭉치는 자기가 갖고는 한성은행(漢城銀行)을 만들었다.

천도교주(天道敎主) 손병희(孫秉熙) 씨가 이완용과 어떤 자리에서 술상에 마주 앉게 되었다.

이완용이 "나도 어쩔 수 없어서 매국했지요"라고 말하자, 손의암(孫義庵: *손병희)은 "이백(李伯: *이완용)! 당시 누가 그 자리에 있었어도 나라를 팔 수 밖에 없는 대세였다고 하겠지만, 삼천리강산 4천년 묵은 고물(古物)과 2천만 노동자를 1천만 달러에 팔았다는 것은 너무 눅거리(*싼값)였지요. 그래도 한 2억 달러는 받아서 1억 달러는 풀어 쓰고 1억 달러만 감추어 두었으면 필요한 일(독립운동)에 쓸 수 있었을 게 아니오?"라고 풍자했다.

월남(月南) 이상재(李商在) 선생과 이완용은 독립협회 때 동지였다. 이완용이 월남에게 입각(入閣)을 청하자 월남 선생은 일언지하에 그 청을 거절했다.

그 후 월남은 이완용을 만나게 된 자리에서, "여보! 이 나라를 팔아먹고 무슨 염치로 이 나라에 살고 있소? 어서 일본에 가야지!"라고 꾸짖었다.

이완용의 손자는 일본 제대(帝大) 사학과 졸업자인데, 월남 선생의 말대로 해방 후 일본으로 도망가서 일인이 되었다.

이완용도 '율곡(*李珥)—송우암(*宋時烈)—이완용'이란 노론(老論) 계보를 이었고, 서재필 박사의 독립협회 회원으로 독립문을 건립한 자였다. 붕당사화(朋黨士禍)로 국력이 쇠진한 나라의 수상으로 대일 '바싹 외교'를 하다가 매국 원흉이 되었던 것이다.

근세 우리나라에는 일본과 관련하여 3대 노선이 있었다.

① 이완용의 반로친일(反露親日) 노선.
② 김일성의 반일친공(反日親共) 노선.
③ 이승만의 반공항일(反共抗日) 노선.

장 정권은 어떤 노선인가? 가톨릭 노선은 어느 것인가? 민주당은 어느 노선이냐? 이 박사의 원흉 노선은 아니겠지? 자기 노선도 정하지 않고 전(前) 정권을 함부로 때려부수는 것은 나라를 망치는 당파싸움이다. 다시 묻노니, 장 정권의 노선은 어느 것인가?

5. 이준 열사와 손병희 씨

이준(李儁) 공(公)은 함경남도 북청(北靑) 출신으로 일찍이 일본에 유학하고 돌아와서 평리원(平理院) 검사정(檢事正)이 되어 법정에서 당시 총리대신 이완용의 죄상을 들어 고발하였다. 그래서 만조(滿朝) 백관이 떨고 국민들이 쾌재를 불렀다.

그 후 이준 공은 법관에서 물러나 일본으로 외유(外遊)하게 되었다. 그때 동학군 영수 손병희 씨가 장학생 10여 명을 데리고 이상헌(李相憲)이란 변명(變名)으로 동경에 망명해 있었다. 매국적(賣國賊) 이용구(李容九)가 국내에서 동학군(천도교 전신)들을 수습하여 보내주는 돈으로 손 씨는 망명생활을 했다. 장학생 중에는 이광수(李光洙) 씨도 있었다.

여기에 이광수 씨가 기록한 것을 소개한다.

손병희 씨는 이준 공이 동경에 왔다는 소식을 신문을 통해서 보고 장학생들과 함께 환영회를 열었다. 이준 공은 환영석에 들어와 서자, "이놈! 네가 매국적 이용구를 시켜서 우부우부(愚夫愚婦)들의 돈을 빨아들여 첩을 두고 호의호식 한다지! 네 환영에 나는 칼로 대답하겠다"고 호통을 쳤다. 그러자 손병희 씨는 가슴을 내밀면서, "내 가슴에는 자객의 칼자국이 여러 군데인데 아직 몇 군데 더 있어야겠다. 칼로 찔러 보아라"고 하면서 대들었다. 그제야 이준 공은 파안일소(破顔一笑)하며 의암의 손을 잡고, "손 선생은 과연 대한의 남자요." 인사하고 피차에 술잔을 나누면서 밤새도록 담화하더라는 것이다.

그 후 1907년 이준 공은 헤이그에서 열린 만국평화회의에 가서 죽도록 충성을 다하여(至死盡忠) 목숨을 바쳤고, 손의암은 1919년 3월 1일에 대한독립을 선언했다. 대한의 남자는 이러했다.

당이 서로 달라도 나라를 위해서는 한 자리에 앉고, 나라를 위해서는 같이 죽었다. 나라를 위해 구정권, 신정권이 합할 수는 없을까?

6. 포호(飽虎) 자유당과 기호(飢虎) 민주당

『공자 가어(孔子家語)』에 보면 다음과 같은 실화(實話)가 기재되어 있다.

공자님이 한번은 태산을 통과하다가 애절(哀絕)하게 통곡하는 여인을 보았다. 그 여인에게 그 이유를 물어보니, 여인의 대답이, "작년에는 남편이 범에게 물려 죽었고, 금년에는 아들이 범에게 물려가서 통곡한다"는 것이었다.

공자가, "이 여인아! 작년에 남편이 범에게 죽었을 때 곧 들로 내려갔으면 아들은 살았을 게 아니냐"고 반문하자, 여인이 하는 말이, "들에는 관리가 범보다 더 무서워서 못 갔다"는 것이었다. 공자는 길게 한숨을 쉬었다.

공자와 노(魯) 나라는 주(周) 나라 왕실의 피를 이었고, 요, 순, 우, 탕

(湯), 문(文), 무(武), 주공(周公) 정치의 정통을 이었다. 요, 순의 정통인 노나라에서도 공자님 시대에 관리가 범보다 더 무서웠다면, 대한민국의 민주주의는 말할 것도 없다.

　이(李) 정권 시대의 관리는 배부른 범(飽虎)이요, 장(張) 정권 시대의 관리는 굶주린 호랑이라는 차이가 있을 뿐이다. 이 정권 12년 동안 배가 부른 범은 마구 잡아먹을 필요가 없었고, 12년간 굶주리던 장 정권의 범은 마구 잡아먹었다. 2천억 환을 치르고 산 정권인지라, 할 수 없었다. 광산이요, 일본이요, 부정축재요, 소급법이요, 되는대로 마구 잡아먹다가 9개월 만에 무너졌다.

제14장 장면 정권의 보복

1. 민주당의 대통령 저격

1952년 부산 피난정부가 주최한 6·25동란 기념식이 충무(忠武)광장에서 열렸다. 이 대통령이 "적군을 격퇴하자"고 외치는 중에 "웬 놈이 대통령을 쏜다"며 군중이 소란스러워졌다. 그런데도 이 대통령은 그대로 말씀을 계속했다. 당시 내무장관(*이범석)이 맨 주먹으로 범인을 때려잡고, "흉한(兇漢)이 6연포로 대통령을 향하여 두 번이나 쏘았으나 천만다행 불발탄이어서 대통령은 무사했다"고 광고하니, 군중은 "그놈 때려 죽여라"고 소리 질렀다.

1960년 8월 18일 전(前) 법무장관 홍진기(洪璡基)의 공판정에 증인으로 나온 김시현(金始顯), 유시태(柳時泰) 양인은 법정에서 증언했다. "자신들이 신익희, 조병옥, 백남훈(白南薰), 서상일(徐相日) 등과 모의하여 이 대통령을 저격했다"고 고백했다. 공산당도 아닌 인촌계의 사람들이 적전(敵前)에서 대통령을 죽이면 나라는 어찌되는가?

이게 부산 정치파동의 전주곡(前奏曲)이다. 정권을 **빼앗**기 위하여 나라도 잊어버린 사람들이다. 소위 민주 지도자들이 이만치 타락하고 어떻게 민주주의가 된단 말인가? 민족윤리는 아주 무너지고 말았다. 무너진 민족윤리의 터 위에 세운 장 정권인지라 9개월도 오래 누린 것이다.

이 대통령이 신익희, 조병옥 등의 총에 맞아 죽었더라면 4·19의 원흉은 면했을 것이다.

김좌진(金佐鎭) 장군도 만주에서 조선놈이 쏴 죽였고, 박용만(朴容萬) 장군도 북경에서 모계(某系: *의열단)에서 쏴 죽였는데, 이 박사는 민주당의 손에 죽지 못해 오늘 죽음 이상의 욕을 당하고 있다. 상해에서 김옥균 선생을 쏴 죽인 홍종우(洪鍾宇)는 상(賞)으로 제주목사(濟州牧使)가 되었다. 김시현·유시태는 성공은 못했으나 국회의원이란 상(賞)을 받았다. 이런 따위 국회가 5·16으로 해산된 것은 당연한 인과(因果)이다.

2. 한국의 3대 쇠고랑

(1) 육당에게 채웠던 쇠고랑

4·19 후 어느 신문 보도에 의하면, 모(某) 철물공장에서는 "원흉들에게 채울 쇠고랑은 자기 공장에서 특제품으로 만들겠다"고 서둘렀다고 한다. 이 나라에서 애국지사들은 거의 다 쇠고랑을 차 보았다. 그 중에서도 3대 쇠고랑은 너무 슬픈 일이기에 여기에 전한다.

첫째, 육당(六堂) 최남선(崔南善) 씨에게 채웠던 반민(反民: *반민특위) 쇠고랑이 민족적 슬픔이었다. 조선독립선언서는 육당 최남선 선생이 지으셨다. 그 독립선언서에 의하여 많은 사람들이 싸웠고 순국(殉国)하였다. 그 독립선언서에 의하여 대한민국을 창건했다.

그런데 제헌국회는 반민법(反民法) 특별위원회를 만들고 친일파를 징벌하였다. 친일분자들은 김상돈(金相敦) 씨를 반민특위의 호랑이라고 하면서 벌벌 떨었다.

반민특위의 호랑이들은 최남선 씨의 손에 쇠고랑을 채워 서대문 감옥에 쓸어 넣었다. 독립선언서를 쓰던 손에 쇠고랑을 차고, 3·1운동 때 갇혔던 감옥에 갇힌 육당을 생각할 때엔 가슴이 아팠다.

육당은 현 동아일보사 사장 최두선(崔斗善) 씨의 둘째 형(仲氏)이다. 그는 일제 탄압 하에서 『소년』, 『청년』이란 월간지를 발행하며 조국의 역사를 가르치고 민족정신을 지도하기에 정력을 기울이느라 가산을 탕진했다. 생명을 걸고 독립선언서를 쓴 그 손에 쇠고랑을 채워야 조선의 마음(朝鮮心)은 통쾌하냐?

육당은 쇠고랑을 차고 난 뒤에 반신불수가 되어 다시 일어나지 못한 채 이 나라를 떠나가시었다. 이 천만고(千萬古) 원한의 장례식에 대통령의 조사(弔辭)는 무슨 염치로 읽느냐? 연연세세 3월 1일에 무슨 염치로 그가 쓴 독립선언서를 읽는단 말이냐?

(2) 최린 씨에게 채웠던 쇠고랑

최린(崔麟) 씨는 33인 중의 제1인자로 육당과 같이 반민(反民) 쇠고랑을 찼다. 최린 씨는 일찍이 명치(明治)대학을 졸업한 청년정치가요, 웅변가로 출중하였다. 다년간 보성학교 교장으로 송진우(宋鎭禹) 씨 같은 훌륭한 사람들을 많이 교육하였다.

그는 제1차 세계대전 말기에 세계 대세를 살피고 독립운동을 모의했다. 먼저 손병희 씨 이하 천도교를 움직이고, 다음으로 기독교와 합력하고자 송진우 씨를 내세워 함태영(咸台永) 목사와 이승훈(李昇薰) 장로를 청하여 독립운동을 모의했다.

① 기독교에서는 손병희 씨를 33인의 수위(首位)로 추대하는 것을 승

낙하고(이 조건이 최고 난관이었다), 천도교에서는 기독교 측 운동
비 6천 원을 지불할 것.

② 독립선언서는 최남선 씨가 쓰고 독립선언서 인쇄와 선포는 보성
전문학교 교장 윤익선(尹益善) 씨(함북 종성)가 책임질 것.

등을 결정지었다.

그리하여 이승훈 씨의 독립청원서(請願書) 주장을 꺾고 최린 씨의 독
립선언서(獨立宣言書) 주장을 실행했다. 최린 씨가 아니었으면 기독교 측
이 주간(主幹)하는 독립운동이 되었을 것이다. 일제 법정에서도 최린 씨
의 변론이 가장 당당한 주장이었다는 것이다.

반민특위 호랑이들은 최린 씨의 손에 쇠고랑을 채우고 그 몸에 오랏
줄을 지워 법정에 끌어내 세웠다. 33인 중 제1인으로 일제의 쇠고랑을
찼던 그 손에 대한민국의 쇠고랑이 웬 일이냐? 일제 하에서 3·1운동 때
갇혔던 서대문 감옥에 대한민국의 오랏줄을 지고 또 다시 갇히다니, 이
게 웬일이냐?

일제 때 이 법정에 서서 도도현하(滔滔懸河)의 웅변으로 조선 사람의
자유를 부르짖던 40장년이 어제인 듯, 피를 뿜을 듯 한국독립을 주장하
던 최린 씨도 일본의 쇠 멍에 아래에서 늙은 몸이다. 이제 대한민국의
반민 원흉으로 이 법정에 끌려 나와 뜨거운 눈물이 두 뺨에 흘러내릴 때,
옛 친구들은 흐느껴 울었다.

오늘 4·19 원흉들아! 그 법정에 들어설 때 발을 조심하여 33인의 제1
인 최린 선생의 눈물을 밟지 말라. 한국의 어머니들아! 아이를 낳거든 평
평범부(平平凡夫)를 낳지 영웅을 낳지 말라. 이 땅에서 낳는 영웅의 말로
(末路)는 이러하니라.

이 글을 써 놓고 출판하지 못한 지 2년 만에 전(前) 반민특위 부위원

장으로 장면 정권에서 서울시장을 지낸 김상돈(金相敦) 씨도[31] 쇠고랑을 차고 그 감옥에 들어갔다. 반민(反民) 호랑이 김 씨가 찼던 쇠고랑이 바로 그가 육당이나 최린 씨의 손에 채웠던 그 쇠고랑이었는지도 모른다.

이승만 대통령은 국회가 만든 반민(反民) 법망에 진짜 친일파만 걸릴 줄 알았다가, 육당과 최린 씨가 잡혔다는 말을 듣고는 반민법은 소급법(遡及法)이라는 이유로 대통령령으로 취소를 선포했던 것이다(*1949년).

(3) 건국 대통령이 찰 쇠고랑

장면 정권이 만든 소급법(遡及法, 1960. 12)에는 대원흉, 소원흉이 허다(許多)하다. 원흉들은 쇠고랑을 차고 투옥되었다.

장준하 씨는 『사상계(思想界)』에서 정치적 악한 이승만에 대하여 "본국에 돌아가서 처단 받으라"고 핍박한다고 보도했고, "혁명정부는 이 박사를 소환하여 처단해야 한다"고 말했다. 또 근일(近日) 신문은 이 박사를 망명시킨 허정(許政) 씨를 고소했다고 보도했다.

인촌계의 신민당 국회의원들은 "이승만을 도망시킨 허정도 그대로 둘 수 없고, 이 일에 관련이 있었다는 장면 국무총리도 인책하라"고 대들었다. 이에 대하여 외무장관 정일형 씨는 "국회에서 이승만을 소환하라고 명(命)하면 본 장관은 즉시 이승만을 소환하겠다"고 말했다.

이 박사도 늙은 몸에 쇠고랑을 차고 혁명재판정에 나서야 할 것 같다. 사형수의 쇠고랑을 차고 5년 7개월이나 감옥살이를 했던 이 박사이니 쇠고랑 차는 일은 경력이 있어서 잘 찰 것이다.

---

31) 1948년의 건국 직후 김상돈은 반민특위 부위원장으로 위세가 대단했으나 일제 말기의 친일행위와 최근의 교통사고로 아이를 죽게 한 것이 문제가 되어 반민특위 전체가 수세에 몰리는 원인의 하나가 되었다.

이 글을 써 두고 출판하지 못한 지 2년 만에 이 박사 손에 채우려던 쇠고랑을 정일형 장관이 찼다. 세상사 참으로 기묘하다.

3. 서민호와 자동케이스

인촌계의 서민호(徐珉濠) 씨는 국회의원으로서 전시(戰時)에 국군장교를 술집(酒場)에서 사살했다. 전남 순천 평화포(平和舖)란 요리점에서 1952년 4월 24일 군의관 서창선(徐昌善) 대위를 사살했다.[32] 군사재판에서 사형선고를 받은 것을 이 대통령이 재심(再審)을 명해서 8년형으로 감형되었다. 그런데도 서민호 씨는 손자들의 이름을 치이(治李), 치승(治承), 치만(治晩)이라 지어서 세세토록 이승만에 보복할 앙심을 먹었다.

서(徐) 씨는 4·19의 특전(特典)으로 석방되고, 두 번째 특전으로 복권되고, 세 번째 특상(特賞)으로 국회의원에 당선되었다. 그런데도 서 의원은 의정 단상에서 소급법을 역설했고, 공민권 제한을 주장했고, 자동 케이스를 강제로 성립시켰다.

자기가 위원장으로 있으면서 자동 케이스로 공민권을 박탈하는 안이 부결되자 발을 구르면서 소리소리 호통쳤다. 다음날 아침에는 학생 데모대가 의사당에 뛰어 들어가 흙 묻은 구둣발로 의장 단상까지 여지없이 짓밟았다. 이에 겁이 난 국회는 당장 자동 케이스 안을 통과시켜 서 의원의 소원을 이루어 주었다. 이런 국회가 어떻게 무사하겠는가?

① 서 의원은 자기의 취중(醉中) 총질에 사살당한 서 대위나 그 유

---

32) 민국당 국회의원 서민호는 지역구인 전남 순천에 갔다가 요정 평화관에서 징병검사 업무로 출장 온 군의관 서창선 대위를 권총으로 쏘아 사망케 하고 구속되었다. 국회는 서 의원 석방안을 가결했으나, 반공단체들은 서 의원을 처벌하라고 시위를 벌였다.

족에 대하여 미안한 마음 대신에 의기양양했고,

② 서 의원 자신도 복권(復權)의 은전을 입은 몸으로 감사하는 대신에 수천 명의 패잔(敗殘) 동포의 공민권을 박탈했고,

③ 국군장교를 사살한 자에게 국회의원의 영직(榮職)으로 보상하는 국민들의 양식은 전도(顚倒)된 것이라고 본다.

고(故) 서창선 대위의 백골은 지하에서 통곡할 것이다.

4. 4·19에 나타난 충용장군 김덕령

충용(忠勇) 장군 김덕령(金德齡)은 광주 무등산 아래의 석저리(石底里) 사람으로 "지혜는 제갈공명, 용기는 관운장(智如孔明, 勇如雲長)"이라고 했다. 임진왜란때 김 장군은 적을 토벌한 전공이 많았건만, "김 장군이 이몽학(李夢鶴)의 역모에 가담했다"는 반대당의 무고 때문에 서울로 잡혀 올라와 지금의 단성사(종로구 묘동) 자리에 있던 옥중에서 맞아 죽었다.

선조대왕은 김 장군을 친국(親鞫)해 보시고 무죄 석방하라고 하자, 장석(障席) 김응남(金應南)은 이에 동의했다. 그러나 당시의 수상 유성룡(柳成龍)이 불응하여 김 장군은 마침내 옥사했다. 이순신을 등용한 유 상(柳相: *유성룡)이 김덕령이 장수 재목임을 모를 리가 없었을 것이다.

경북 현풍(玄風) 사람 곽재우(郭再祐) 장군을 역옥(逆獄: 역모 혐의를 받아 하옥된 상황)에서 석방한 서애(西厓) 유성룡이, 유독 충용장군은 왜 죽였을까? 곽 장군은 고향 현풍과 유 상(相)의 고향 안동과 거리가 가까워서 살아났고, 김 장군은 광주와 안동이 거리가 멀어서 죽었던 것이다. 임진왜란을 수습한 대정치가 유성룡 재상도 지벌(地閥) 당파 싸움에 눈이 가리워서 전시 하에 장재(將材)를 죽인 것이다.

같은 시기의 각료인 윤두수(尹斗壽)는 김 장군을 구해내려고 애썼지만 뜻을 이루지 못했다. 윤두수는 충청도이니, 호서·호남이 서인지역인 당벌(黨閥) 관계로 김 장군을 살리려고 했던 것이다.

그러나 임란(壬亂)은 안동의 권율(權栗) 도원수(都元帥), 현풍의 곽재우, 진주의 정기룡(鄭起龍), 유 상(相)이 기용한 아산(牙山)의 이순신(李舜臣), 외교 이덕형(李德馨) 등 말하자면 남인(南人)의 주도권으로 수습되는 전국(戰局)이었다. 그러한 전국에서 서인(西人) 윤두수의 힘 가지고는 김 장군을 살릴 수가 없었다.

유 상(相)이 기용한 이순신도 서인의 모략에 빠져 김 장군이 맞아죽은 뒤 한때 옥중 신세를 면치 못했던 것이다.

근래에 윤두수의 후손은 윤웅열(尹雄烈: *윤치호의 아버지)이 나고 예수교인 문벌로 새 시대에 발걸음을 맞춰 영달하고 있는 반면에, 유서애의 집은 유교의 구풍을 묵수(墨守)하여 온다. 그래서 지방 면장까지도 유씨 집 종의 자손들이 진출했지만, 유 상의 후손에는 이렇다 할 인물이 적다.

360년 후인 1960년의 4·19에서 역사의 심판은 내려졌다. 김덕룡 장군을 살리려던 윤두수의 16세손 윤보선은 대통령으로 청와대에 들어갔지만, 김덕룡 장군을 기어이 죽인 유성룡의 16세손 유태하(柳泰夏: *주일대표부 대사)는 원흉으로 서대문 감옥에 갔다. 역사의 심판은 이렇게 명명백백하건만, 6·25유혈참변 중에 군(軍)에서도 지방 싸움. 4·19전과 4·19후에도 지방 싸움, 당파 싸움을 벌이며 악착스럽게 보복하고 있다.

이 땅에 자손을 두려거든 역사의 심판대 앞에 서서 생각하라.

5. 역사의 심판

(1) 나무 찍는 소리와 사람 찍는 소리

이(李) 정권 시대 산에 좀 남겨둔 나무를 4·19 직후에 밤마다 찍어 넘겼는데, 그것을 바라보는 내 가슴이 아파서 잘 수가 없었다. 이 강산에서는 나무마저 원흉이 되었구나.

그 다음에는 매일 원흉 몇 놈씩 잡아 가두었다. 사람 찍는 소리는 참으로 가슴이 아파서 날마다 눈물로 지냈다. 산에서는 목재가 없어지고, 나라에는 인재가 없어지면 나라는 망하고 만다. 사람 하나 기르려면 4, 50년 시간이 걸리는데, 기르지도 않고 찍기만 하면 어쩌자는 말인가?

〈주〉 이 글을 쓴 뒤 영주(榮州) 남원(南原) 벌판의 수재(水災), 순천의 수재(水災). 1963년은 영남, 호남의 수재. 이것이 산에서 나무를 찍어낸 벌이다. 사람 찍어낸 죄와 벌은 수재 이상으로 받을 것이다.

우리 역사를 펼쳐보면 사람 찍는 소리 때문에 읽을 수가 없다. '계해(癸亥) 4·19' 인조반정(仁祖反正) 때 인재를 많이 찍는 중에도 무인(武人)을 너무 많이 찍었기 때문에 병자호란 때에는 싸워보지도 못하고 패망했던 것이다.[33]

▲인조반정 때 찍힌 사람들

〈사형〉 정형(正刑) 16인,

주형(誅刑) 68인

---

33) 서북지방에 파견되었던 장군들(이괄, 한명련, 박엽 등)이 '이괄의 난'에 연루되어 처형된 사실을 가리키는 듯함.

〈징역〉 원찬(遠竄: *유배) 116인,

중도부처(中道付處: *연금) 80인

〈면직〉 관직 삭탈 100여 명

이상의 처형과 처벌을 음(陰) 5월 25일 3개월 만에 끝내고 말았다. 반정 1년 후 이괄(李适)의 쿠데타로 군인은 거의 사상(死傷)되고 나라는 결딴났다.

▲장 정권이 찍은 사람

이승만 이하 파직자(罷職者)가 10만 명이 넘고, 이승만 이하 공민권을 박탈당한 자가 2천여 명이나 되었다.

이것을 인조 때의 면직자(免職者) 100여명에 비하면 1만 배에 해당한다. 장 정권 때 소급법에 의해 처벌한 미결수(未決囚) 5백여 명, 이것은 인조 때의 징역 196인에 비해 2배 이상이다. 나무를 찍고 사람을 찍는 민정(民政)이 며칠이나 간 것이냐?

3백 년 전의 '계해 4 · 19'의 역사의 심판은 다음과 같다.

사람을 많이 찍은 자가 김유(金瑬)다. 김유는 대신(大臣) 기자헌(奇自獻) 이하 그 자제 70여 인을 하루 밤 동안에 참살했다. 김유의 독자(獨子) 김경징(金慶徵)이 병자호란에 강화도 패전 책임을 지고 사형되니, 그 집은 후손이 끊어졌다. 역사의 심판은 이러하다.

'인조 혁명' 후 수상(首相) 오리(梧里) 이원익(李元翼)은 인목대비로부터 사형을 명받은 광해군을 살리고, 사람 찍는 혁명공신들을 엄히 경계했다. 임금 이하 원흉을 많이 살린 오리 이원익은 88세, 그 아들 완선군(完善君)은 80세, 손자 약수(若秀)는 79세까지 살았다. 역사의 선보(善報)는 이러하다.

김자점(金自點: 金九 씨의 조상)은 인조반정의 총참모로서 많은 사람들을 찍어 넘기고, 효종조(孝宗祖) 때 역적으로 몰려 일족이 멸망했다. 김자점은 바로 사육신(死六臣)을 모해(謀害)한 김질(金礩)의 고손(高孫)이다. 역사의 심판은 이러하다.

인조반정 때 원훈(元勳)들의 후손이 율곡계의 서인(西人)이요, 후에 노론(老論)이요, 노론의 마지막 영수가 이완용(李完用)이다. 역사의 심판은 이러하다.

이완용의 매국 후 첫 건국 대통령이 이승만이다. 원흉이 된 이승만은 장 정권과 함께 역사의 심판을 기다리고 있다.

6. 조조의 시체를 보라

자유중국(*대만) 국립 도서관에서 한국과 문화를 교류하고자 하여 서울 주재 중국 대사관을 통해 "한국에서 한문 서적을 잘 읽을 수 있는 학자를 알아서 보고하라"고 부탁했다. 동 대사관에서는 육당(六堂: *최남선)과 양주동(梁柱東) 씨, 윤영춘(尹永春) 씨와 필자(*金麟瑞)를 보고했다. 마지막 보고는 잘못 되었으나, 내게도 책이 보내져 오고 나도 내 저서를 보냈다.

한 번은 보내온 책 중에『열하일기(熱河日記)』가 나왔다.『열하일기』는 우리나라 연암(燕岩) 박지원(朴趾源)이 청제 건륭(乾隆) 시대에 중국에 가서 쓴 책인데, 5책 26권의 거편(巨篇)이다. 한·중·일 3국 판(版)이 있었으나, 한국에서는 구하지 못하다가 중국판을 얻었다.

『열하일기』에 조조(曹操)의 72 의총(疑塚: *가짜 무덤)에 대한 기록이 있다. 조조는 삼국시대 때 한(漢) 나라를 찬탈하여 위(魏)나라를 창건한 호걸이었다. 조조가 한(漢) 나라를 빼앗기 위하여 사람을 함부로 마구 죽이

고는 자기의 행위를 후회하지만 어찌할 도리가 없었다. 후세에 자기의
시체가 형륙(刑戮)당할 것을 예측한 그는 72개의 가짜무덤(疑塚)을 만들었
다. 과연 후세에 위왕(魏王: *조조)의 시체를 찾으려고 조조의 무덤이란
것들을 전부 파 보았으나, 모두 빈 무덤(空塚)이었다.

건륭 무진년(戊辰年: 1748년)에 산동 장하(漳河)의 지류 사천(泗川)에서
어부가 허리가 끊어져 죽었다. 건륭 황제는 총명한 임금인지라 어부가
죽은 장소에 칼들이 꽂혀 있는 것을 발견하고 수만 명의 군사들을 동원
해서 강 밑을 발굴해 보니, 강 밑에 터널로 된 무덤 속에서 금장은식(金裝
銀飾)의 관(棺)을 얻었다. 관을 깨고 보니 바로 조조의 시체였다. 조조는
산동 사람인지라 자기 시체를 산동의 사수(泗水) 밑에 묻게 한 것이다.
자기 무덤에 사람이 범접하지 못하게 꽂은 칼에 어부가 죽은 것이다.

건륭제는 칼을 들고 조조의 죄를 세면서 그 시체를 수없이 토막 내서
(百斬千戮) 부셔버렸다. 조조가 서기 220년에 사망했으니, 1748년에 와서
형벌을 받은 것이다. 역사의 심판이 1,500여 년 후에 내려진 것이다. 남의
나라를 빼앗고 탐나는 정권을 가졌으면 그만이지 남의 생명까지 빼앗을
것은 없었지 않은가? 하물며 같은 동포끼리.

장 정권은 이 정권을 빼앗은 지 9개월 만에 빼앗겼다. 장면 박사는 자
기를 출세시켜 준 이 대통령을 원흉으로 쫓아낸 지 1년도 안 돼서 자기도
오랏줄을 지고 고생하였다. 역사의 심판을 자기 눈으로 보게 된 것이다.

7. 옛날의 백정 오늘의 원흉

100만의 구(舊) 자유당원! 제군(諸君)의 이마에는 원흉(元兇)의 낙인이
찍혀 있다. 대한민국에서는 원흉이지만 이조(李朝)에서는 백정(白丁)이다.

이조의 백정은 고려조의 구신(舊臣)들이 원흉의 신세로 두문동(杜門洞)에서 짚신을 삼고 갓신을 만들어 연명했던 사람들이다.

그 자손들은 한층 더 빈천하여 머리에 흰 수건을 두르고 개, 돼지 가죽을 벗기는 도살업자가 되었기 때문에 '백정'이라고 불려왔다. 이조의 현관(顯官)들이 검은 색의 관(玄冠)을 쓰는 대신, 그들은 백색 두건(白巾)을 쳐 매었다. 손에는 비록 천한 직업이지만 마음에는 고려에 대한 일편단심이었다. 머리에는 흰 수건으로 불변의 충절을 표시했다. 변절한 현관보다 어떠한 고난에도 절개를 굽히지 않았던 고절(苦節)의 흰 수건으로 자자손손 전해 왔다.

5백년 동안 눈물로 살아온 그들이 일제 때 백정회(白丁會)를 조직하여 '형평사(衡平社)'라 칭하고, 회장에 월남 이상재(李商在) 선생을 추대했다. 월남 이상재 선생이 회장이 된 이유는 그의 조상 목은(牧隱) 이색(李穡)이 정포은(鄭圃隱: *정몽주)의 친구로서 역시 이 태조의 손에 배 안에서 암살을 당했기 때문이다. 월남의 조상과 백정들의 조상이 다 동절자(同節者)였던 관계로 이상재 옹이 백정희 회장 추대를 받았던 것이다.

목은(*이색)의 후손에 사육신(死六臣) 이개(李塏)가 있었고, 근세에 월남(月南: *이상재)이 있었고, 이명직(李明稙) 목사가 살아 있다.

자자손손 5백년 인간의 밑바닥에서 뼈저린 역사! 백정의 눈물에 젖은 개성(開城)아! 너를 다시 볼 수가 없구나. 왕(王)씨들의 무참히 흘린 피에 떨던 송악산(松岳山)아! 너를 다시 볼 수 없는 오늘 또 다시 원흉이라니, 이 웬일이냐?

옛날의 백정, 오늘의 원흉인 100만의 구(舊) 자유당원들! 제군은 '원흉'이란 낙인에 흰 수건을 싸매고 4·19탑 아래에서 삿갓이나 쓰고 살 것인가?

이게 또 무슨 정치인가? 더구나 인촌의 신문(*『동아일보』)에서 개 같

은 욕을 얻어먹으면서 인촌의 정당(*민정당)에 가서 주구(走狗) 노릇하기
보다는 백정이 나을 것이다. 제군의 자손이 4·18탑 아래에서 공부할 면목
이 없는데도 제군은 4·18기념탑 밑에서 춤을 추겠는가? 100만의 원흉들
아! 당신들이 갈 곳은 브라질밖에 없다. 나도 너도 브라질에나 가고지고.

(*엮은이: 저자가 이 글을 쓸 당시 브라질 이민이 유행하였으므로,
이 땅에서 살 수 없는 사람들이 찾아갈 곳은 브라질밖에 없다는 뜻에
서 한 말이다.)

제15장 장면 정권에 드렸던 말씀(禹謨三事)

4·19 직후에 쓴 이 책은 「제2공화국에 드리는 말씀」이 반 이상을 차
지했는데, 이미 지나갔으니 휴지가 되었다. 그때 썼던 대요(大要)와 숫자
를 다음에 간략하게 적는다.

1. 나라의 근본(國本)

무릇 나라를 세움에 있어서는 먼저 나라의 근본, 즉 국본(國本)이 서
야한다. 공산국가들의 국본은 유물론(唯物論)이고, 민주주주의 국가들의
국본은 신(神)이다. 그 중에서도 자유진영의 지도적 위치에 서 있는 영·
미·불 선진국가들의 국본은 하나님이고, 예수교이다.

그렇다면 대한민국의 국본은 무엇인가? '동해물과 백두산'이 아니고,
'하나님이 보호하사 우리나라 만세'이다. 대한민국의 국본이 하나님이심
을 잊어서는 안 된다. 전(前) 대통령은 쫓겨 갔지만 국본에 섰던 노인이
다.

2. 요, 순, 우의 3대 정강(민족윤리)

대우모(大禹謨: *서경書經의 한 편)에 정치의 강요(綱要)를 정덕(正德), 이용(利用), 후생(厚生)의 세 가지(三事)로 정했다.

첫째, 정덕이란 윤리요 질서이다. 국가질서의 으뜸은 원수(元首)의 권위이다. 그런데 첫 대통령을 원흉으로 만들어 쫓아내고서는 국가의 질서가 설 수가 없다. 정덕의 둘째는 인화(人和)이다. 보복에는 인화가 없다.(이 글을 방송한 후 장 정권의 질서는 여지없이 무너졌다.)

3. 이용·후생

둘째, '이용(利用)'은 금(金)·목(木)·수(水)·화(火)·토(土)·곡(穀) 등 6부(府)의 자연계 이용이다.

셋째, '후생(厚生)'은 경제안정인 바 이것이 요(堯), 순(舜), 우(禹)의 정강이다.

전(前) 정권(*이승만 정권)이 쌓아놓은 경제적 건설은 장(張) 정권이 유엔총회에 보고한 것으로 다음과 같다.

1957년까지 30억 불의 손해를 초래한 전재(戰災)의 완전 복구.

1959년까지 가치 안정, 경제 안정이다.

위와 같은 전(前) 정권의 유업을 잘 지키고 발전시켜 가야 한다. 전 정권이 쌓아둔 기업체는 전 정권의 것도 아니고 새 정권의 것도 아니다. 대한민국의 것이다. 기업체를 젖소에 비유하면, 소 고삐를 자유당이 잡

았든 민주당이 잡았든 젖소는 살려 두어야 한다. 민주당이 승리의 연회
(宴會)에서 젖소를 잡아먹어서는 안 된다.

4. 경제의 소극적인 면

국가나 개인은 근검, 절약이란 소극적인 면에도 힘써야 한다.

(1) 1년간의 낭비(濫費)
술과 담배(酒草)값: 연401억 환, 그 중에서 담배 값 65억 환
커피 수입액: 연530억 환(『동아일보』)
화장품 밀수액: 연10억 8천만 환(日紙)
개솔린 값: 연200억 환 ~ 300억 환
이 정권 12년간 부정축재 환원액: 190억 환

12년간 술과 담배 값 1,008억 환에 비하여 부정축재 환원은 10분 1이
조금 더 되는 데 불과하고, 12년간 밀수 화장품 값 216억환에 비하여 부
정축재 환원액은 116억환이나 적다. 1년간 술과 담배 값 401억환에 비하
여 부정축재 환원액은 절반도 못된다. 부정축재 환원으로 기업체가 무너
질 염려가 있으나, 사치품의 절약으로 부정축재 환원을 대신하면 일석십
조(一石十鳥)가 된다.
　개솔린 연 300억 환을 자전거 이용으로 반감(半減)하더라도 부정축재
환원액은 얻을 수 있다. 덴마크 사람들은 개솔린 절약을 위하여 황제(皇
帝)도 자전거를 타서 전 국민 4인 당 자전거 3대 꼴이다. 이에 비해 한국
인은 전 국민 140인 당 자전거 1대로 자전거가 총 3만대, 자동차가 총 3

만대 이상이니, 남의 자동차에 남의 개솔린을 넣느라 연300억환 어치를 쓰고 살림이 되겠는가?

(2) 한국 돈이 흘러나가는 큰 구멍 두 곳
① 외국 음식점이란 큰 구멍으로 막대한 우리 돈이 흘러 빠지고 있다.
② 일본 밀수 구멍으로 빠져 달아나는 액수는 헤아릴 수 없이 막대하다.

부정축재는 우리 주머니에 있는 돈이고 우리 솥 안에 있는 밥이지만, 외국 음식점과 일본 밀수 구멍으로 나가는 돈은 영원히 없어지고 만다. 우리 주머니에 있는 부정축재를 빼앗는 것보다 외국 음식점으로 빠지는 돈 구멍을 막아라. 우리 솥 안에 있는 부정축재를 빼앗는 것보다 밀수 구멍을 막아라.

5. 남 주기 아까운 우리의 보고(寶庫)

장(張) 정권의 광업(鑛業)을 맡은 문창준(文昌俊)이 중석광 매매에 일본과 밀약이 있다고 큰 문제가 되었던 사실은 국민들의 기억에 남아 있을 줄로 알고 지면(紙面)을 허비치 않으려 한다. 다만 삼천리 보고(寶庫)에 있는 보물이 얼마나 매장되어 있는지나 알아보자.

① 서울대학교 전 광산학과 과장 박동길(朴東吉) 씨가 저자에게 제공한 일제 때의 통계표에 나오는 광물 매장량을 보면 다음과 같다.
▲중석(重石) 1억5천만 톤, ▲동(銅) 5천만 톤, ▲철 13억톤, ▲석탄 17억 톤(유연탄 12억 톤, 연탄 5억 톤), ▲금 연산(年産) 75

톤(일제 때 연 35톤 채굴), ▲희토류 원소(전파탐지기 제작용), ▲
우라늄(백천(白川)과 주을(朱乙) 온천에서 생산), ▲기타 240여 종
의 광물 생산

② 혁명정부에서 1962년도에 조사한 것에 나타난 광물 매장량
    ●태백산계(系)에 석탄 18억 8,700만 톤, ▲태백산계에 철 14억
260만 톤, ▲태백산에 석탄석 340억 톤

③ 전(前) 제주도지사 길성운(吉聖運) 씨가 저자에게 제시한 기록
    한라산 아래의 목장에는 유우(乳牛) 5만 두와 모양(毛羊) 50만
두를 목축할 수 있고, 귤나무가 현재 2만 주이나 장래 20만 주를
배양할 수 있다. 이 계획이 이루어지면 우리 겨레는 모직 옷을 입
고 우유를 마실 수 있고, 비타민 C의 함유량이 많은 귤을 먹고 건
강할 수 있다.

④ 덴마크와 한국
덴마크는 강토가 한국의 4분지 1밖에 안 되는 박토(薄土)이고, 인구는
450만밖에 안 되는 작은 나라이다. 지하자원은 토탄 밖에 안 나는 땅이
다. 그런 덴마크가 그룬트비(Grundtvig) 목사의 농촌 운동을 통하여 세계
의 '농업 낙토(樂土)'가 되었다. 시멘트와 돌이 없어 여러 가지 돌을 화합
해서 시멘트를 만드는데, 시멘트 연산(年産) 2백만 톤, 수출이 연 100만
톤이다.
한국은 시멘트 만드는 돌이 문경 이외 여러 군데에 태산처럼 쌓여 있
어도, 시멘트 연산(年産) 20만 톤, 수입 연 60만 톤에 불과하다. 그것도 제
손으로 못 만들어서 문경 시멘트 공장에는 덴마크 기계를 갖다 놓고 덴

마크 기술자들이 와서 운전하고 있다. 이(李) 정권시대에는 시멘트 만드는 기계 3대를 운전했는데, 장(張) 정권시대에는 1대 밖에 못 움직였다.

덴마크에는 유리 만드는 재료가 없어서 외국에서 수입하여 연산(年産) 100만 상자, 연간 40만 상자를 수출한다. 우리는 유리 만드는 7종의 재료가 다 산출되는데도 이 정권 시대에 유리 50만 상자, 장 정권 시대에는 30만 상자도 팔리지 않았다.

덴마크에는 사기 만드는 백토를 외국에서 수입하여 훌륭한 사기를 만들어 수출하는데, 한국에는 고령(高靈) 이외 여러 군데에서 품질 좋은 백토가 산출되지만 일본 자기를 밀수입해다 쓴다.

덴마크는 북위 54도 이북(북간도 용정(龍井) 이북과 같음), 연중(年中) 해가 나는 날이 50일 밖에 안 되지만 폐결핵 환자가 없다. 그러나 한국은 두만강 52도 이남과 제주도 31도 이북에 위치한 천하 제1의 지대로서 해가 나는 날이 연중 200일 이상인데도 폐결핵병이 들끓고 있다.

공자(孔子)는 산동 38도에서 출생, 소크라테스는 아테네 38도에서 출생, 석가는 인도 30도에서 났고, 예수는 베들레헴 31도에서 탄생하시었다. 한국은 38도 남한 지대이니 천하의 한가운데(天下之中)인데 왜 사람이 안 나느냐?

덴마크의 위치는 54도 이북에 있지만 원자과학의 시조(始祖) 닐스 보아(Niels Bohr)를 비롯하여 노벨상을 받은 사람이 9인이나 된다. 노벨상을 받은 사람은 동양에서는 인도의 시인 타고르(R. Tagore), 일본의 원자과학자 유가와(湯川), 중국의 인문계 2인이다.

그러나 제일 좋은 위치에 있는 한국에는 노벨상 받은 사람이 한 사람도 없다. 아마 당파 싸움 잘 하는 사람에게 노벨상을 준다면 한국은 노벨상을 받는 나라가 될 것이다. 제발 당파싸움 하지 말고 우리 보고(寶庫)를 잘 지키고 파서 쓰자.

제16장 장면 정부에 대한
부탁의 말

4·19 직후에 쓴 이 책의 장(張) 정권은 이미 지나갔으니, 여기서는 그 대략만 기록한다.

1. 전(前) 대통령의 하야(下野) 유언

이 전(前) 대통령은 쫓겨 가는 날 "아무쪼록 방공(防共)을 잘 하시오" 라는 최후 유언을 남기고 갔다.

쫓겨난 노인의 말이 무슨 쓸 데 있으랴만, 새 정권의 최대 난업(難業) 도 역시 방공(防共)이다. 방공을 하느냐 못하느냐? 이 나라의 흥폐존망(興 廢存亡)이 걸린 문제이다. 그런데 방공의 난관은 한두 가지가 아니다.

2. 지리적 악조건

북에는 세계 8분 1을 차지하는 소련이 둘러쌌을 뿐만 아니라 공산 대

본영(大本營)인 소련이 침입해 왔고, 서에는 6억의 인구로 2억의 적군(赤軍)을 편성하고 있는 중공이 침입했고, 동남에는 공산 사상이 범람하고 있는 일본이 대륙 진출의 기회를 노리고 있다. 사방으로 적군에 포위되어 있는데 우방인 미국은 멀리 태평양 건너에 있으니(敵近友遠), 이는 만년(萬年)의 악조건이다.

그러나 이 땅을 창조하신 하나님은 예수의 조국을 바벨론, 앗시리아, 페르시아, 이집트, 헬라, 로마 등 강국들의 포위 중에 두시고 단련한 것처럼, 한국을 여러 적국들의 포위 가운데 두시고 단련하시는 섭리(攝理)가 계실 것이니, 오직 신앙의 승리를 결심할 것이다.

3. 적의 실력

지피지기(知彼知己)는 병법의 요체(要諦)이다. 내 실력을 준비하는 동시에 적의 실력을 알고서야 대비할 수도 있고, 싸울 수도 있고, 이길 수도 있다. 그러므로 우리에게 가까이 쳐들어오는 적들의 실력을 알아야만 한다.

미·소의 실력이 백중(伯仲)하다는 것은 천하가 다 알 것이지만, 우리는 중공을 업신여기는 폐단이 없지 않다. 장중정(蔣中正: *장개석)의 300만 대군이 본토에서 쫓겨나간 것만 봐도 중공의 실력을 알 수 있다.

중국에 유명한 것 세 가지가 있으니 도적질, 우상과 미신, 아편중독자가 그것이다. 이것 때문에 중국은 망했다. 중국의 도적은 공자도 없애지 못했는데, 모택동은 이를 일소해 버렸다. 민주한국(民主韓國)의 도적과 깡패와 고위층 협잡꾼은 누가 없앨 것인가?

황색 인종을 멸망시키는 마약과 아편은 삼민주의(三民主義)로도 못 없앴는데, 중공은 공산독재로써 일소하고 아편을 도리어 민주한국에 역수 출하고 있다.

중국의 미신과 우상은 기독교의 천년 선교로도 없애지 못했는데, 적색(赤色) 철봉으로 이를 타파해 버렸다. 이밖에 6억 대 인구에 그 많은 실업자와 거지를 일소했다. 한 걸음 더 나아가서 소련과 경쟁하는 중공의 상품은 동아시아 여러 나라의 경제를 위협하고 2억의 적군(赤軍)은 세계를 위협하고 있다.

중공은 한문자(漢文字) 대신에 A·B·C자를 가지고 중국어를 기록하게 되어 이제는 세계적 문자로 신문을 출간하고 있어서 문화의 향상이 이전에 비해 두 배나 진보하고 있다는 것이다.[34]

이러한 것들보다 더 무시하지 못할 것은 이북에 침입한 중공군에게는 민간 물건을 탈취하는 자와 간음하는 자를 총살하여 조선인의 환심을 사고 있다는 것이다. 우리는 적의 실력을 알고 겁낼 것이 아니라 우리의 실력을 더 한층 준비해야 한다.

어찌 중공의 독재 실력뿐이랴. 김일성 독재 하에 집결되어 가는 이북의 독재 실력도 무시해서는 안 된다.

새 정권(*장면 정권)의 중대 과업은 방공(防共) 실력을 양성하는 데 있다. 실업자, 고등유민(高等遊民), 정상(政商) 협잡꾼, 깡패, 거지떼, 아편쟁이가 다 자유의 그늘 아래 민주의 온상(溫床)에서 쌓여가고 번성하고 있다. 강력한 민주독재(民主獨裁) 아니고는 민족적 고질을 수술할 수 없으니 어찌하겠는가?

---

34) 중공은 어려운 한자 대신에 알파벳을 몇 개 성(省)에서 시범적으로 사용했으나 결국 중단하고 말았다.

4. 아시아 방공전선에 최악의 형세

루즈벨트가 38선을 만들어 놓아서 6·25 동란때 100만의 한국인과 15만의 미국 시민의 피(血)로도 아직 해결하지 못했다. 마셜은 면적 150만 제곱킬로미터(方哩)의 중국 본토를 모택동에게 선사했다. 유럽 대륙보다(유럽 소련을 제외하고) 더 큰 중원(中原)을 공산철권(共産鐵圈)에 넘겨준 것은 동아의 7분지 5를 잃어버린 것이다.

그리고 미국은 패전국 일본으로부터 80억 달러의 배상금을 한 푼도 받지 않고 도리어 복구비 23억 달러를 주고 6·25 동란 중 일본을 부자로 만들어 주었다. 그러나 오늘의(*1960년) 일본은 친공(親共) 배미(排美) 폭동으로 아이젠하워 대통령의 방일(訪日)을 거부했다. 제1공화국의 항일(抗日) 정책에 압력을 가(加)하던 미국도 이에 당황하지 않을 수 없을 것이니, 허터(Christian Herter) 국무장관도 반공항일(反共抗日) 전선에서 꺼꾸러진 이승만을 이해할 날이 있을 것이다.

동양의 중심인 중원을 잃어버리고 천하 강병 일본에 배반당한 오늘의 미국이 한반도의 반쪽과 고도(孤島) 대만을 가지고 6억의 중공과 2억의 소련에 대항하는 것은 동아 방공전선에 최악의 형세가 아닐 수 없다.

방공(防共)의 최첨단, 여기가 바로 이승만이 격투하던 피의 전장(戰場)이다. 새 정부(*장면 정부)의 각오는 어떠한가?

5. 4·19로 동서 방공전선에 구멍

우리의 4·19데모에 뒤따라 터키의 혁명, 일본의 폭동, 남베트남, 라오스, 인도네시아 등지에서도 동요(動搖)가 보도되고 있다.

터키의 혁명은 멘데레스의 공업화 정책을 정지시켰고, 건국대통령 케말 파사의 친(親)서방 국제주의에서 이스메트 이노누(Inonu)의 민족주의로 후퇴시켰다. 그것은 동서전(東西戰)의 요충 다다넬스(Dardanelles) 해협의 방위에 불리하다.

일본의 반미(反美) 운동은 미국의 동아 반공전선(反共戰線)의 최대의 군사기지를 흔들고 있는데, 이는 곧 방공(防共) 최전선에 서 있는 한국에 일대 위협이 아닐 수 없다.

우리의 4·19를 본받아 터키와 일본만 데모한 것이 아니다. 아프리카의 콩고, 아메리카의 쿠바가 자유진영에 반항하고, 동아의 라오스까지 난동(亂動)하고 있다. 그런데 난동의 막후에는 소련이 조종하고 있다는 것이다. 쿠바는 바로 미국의 코앞이다.

한 가지 기묘한 일은, 미국의 코앞 쿠바까지 쑤셔대는(*1962. 10 쿠바 미사일 위기) 소련이 자기의 코앞 한국의 4·19에는 눈감고 아무 짓도 안 했다는 것이다. 소련이 늘 가만히 있어 주면 좋겠다. 그러나 소련이 우리 등 뒤에서 노리고 있다는 것을 잊어서는 안 된다.

6. 대륙 진출의 양대(兩大) 기지를 확보하라

한반도의 대륙 기지(大陸基地)는 두만강과 압록강이다. 이 나라를 수호하려고 해도 대륙 양대(兩大) 기지를 잘 방비해야 한다. 기하급수로 배가 되는 인구가 3천리 안에서 산술급수로 증가하는 식량을 먹고는 살 수가 없으니 대륙으로 진출하지 않고서는 살 수가 없다. 대륙으로 진출하려면 압록강과 두만강 양대 기지를 통해야 나갈 수 있다.

그러므로 압록강변의 평안도 사람과 두만강변의 함경도 사람이 뭉쳐야 하고, 한강 이남의 사람들이 서북 사람과 뭉쳐야 한다. 이(*이승만) 박사가 자기 조상의 5백년 배북(排北) 전통을 깨뜨리고 이북 사람들을 등용한 것을 보면 그는 안광(眼光)이 밝은 정치가라 할 것이다.

한반도는 태백산맥이 종(縱)으로 뻗쳤기 때문에 동해선을 통하여 영남 사람들이 함경도로 북진했고, 서해안선을 통하여 기호 사람이 평안도로 서진(西進)했다. 그런데 영남은 신라의 기질을 지니고, 기호에는 백제의 전통이 남았고, 평안도에는 고구려의 기풍이 있다. 온 겨레가 서로의 장단점을 보완하여(長短相補) 뭉쳐야만 38선을 넘고 대륙 양대 기지를 확보할 수 있다.

6·25 유혈 중의 함경도 군벌(軍閥), 평안도 군벌, 이남 군벌 등 지벌(地閥), 당벌(黨閥) 등의 당파싸움은 자멸을 가져올 뿐이다. 38선 넘어 대륙으로 통하는 양대 기지를 바라보고 뭉치자.

7. '청와대'라는 원수부(元首府)의 이름을 바꿔라

윤보선 씨가 제2대 대통령에 취임하자 경무대(景武台)를 청와대(靑瓦台)로 고쳐 불렀다. 모(某) 신문은 전(前) 대통령의 경무대가 더럽다고 하여 청와대로 고쳤다고 한다.

이승만 박사는 좌옹(佐翁) 윤치호(尹致昊) 씨와 독립협회 때의 동지였다. 이 박사가 귀국했을 때(*1945. 10. 16) 좌옹은 개성(開城)에서 병석에 누워 있으면서 이 박사께 편지를 보냈다. 그 내용은, 당신이 "국내에서 지낸 사정을 말한 것"으로 추측은 되지만, 알 수는 없다. 그 편지는 비서실에 묻혀 있다가 편지를 전해준 사람이 답장을 채근하자 이 박사가 읽고 나서 친절한 답장을 주었다. 그가 답장을 받아가지고 돌아가 보니 좌옹은 벌써 돌아가신 뒤였다.

좌옹(*윤치호)과 우남의 우의(友誼)가 이렇게 두터웠기 때문에, 이 박사는 좌옹의 종제(從弟) 윤치영(尹致瑛) 씨를 내무장관에, 아들 윤영선(尹永善) 씨를 농림장관에, 조카 윤보선(尹潽善) 씨를 상공장관에, 윤일선(尹日善) 씨를 서울대학총장에 제수했던 것이다. 이렇게 윤 씨 가문은 이 정권 시대에 영달했다. 또한 이 대통령은 "우리 애국가(愛國歌)는 좌옹의 작사(作詞)"라고 말했다. 이 박사는 망명지(*하와이)에서도 경무대에 좌옹의 조카 윤보선 씨가 들어앉았다는 소식을 들으면 기뻐했을 것이다.

그러나 윤보선 씨는 경무대란 이름까지 씻어 버렸다. '청와대(靑瓦台)'란 이름은 고고학적 취미는 있을지 몰라도(*윤보선이 영국에서 고고학을 전공한 것을 가리킨 말) 일국 원수의 저택 이름으로는 부적당하다. 차라리 '청와각(靑瓦閣)'이라면 이 박사의 대(台)자까지 삭제되고 각하(閣下)가 될 수 있겠지만, 청와대(靑瓦台)는 다음과 같은 이유에서 원수(元首)의 저택 칭호가 될 수 없다.(*엮은이: 필자는 기왓장을 의미하는 와(瓦)가 청와대 칭호에 들어가 있는 것이 적합치 않다는 근거를 다음과 같이 주장하고 있다.)

① "생남(生男)은 농장지경(弄璋之慶)이라 하고 생녀(生女)는 농와지경(弄瓦之慶)이라"[35] 하나니, 여자(女) 대통령은 가(可)하나 남자(男) 대통령의 택호(宅號)로는 불가하다.(*출처: 〈詩經〉 小雅·斯干)

② 『금루자(金樓子)』에서 "일와계(一瓦鷄) 무사신지익(無司晨之益)이라"[36] 한 것은, 때를 모르는 닭이란 말이고, 철없는 사람이란 말이

---

35) 중국에서 아들을 낳으면 구슬을 작란감으로 주고, 딸을 낳으면 흙으로 만든 실패를 작란감으로 준다.

36) 진흙으로 빚은 닭은 아침을 알리지 못한다.

니, 대통령의 자호(字號)로는 부적당하다.

③ 『초사(楚辭)』에 "황종파기(黃鐘破棄) 와부뇌명(瓦釜雷鳴)"[37]이라고 한 것은, 쇠로 만든 종(金鐘)은 깨어버리고 흙을 구워 만든 솥(瓦釜)으로 대신했다는 말이니, 금종(金鐘) 같은 대통령을 내어 쫓고 기왓장 같은 대통령이 들어섰다는 말이 되므로, 이는 자학(自虐)이다. 기왓장 같은 대통령을 쫓아내고 금종 같은 대통령이 들어섰다고 이름을 고쳐야 할 것이다.

④ 『한서(漢書)』에 "토붕와해"(土崩瓦解: *흙으로 쌓은 언덕이 무너지고 기왓장이 깨진다)라고 했으니, 필자는 청와대(靑瓦臺) 하의 장 정권의 와해(瓦解)를 예감했다.

⑤ 『상서대전(尚書大傳)』에 "무왕(武王)이 벌주(伐紂)하니 주지거(紂之車) 와열(瓦裂)이라"[38] 했으니, 청와대는 5·16 혁명에 와열될(瓦裂: *기왓장처럼 부서짐) 예언이 되었다.

⑥ 와(瓦: gram)는 저울에 쓰는 도량형 용어이다. 구약성경 다니엘 서(書)에 "메네 메네 데겔 우바르신"이라 했으니, 이는 바벨론 나라를 달아보니 망할 때라, 메디아, 페르시아에 넘겨준다는 말이다. 와(瓦) 자는 나라가 끝났다는 말이다.

⑦ 와(瓦) 자는 와사(瓦斯)가 된다. 청와대에서 정정법(政淨法: 정치정화법. *1962. 3) 재가는 그럴듯했지만, 소급법(遡及法) 교서를 내림으로써 원부(怨府)가 되었고, 헌법 오독(汚瀆)의 냄새는 가스 냄새같이 백세에 유전될 것이다.

이상과 같은 이유에서 '와(瓦)'자는 결코 국가 원수의 저호(邸號: 宅號)

---

37) 황금종은 버리고 흙으로 만든 솥만이 시끄럽다.

38) 무왕이 은(殷)의 주(紂)왕을 정벌하니 주왕의 수레가 부서졌다.

에 들어갈 수 없다고 단언해 둔다. 누가 대통령이 되든지 곧 고치시라. 제 이름 뜻도 모르는 정치가 어찌 와해되지 않겠느냐?

프랑스혁명에서 루이 16세의 목을 자르고도 그의 베르사유 궁전은 오늘까지 쓰고 있다. 베르사유궁에서 1차대전 강화회의를 열었다. 우리 독립청원서도 베르사유궁에 제출되었던 것이다.

러시아 적색혁명(赤色革命)에서도 황제 니콜라이2세를 총탄 27발로 총살해서 재를 만들어 날리고도, 그의 크렘린궁은 흐루시초프의 궁전이 되었다. 경무대(景武台)는 이 박사 이전(以前)의 궁전 명칭인데 무엇이 더럽단 말인가? 크렘린을 그대로 두는 스탈린의 마음보다 더욱 야박하다. 야박하고서도 정치가 되겠느냐?

수풍(水豊)은 수풍댐(dam)이 되었고, 장진(長津)은 산상(山上)의 장지(長池: 길고 큰 못)가 되었다. 송장이 나가던 광희문(光熙門)은 광무제·융희제 대(代)의 흉문(凶門)이 되었고, 청와대는 장(張) 정권의 와해대(瓦解台)가 되었다.

어쨌든 '청와대'란 원수의 저택 명칭은 곧 고치시라. 경무대 외에도 좋은 이름이 많이 있지 않은가.

제 17장   장면 정권이 보여준 역사적 교훈

1. 장면 정권의 유일 최대의 사업

(1) 전(前) 대통령 동상을 때려 부순 것

'소국민(小國民)' 장 정권 9개월 동안 신민당의 극한투쟁 하에서는 어떤 일도 할 수가 없었다. 무슨 일을 해놓았나? 찾아보아도 생각나는 것이 없다. 소급법일까? 원흉 잡이일까? 3백만 환을 허비해서 집권 벽두, 남산에 세워진 전(前) 대통령 동상을 때려 부순 것이 유일한 최대의 사업일 것이다.

그밖에 또 있다. 전(前) 경기도지사 이익흥(李益興) 씨가 백운대(*실제는 남한산성 수어장대 아래)에 새긴 이 대통령 송수탑(頌壽塔)을 50만 환의 돈을 들여 깎아버린 것이 두 번째 사업이었다. 모국(某國) 대사는 동상 때려 부수는 광경을 사진 찍으면서 '소국민(小國民)'이라고 말했다.

『열하일기(熱河日記)』의 저자 박연암(朴燕岩: 朴趾源)이 중국 소주(蘇州)의 반산(磐山)에 가서 안록산(安祿山: 唐 명제 때), 동탁(董卓: 漢 나라), 조조(曹操) 등의 사당을 보고, 청조(淸朝)는 "저런 놈들의 사당을 그대로 두다니…"하고 분노했다고 한다(『열하일기』). 중국인들은 그들이 그래도 백만 대군을 휘몰던 당대 영웅이라고 해서 그 사당들을 그대로 둔 것인데, 이는 대국민(大國民)의 금도(衿度)이다. 연암이나 장면이나 '소국민'을 면하지 못했다.

(2) 충무공 동상도 눈물을 흘린다

부산 용두산에다 자유당이 나무를 심고, 충무공 동상을 세우고, 충혼탑을 세우고, 우남공원비(雩南公園碑)를 세웠다. 장 정권이 되자 독재의 철조망을 거두고 민주공원을 만들었다. 개들 모여들어 똥을 누고 아이, 어른 없이 나무를 꺾으니 민정(民政) 공원(空園)이 되어 갔다가 군정(軍政) 하에서 제대로 공원(公園)이 되었다.

그리고 각료들은 일본에 드나들면서 광산을 흥정한다, 이권을 판다고 야단을 벌였다. 일본인들은 이완용이 되살아난 줄 알고 밀려들기 시작했고, 부산 거리에는 왜(倭) 노래가 자자하니, 수풍처우(愁風凄雨)에 젖은 충무공 동상에서는 눈물이 흘렀다.

우남비(雩南碑)를 철거하고 새 비를 세우는 것이 가(可)하지, 남의 이름을 깎고 그 자리에 새 이름을 새기는 조선심(朝鮮心)에는 질색을 하지 않을 수 없다. 그러면 충혼탑에 쓴 충혼(忠魂)이란 우남의 글씨도 깎고, 충무공 동상에 쓴 우남의 글씨도 깎아 버려야 할 것이 아니냐?

자유당이 심은 나무는 원흉이 아니니 꺾지 말라. 이름 깎는 소리, 나무 꺾는 소리, 사람 꺾는 소리에 나도 울고 충무공 동상도 울도다.

(3) 촉석루에서 본 일본인의 마음

이 박사가 진주의 촉석루(矗石樓)를 굉장하게 중건했다. 대들보 나무는 얼마나 큰 지, 다듬을 때 반대편에 선 사람의 키가 보이지 않았다. 호주인 건축가가 그 집을 보고는 자기들은 그렇게 지을 수 없다고 칭찬했다. 루(樓)로는 한국 제일이다. 이 박사의 글씨로 '촉석루' 3자를 새겨 달았다.

그런데 4·19 직후에 그것을 떼어 버리고, 되지도 않은 글씨로 새 간판을 걸었다. 이 박사가 무슨 원수라는 것인가?

임진왜란 때 진주는 수장(守將) 황진(黃進), 김천일(金千鎰)이 6만 장병과 함께 전사(戰死)한 피의 성(城)이다. 왜군은 너무 좋아서 촉석루 위에서 승전 축하연을 벌였다.

논개(論介)는 기적(妓籍)에도 없는 무주(茂州)에 살던 주(朱) 씨로서 피난민이었다. 그 잔치에 강제로 끌려가서 왜장(倭將)과 같이 춤을 추게 되었다. 피난민 논개의 찢어진 치마, 찢어진 옷 가랑이에 미친 왜장은 논개가 가는 대로 촉석루 아래의 초석(硝石)으로 된 의암(義岩)까지 따라갔다. 논개는 거기서 왜장의 허리를 끌어안고 남강에 빠져 같이 죽었다. 논개의 충절에 감격하여 이 박사는 촉석루를 그렇게 굉장하게 중건했던 것이다.

한 가지 놀랄 것은, 일인(日人)들은 자기네 장수를 죽인 논개의 사당을 36년간 잘 보관해 주고 갔다는 것이다. 논개의 사당을 보존한 일인과 자기 대통령의 현판을 하루 밤 사이에 떼어버린 한국인을 비교해 볼 때, 촉석루 좋은 경치와 논개의 충절에 감동하였던 내 마음이 한숨으로 변했다. 조선심(朝鮮心)과 일본심(日本心)!

"일인들은 다시 온다(日人來)"

2천억 환으로 산 장 정권의 유일 최대의 사업이 이것뿐이라면 울지 않을 수 없다. 촉석루 위에서 부른 애가(哀歌) 한 곡(曲)!

2. 성서가 보여준 정권 교대

유대 나라는 처음에는 사사(士師: 國師 Judges)가 다스리다가 사울(Saul) 때부터 왕정(王政)을 시작했다.

사울 왕의 신하 중에 다윗(David)이란 청년 장군이 있었다. 다윗이 블레셋 적장(敵將) 골리앗(Goliath)이란 거인을 죽이고 승전한 뒤로 그 무훈이 점점 높아가 인망(人望)이 사울 왕 이상으로 높아졌다.

사울은 이에 불안을 느껴 다윗을 모살하려고 했다. 이것을 알아차린 왕자 요나단(Jonathan)은 부왕에게 충간(忠諫)했으나 진노(震怒)를 살 뿐이었다.

할 수 없이 다윗은 요나단과 작별하고 망명의 길을 떠났다. 국사(國師) 사무엘(Samuel)은 벌써 전부터 사울 왕의 종교적 타락을 괘씸하게 생각하여 사울 대신 다윗을 왕으로 내정하였다.

다윗은 망명하여 4백 명의 부하를 거느리고 엔게디(Engedi) 굴에 숨어 힘을 길렀다. 사울 왕은 다윗을 잡으려고 추격하다가, 엔게디 굴 안에 뒤를 보려고 들어가니, 원수가 외나무다리에서 만나게 되었다. 다윗은 자기의 종자들이 왕을 살해하려는 것을 제지하고 왕의 옷자락만 베었다.

왕이 나간 뒤에 다윗은 왕 앞에 엎디어 벤 옷자락을 보이면서 "내게는 역심(逆心)이 조금도 없나이다"하고 고백한즉, 사울 왕은 그 충성에 감읍하면서 돌아갔다.

그 후에 사울 왕은 또 다윗을 추격하여 하길나(Hachilah) 산상(山上)에서 야영(夜營)을 하게 되었다. 다윗은 왕의 야영에 잠입하였다. 다윗은 그 부하들이 잠자는 왕을 암살하려는 것을 제지하고, 왕의 창과 물병만 가지고 맞은편 산상에서 왕의 장관 아부넬(Abner) 장군을 불러, "네 왕의 창(槍)을 찾아가라"고 호령했다. 그 소리에 놀라 깨어난 사울 왕은 또 다윗의 충성에 감읍하면서 떠나 돌아갔다.

그 후 사울 왕은 전쟁에 나가서 블레셋 대군과 싸우다가 불행히 패전하여 세 아들과 함께 길보아(Gilboa) 산상에서 전사했다.

이 국가적 비극을 당하여 국민들이 다윗을 맞아 왕위에 추대하므로 위기를 벗어나서 국운이 강성했다. 이것이 성서가 보여준 왕국 교대(交代)이다.

다윗은 칼로 제 임금에게 보복하지 아니하고 도리어 보호해 주면서 은인자중(隱忍自重) 7년 만에 하나님이 주시는(天授) 나라를 이어받고 백성들의 추대를 받아 왕위에 오르게 되니, 우러러 하늘을 보아도, 자기 마음을 굽어 살펴보아도 잘못이나 거리낌 하나 없어서 대의명분이 정정당당했다.

또 사울 왕으로 말하더라도 더럽게 신하의 손에 죽지 않고 일가(一家) 4부자가 장렬하게 전사(戰死)함으로써 호국의 피를 뿌리게 되었으니, 이 어찌 아름답고 장하지 아니한가!

다윗은 "전(前) 왕을 죽이고 면류관을 갖다드리겠다"고 고(告)하는 자를 불경죄로 참수(斬首)하고, 곧 전(前) 왕 부자의 상례(喪禮)를 엄수하기 위하여 용사를 보내서 그 시체를 찾아왔다. 앞선 왕을 예(禮)로써 장사지낼 때, 조가(弔歌)를 지어서 전 국민과 함께 애곡(哀哭)했다.

> 이스라엘아! 너희 영화로운 자가
> 산 위에서 죽임을 당하였도다.
> 요나단의 활은 물러가지 아니하고,
> 사울의 탈은 헛되이 돌아오지 아니하였도다.
> 저희는 독수리보다 빠르고

사자보다 강하였도다.

이스라엘의 딸들아! 사울을 슬피 울지어다.

저가 붉은 옷으로 너희에게 화려하게 입혔고

금 노리개를 너희 옷에 채웠도다.

오호라, 두 용사가 엎어졌음이여,

싸우는 병기(兵器)가 망하였도다.

다윗은 전왕(前王)의 무운(武運)과 치적을 찬양하고 이를 눈물로 만고(萬古)에 전했다. 다윗 왕위(王位) 22대 470여년의 향국(享國)이 어찌 우연한 복이겠는가!

그 자손에 예수가 났으니 그가 전 인류의 구주(救主)이시다. 다윗의 혈통에서 칼 맑스, 레닌이 나서 공산세계에 군림하고, 미국의 모간(J.P. Morgan)이 세계의 경제를 좌우하고, 아인슈타인이 과학계에 군림한 것이 어찌 우연한 운수이겠느냐?

장(張) 정권의 정상배들이 4천년만의 첫 대통령 90세의 노인을 죽기 전에 쫓아냈으니, 9개월 정권도 너무 장대(長大)했다.

역발산기개세(力拔山氣蓋世)의 항우(項羽)는 왜 패망했느냐? 선왕(先王)인 초 회왕(楚懷王)을 강에 쓸어 넣어 죽이고서야 어찌 그 나라를 보전하겠느냐? 사상(泗上)의 뱃사공 유방(劉邦)이 어떻게 서한(西漢)의 창업주가 되었던고? 초 회왕의 죽음에 거상(擧喪)한 덕량(德量)에서이다.

아, 슬프다! 장(張) 정권 하에는 의제(義帝)의 눈물이 떨어졌구나.

제 3 편
변 론

6·25 대공(對共) 감정을 대내(對內) 싸움에 전용하여, 해마다 6·25를 당하면 이 박사 욕설이 『동아일보』의 첫 과정(課程)으로 되어 있다. 이북의 6·25날은 이 박사를 전쟁 책임자라고 종일 욕하고 있는데, 『동아일보』까지 이에 동조한다면 큰일이다. 대외 적개심을 대내 적개심으로 꼬부려 놓으면 대공(對共) 전투의 사기를 마비시키는 결과가 되지 않는가?

이승만을 성토하는 4·19 경절(慶節)이 있지 않으냐? 시산혈하(屍山血河)를 이루었던 6·25날 김일성을 대신해서 이승만을 욕해야만 통쾌하냐? 38선 원통한 줄은 모르고 4·19에 이승만 욕, 3·1절에도 이승만 욕, 6·25에도 이승만 욕, 도대체 어쩌자는 것이냐? 방공(防共)은 그만 두고 이승만 욕만 하면 잘 살 수 있다더냐?

해마다 서울 탈환 9·28기념일에도 이(李) 노인 욕설은 『동아일보』의 첫 과정(課程)이다. 승전 기념일은 필승 신념, 사기 앙양의 날이 아닌가? 모처럼 필승 결의를 다질 기회를 내쟁(內爭) 감정으로 충동질하는 것은 백해(百害)가 있을 뿐이다.

제18장 200만 붉은 표(赤票)와
180만 시민권(屍民權)

1. 독재(獨裁)란 무엇인가?

독재(獨裁)란 원어 Dictatorship은 '통제(統制)'라는 뜻인바, 이는 라틴어에서 나온 영문자이다. 법률, 정치, 신학 용어는 대개 라틴어에서 나온 것이니, 법률이나 신학은 라틴어 시대에 발달했기 때문이다. 예수의 십자가 명패에도 히브리 종교어와 라틴 법률어와 헬라어로 "유대인의 왕 예수"라고 써 붙였던 것이다.

독재, 곧 통제가 덮어놓고 나쁜 것은 아니다. 여러분의 신체는 민주주의인가 독재인가? 내 신체는 머리가 명령하는 체제이다. 더구나 적이 쳐들어올 때에는 사지백체(四肢百體)가 민주 회의를 하다가는 피살되고 만다. 머리가 독재명령 일하(一下)에 급속단행(急速斷行)해야만 된다. 살기 위한 독재다.

여러분의 가정은 민주주의인가, 독재인가? 내 가정은 가장(家長)인 나의 독재다. 사랑의 독재, 자녀를 위한 사랑의 독재다. 가족회의를 열어보았자, 그것 역시 독재다.

민족, 국가도 초창기 급급한 때나 전시(戰時) 하에서는 통제, 사랑의 독재가 부득이하다. 강력(强力) 정치와 독재는 형제간이다. 더구나 4천년 군주정치에 익숙해져온 우리의 생리(生理), 우리 정도에서 미국식 민주주의란 자멸(自滅)의 화를 초래하기 십상이다.

내가 왜 이런 말을 하느냐? 우리나라의 새 정부는 독재의 아우뻘 되는 강력정치(强力政治) 아니고는 이 나라를 이끌고 나갈 수 없다는 말이다. 하물며 전시하(戰時下)에서이랴. 툭탁 하면 독재의 죄명을 씌우지 말고 강력정치를 요구해야 한다.

이 나라의 창고 열쇠도 미국 사람이 쥐고 있고, 군(軍) 통수권도 미국 사람이 쥐고 있다. 이 박사가 군 통수권도 없이, 금고 열쇠도 못 쥐고 독재를 했다면, 그것은 사람이 아니고 귀신일 것이다. 과거는 흘러갔거니와 금후에도 독재의 아우뻘 되는 강력정치가 아니면 우리나라는 살 수가 없다.

2. 혁명(革命)이란 무엇이냐?

혁명(革命)의 원어 Revolution 역시 라틴 어원(語源)으로 '반전(反轉)'이란 뜻이다. 180도의 전환(轉換)이다. 프랑스혁명은 제정(帝政)에서 공화국체(共和國體)로 반전했고, 소련은 제정과 자본주의에서 공산국가(共産國家)로 반전했다.

그러면 한국의 4월 혁명은 무슨 반전인가? 공화국체에서 공화국체로 전진(前進)했고, 자유경제에서 자유경제 그대로다. 보수정당 대신에 보수정당이 교대한 것뿐이므로 반전(反轉)은 아니다. 학도, 정당이 정권을 빼앗은 것뿐이다.

그러면 왜 '혁명(革命)'이라 하는가? 전(前) 정권, 후(後) 정권이 동일한 공화국체인 점에서는 '혁명'이 아니지만, 학도들이 피를 흘렸기 때문에 '혁명'이다. 그렇다면 프랑스 혁명이나 공산혁명과 같이, 전(前) 정권에 대한 보복이 있을 수 없다. 만약 학도들의 피가 보복을 요구한다면 극형으로써 이에 보답해야 할 것이다. 우리 학도들의 피는 과연 무엇을 요구하는가?

나는 3·1옥중에서 윤준희(尹俊熙) 의사와 한 감방에서[39] 반년 간 동석(同席), 동고(同苦)하였다. 그는 사형을 각오하고 늘 쾌활했으나 가끔 고민하는 것을 보고 고민하는 이유를 물어 보았다.

윤 의사의 대답이, "일제 경찰대와 격투 중에 일인(日人) 경관을 사살한 다음 한인(韓人) 경관이 꿇어 엎디어 '나는 조선 사람이니 살려 주시오'하고 부르짖는 것을 사살했습니다. 나는 사형당하는 데는 고민이 없으나, '나는 조선 사람이니 살려주시오'하는 소리가 귀에 쟁쟁하여 후회와 고민을 금할 수 없습니다"라고 하는 고백을 들었다.

민족을 위하여 희생하는 거룩한 인격은 동포의 죄를 용서하는 마음이 뜨겁다. 오인호(吳仁鎬) 군이 미국 유학 중에 흑인 청년에게 맞아 죽었는데, 그의 부친 오기병(吳基秉) 장로가 미국 법정과 정부와 여론에 호소하여 자기 아들을 죽인 흑인을 살려준 미담은 세계에 들렸다.

연대(延大) 설립자인 고(故) 원한경(元漢慶: *언더우드 2세) 박사가 그 부인이 한인 공산당에게 사살당했을 때[40], "내 부친 원두우(元斗尤: *언더

---

39) 저자 김인서(金麟瑞)는 상해 임시정부의 연통제 조직 함경북도 책임자로 체포되어 3년반 감옥살이를 했다. 청진 감옥에서 만난 윤준희 의사는 독립운동 자금을 마련하기 위해 조선은행 간도지점 현금 우송차를 공격했다가 체포되어 다른 5명과 함께 사형당했다. 그 자금으로 제1차세계대전 당시 유럽의 러시아 전선에 있던 체코 군단이 시베리아를 거쳐 울라디보스톡 항을 통해 프랑스 전선으로 가기 전에 싸게 파는 무기를 독립군이 사기 위해서였다.

40) 언더우드2세 부인은 1949년 3월 17일 집에서 모윤숙 여사 등 여성 지도자들과 모임을 갖던 중 좌익 연희대생에 의해 권총으로 살해되었다.

우드 1세) 목사와 내 부부의 몸은 한국에 드린 몸이니 내 아내를 죽인 범인을 사형하지 말라"고 법원에 호소하였다.

4월 혁명에 민족국가를 위하여 희생한 우리 학도들의 영령도 첫째 민족국가의 복지를 요구하고, 다음은 '용서하라'고 할 것으로 믿어지지만, "바람소리 슬프고 하늘은 말이 없다(風愁愁, 天默默)"하니, 할 말이 없다.

3. 부산 정치파동의 시비(是非)

(1) '부산 4·19' 정치파동이 죄인가?

1952년 제2대 정·부통령 선거를 앞두고 야당은 4월 19일 내각책임제 개헌안을 재차 제기했고, 정부는 5월 14일 대통령 중심제의 대통령 직선안(直選案)을 내놓았다. 이 두 가지 서로 반대되는 안을 가지고 정치파동을 벌였다.

1952년 4월 19일의 내각책임제안이 1960년 '서울 4·19'까지 전개되었다. 이 박사의 죄는 그때 하야(下野)하지 않은 것이다.

(2) 야당의 잘못

① 4·19후 내각책임제의 장 정권이 9개월 만에 무너졌고 간선(間選) 대통령(*윤보선)도 임기를 못 채우고 하야했다.

② 군사정부의 개헌(*1962년)은 이 정권 때의 헌법인 대통령 직선제(直選制)를 복구(復舊)했다. 그렇다면 '부산 4·19' 파동(*1952년 부산정치파동)에서는 무엇을 잘못했다는 것이냐?

③ 터키의 케말 파샤와 같이 종신(終身) 대통령, 중국의 장개석(蔣介石) 같이 종신 총통은 못해도 미국의 조지 워싱턴과 같이 재선(再選)의

아량은 있어야 할 것이었다.

④ 전시(戰時) 하에서는 정권 바꾸기가 어렵다.

⑤ 방공 전시(戰時) 하에서는 적색(赤色) 조봉암(曺奉岩)이 부의장인 국회를 신용할 수가 없었다.

⑥ 전시 하의 피난 중에 대통령에게 총질을 하는 야당은 애국심은 없고 정권욕만 있다고 할 것이다.

⑦ 부산 피난 중에 장 정권이 성립되었더라면 4·19는 없었겠지만 5·16은 곧바로 있었을 것이다.

(3) 외국 사람이 본 부산 정치파동

부산 정치파동 중에 영국 처칠 수상과 미국 대통령으로부터 이 박사에게 주의하라는 편지가 왔다고 해서 큰 국치(國恥)나 되는 것처럼 선전했으나, 그 후 실제로 조사한 외국 사람들은 이렇게 이해했다.

미국 상원의원 놀랜드(*Knowland, 캘리포니아 출신의 반공주의자) 씨는 미국 정부가 한국의 정치 위기에 대해서 판단하지 않을 것을 강조하고, 이 박사는 많은 장점을 갖고 있으며, 공산주의와 타협하지 않는 유일한 인사라고 옹호했다.

또한 그 당시 한국을 방문했던 영국의 외무상(外務相) 로이드 씨는 귀국한 후, "나는 우리의 견해에 관하여 이 대통령에게 하등의 의심도 남기지 않고 작별했다. 이 대통령은 이번 사건을 나에게 명백히 설명했다"고 했던 것이다.

이때 로이드 씨와 함께 한국에 왔던 알렉산더 국방상(國防相)도 런던 비행장에 내리자 기자들의 질문에, "이 대통령을 중심으로 발생한 최근 한국의 정치 난국을 영국인들이 비난하지만, 나는 그런 비난은 완전히 부당한 것이라고 인식하고 매우 만족감을 느끼고 있다"고 말했다.

이들뿐만 아니라 캐나다의 외상(外相) 피어슨 씨도 하원에서, "이 대통령은 한국의 위대한 애국자이며 한국에 있어서 자유(自由)의 설계자이다. 뿐만 아니라 그 정부가 모을 수 있는 사람 가운데 이 대통령의 인격과 비교할 수 있는 사람은 없을 것이다"라고 했다.

미국 관변 측에서도, "한국인의 그 누구를 막론하고 2년간의 대공(對共) 전쟁에서 일어나는 위기를 통하여 한국 정부를 영도하여 갈 만한 대인물(大人物)은 아마도 이 대통령 외에는 없을 것"이라고 인식했던 것이다.

이와 같이 우호국가에서는 차츰 한국의 정치적 위기가 결코 어떤 음모에 의한 것이 아니라는 것을 각성하게 되었다.

비단 이런 인사들의 재인식뿐만 아니라 자유세계의 커다란 신문들도 또한 이 대통령을 옹호했다. 『시카고 트리뷴』지는 그 전통적 필봉을 들어 "UN한국위원회와 미국 정부는 한국 내정에 간섭하고 있다"고 경고하며 그 부당성을 지적했다.

UP 외보(外報) 편집국장 필 뉴맨 씨는 정치적 위기 속에서 감투(敢鬪)하는 이 대통령을 평하여, "민주독립 한국의 건설을 위해서 절대 타협할 줄 모르는 영웅적 기질을 가진 분이다. 최근에 일어난 한국 정치파동의 근본 원인은 이 대통령이 아직까지 한국에서 가장 많은 지지를 받고 있는 인물이라는 데 있다"고 하면서, 이 대통령의 '비타협적 영웅기질'을 찬양했다.

또한 미국 하원에서는 보링카 의원의 발의를 채택하여 그가 쓴『이 대통령의 투쟁사』를 의사록에 수록할 것을 결의했다. 이것은 이 대통령의 불멸의 독립정신을 찬양한 나머지 미국의 국가기록인 의사록에 기재함으로써 영원히 대통령의 투쟁을 기념하자는 의미이다.

(4) 180만 시민권(屍民權) 발동과 2백만 조표(曺票)

① 조봉암이 대통령 될 뻔했다

1956년의 3대 정·부통령 선거를 앞두고 1954년에 여당은 대통령 2선(選) 제한 폐기 개헌안을 제출했다. 9월 27일 표결의 결과 국회의원 재석 201명 중 가(可) 135명, 부(否)60명, 기권 1로 3분의 2선에 반(半) 표가 모자랐다. 그래서 "사사오입(四捨五入)으로 개헌안이 통과되어 이 박사가 3선에 출마할 수 있게 되었다.

사사오입은 불가하다. 여당 1인의 배신죄(背信罪)요 국가의 흉수(凶數)다.

그러나 사사오입을 안 했더라면 그 결과는 어찌 되었겠는가? 이 박사 대신에 이기붕, 신익희, 조봉암 3인이 대결했을 것이다. 해공(*신익희)은 선거 10일 전에 갑자기 죽었으니, 이기붕이 조봉암에 대한 단병(單兵) 결투에서 낙선, 조봉암 승리가 틀림없었을 것이다. 조봉암이 대통령에 당선되었더라면 4·19도 없었을 것이고 장 정권도 없었을 것이다. 그랬다면 『동아일보』와 『사상계』는 무슨 글을 썼을지?

조봉암 표 211만 표는 무서운 붉은 표(赤票)다. 이 정권 하에서 2백만의 붉은 표는 무서운 힘이다. 이 무서운 200만의 붉은 표가 깔려 있는 이 나라에서 강력정치(强力政治) 아니고는 방공(防共)을 못한다. 무슨 이유로 반공정권을 타도하려는가?

200만의 조봉암 표 중에서 경상도의 조봉암표가 100만인 것을 보고 "영남에서 이 박사를 타도하리라"는 나의 예언은 과연 적중했다. 대구와 마산 데모로 이 정권을 타도한 것이다.

사사오입(四捨五入) 선거 표를 보시라. 200만의 조봉암 표, 180만의 죽은 신익희 지지표(屍民票). 사사(四捨)는 1960년에 이 박사의 4선은 사(捨)

하고, 오입(五入)은 5대 국회가 들어서리라는 흉수(兇數)였다. 망명노인 이승만은 4사 5입의 원흉이 되었어도 호국보민(護國保民)은 했구나!

▲ 1956년 대통령 제3선 투표 비교표

	이승만	조봉암	무효	총계
서울	205,253	119,129	284,359	608,741
경기	607,757	170150	271,064	1,058,971
충북	353,201	57,026	89,517	494,744
충남	530,531	157,973	212,067	900,571
전북	424,671	281,068	169,468	875,210
전남	653,436	241,778	221,539	1,116,743
경북	621,530	501,917	275,350	1,398,797
경남	830,492	502,507	206,338	1,539,337
강원	644,693	65,270	79,719	789,682
제주	86,683	11,981	12,352	111,016
합계	5,058,255	2,118,799	1,821,773	8,898,822

② 180만 시민권(屍民權)

무효표 180만 표는 고(故) 신익희 씨의 사표(死票)다. 조(曺)표도 살려는 표요, 부정선거도 살려는 표이지만, 180만 사표는 죽으려는 기호다. 천하 어느 나라 국민이 송장 대통령 후보를 투표했느냐? 민족적 비극의 사표(死票)를 제 이마에 붙이고, 나라에 붙이고, 민주주의에 붙인 것이다. 서울이 28만으로 해골표가 최고로 많다.

서울은 이북(以北) 선거구다. 신(申)공의 180만 사표는 민주당계, 신민당계, 이북 표(票) 임에 틀림없다. 김일성 철망에서 벗어나온 이북인(以北人) 다수가 사표(死票)를 낸 것은 참으로 비통한 일이다. 그러면 이승만이 김일성만 못하단 말인가? 신 씨의 송장만 못하단 말인가? 반(反)정부도 너무 심했다. 그래, 송장에 투표하고 이 정권 때보다 얼마나 더 잘 살겠다는 것인가? 송장에 투표한 민주당이 우리에게 무엇을 가져 왔느냐? 송장 투표는 시민권(市民權), 사표(死票)는 시민권(屍民權)이다.

남은(南隱) 나는 200만 붉은 표(赤票)를 경고하는 동시에 180만 시표(屍票)를 울지 않을 수 없다. 180만 사표(死票)와 2백만 붉은 표 속에서 3선 대통령이 된 이 박사는 원흉이 안 될 수가 없었다.

200만 붉은 표와 180만 사표가 민족적 비극을 만들었다. 4사5입은 나라의 흉수(凶數)이고, 180만 시민권(屍民權)은 민족의 흉수다. 어느 수(數)를 쓸 것이었는가?

조봉암이 당선되었으면 그 슬로건대로 남북 평화통일을 위해 미군도 철수해야 했고, 유엔도 할 말이 없었을 것이다. 그러나 이 박사만은 원흉을 면했을 것이다. 그런데 이승만은 조봉암에게서 대통령을 탈취하고 4사5입의 원흉이 되었다.

③ 신익희 씨 암살범을 왜 못잡나

신익희 씨가 제3대 정부통령 선거 때 민주당의 대통령 후보로서 인기가 하늘을 찔렀다. 한강 백사장에 운집한 20만 군중에게 득의만만하여 강연을 하고, 흥분이 절정에 달한 몸으로 전주 이리(裡里)행 열차에서 불행히도 심장마비로 갑자기 돌아가셨다. 그래서 이 박사와 조(曺) 씨가 대결하게 되었다. 이·조의 대결은 두 번째다.

알렌 씨의 글에, 신(申) 공을 이 박사가 암살했다고 생각하는 청년들이 신공의 유체(遺體)를 메고 경무대로 밀고 들어가려고 덤볐다고 기록했다. 그러나 신익희 씨는 이 박사가 아닌 '주색(酒色)'이란 놈이 암살했는데 왜 그 범인은 안 잡고 이 박사에게 죄를 덮어씌우는가?

알렉산더 대제(大帝)는 유럽, 아시아, 아프리카 3대륙을 정복하고 바벨론에서 개최된 개선식 연회에서 미녀가 붓는 술 한 잔에 죽었다. 33세의 대영웅 알렉산더도 '주색(酒色)'이란 놈에게 하룻밤에 암살당했다. 신하균(申河均: 신익희의 장남) 씨의 자당께서 동대문 밖으로 쫓겨난 뒤 해공(海公: 신익희)도 주색이란 놈에게 암살된 것이다. 유석(*조병옥)도 주색이란 놈에게 암살된 것이다.

주색이란 놈은 예부터 지금까지 민주당수(民酒黨首)들을 모조리 암살했다. 하지만 이 박사는 암살하지 못하여 오래 살게 함으로써 욕을 많이 먹게 했다(壽則多辱).

프랑스 혁명지도자 미라보도 혁명 중도에 쓰러지면서 "나는 원통하게도 주색(酒色)이란 놈에게 죽는다"고 울었지만, 후회막급이었다. 백제 의자왕도 주색에 망국(亡國), 망신(亡身)하고 당나라의 포로 신세가 되었다.

학생 제군! 신공(申公)의 시체를 메고 경무대로 밀고 들어가지 말고, 신공을 암살한 주색(酒色)이란 놈을 처치하라!

제19장 도산선생 제문(祭文)에서 말한 '이 모(李某)의 작란'과 실제

1. 이(李) 정치 하에서 이북 피난민의 복지

최희송(崔熙松) 씨가 쓴 도산선생 제문(祭文)에서 "자칭(自稱) 거물연(巨物然)하는 가짜(僞) 지도자 이 모(李某)의 작란" 운운한 이 모는 이완용이 아니고 이승만을 가리킨 것이다.

이 박사가 미국에서 무슨 작란을 했는지는 직접 보지 못했거니와, 대한민국에서 한 작란의 한 가지, 특히 이북 피난민들에게 대한 '작란'을 간략히 기술하면 다음과 같다.

이북 피난민의 다수는 서울·인천·대전·부산·대구 등 대도시에 살고 있다. 이들은 비교적 잘 살고 있다. 어느 도시에서나 상권(商權)을 잡고 있다. 인천의 판유리 공장과 기타 대·중·소 기업체들을 많이 운영하고 있다. 이북 출신 아이들 중에는 '구두수선공'이 없고, 거지를 볼 수가 없다.

(1) 교육 문화면에서:
경희대학, 숭실대학, 숭실중·고, 숭의여중·고, 보성여중·고,

경희중·고, 대광중·고, ○○중·고, 『조선일보』, 『경향신문』, 『사상계』(이상 평안도).

한양대학, 건국대, 수도여사대(*세종대), 한양남녀 중·고, 영남(永南)중·고, 덕원중·고, 청구 중·고, 『대한신문』(이상 함경도)

(2) 종교면에서:

영락, 동신, 해방, 성도 등 최대의 예배당. 서울 예수교회 7할이 이북인의 교회다.

이상은 이승만 때의 건설이다. 도산(*안창호) 선생이 대통령 되었더라도 이 이상으로 이북인들에게 선정(善政)을 하지는 못했을 것이고, 요·순 임금이라도 빈손으로 월남한 피난민을 12년간 이 이상으로 잘 살게 하는 선정을 하지는 못했을 것이다. 이 대통령의 덕분이 아니라 이북인이 잘났기 때문이라면 왜 김일성 밑에서는 못 살았던가? 이런 "이 모(李某)의 작란"으로 큰 손해를 본 것은 전혀 없었다. 있으면 말해 보라!

2. 이 정권 시대에 등용된 이북 출신들

○ 농림장관 이종현(李宗鉉: 평남 덕천)   ○ 문교장관 백낙준(白樂濬: 평북 곽산, 흥사단)   ○ 석공총재 이대위(李大偉: 평남, 흥사단)   ○ 유엔사절 정일형(鄭一亨: 평양, 흥사단)   ○ 내무장관 이익흥(李益興: 평북 박천)   ○ 내무장관 장경근(張暻根: 평북 용천)   ○ 무임소장관 박현숙(朴賢淑: 평양, 흥사단)   ○ 부흥장관 김훈(金勳: 평북)   ○ 내무장관 김태선(金泰善: 평북)   ○ 교통장관 문봉제(文鳳濟: 평남 개천)   ○ 주중대사 김

홍일(金弘一: 평북 용천)   ○ 주영대사 이묘묵(李卯默: 평남 강서, 흥사단)
○ 체신장관 이응준(李應俊: 평남 숙천)   ○ 국무총리 장면(張勉: 평남 중화)   ○ 충북지사 ×××(평북 의주, 흥사단)   ○ 국방장관 손원일(孫元一: 평양)   ○ 국무총리서리 이윤영(李允榮: 평북 영변)   ○ 인천시장 박학전(평양, 흥사단)   ○ 공보처장 김활란(金活蘭: 평북, *인천에서 태어났으나 조상은 평북인)   ○ 고시원장 명제세(明濟世: 평북 영변)   ○ 평북지사 백영엽(의주, 흥사단)   ○ 평남지사 김병연(평양, 흥사단)   ○ 제주지사 길성운(吉聖運: 평북 선천)   ○ 육군참모총장 백선엽(白善燁: 평남 강서)   ○ 재무장관 백두진(白斗鎭: 황해 재령)   ○ 공군참모총장 김신(金信: 김구 씨 아들, 해주)   ○ 한은총재 김유택(金裕澤: 해주)   ○ 공보처장 오재경(吳在暻: 황해도)   ○ 체신장관 강인택(姜仁澤: 함남 이원)   ○ 농림장관 정재설(함남 이원)   ○ 육군참모총장 정일권(丁一權: 함북 종성).

　기타 고관(高官) 대직(大職)들은 차(車)로 싣고 말(斗)로 헤아려야 할 만큼 많다(車載斗量).
　도산계는 이 정권 시대가 장 정권 시대보다 더 호화판이었다. "이 모의 작란"이 이와 같은데 뭐가 한 하늘을 같이 이고 살 수 없을 정도의 원수(不共戴天之讎)란 말인가?

　나는 4·19 데모대에서 외치는 소리를 들었다.
　"예배당에 돌총하여(돌을 세게 던져서) 예수쟁이를 때려 죽여라! 저 큰 집이 이북 놈의 집이다!" "이북 놈 때려 죽여라!"
　'이 모의 작란' 때(*이승만 집권기)에는 들어보지 못했던 소리이다.
　아! '이 모의 작란'에 배은망덕 하지 마시라. 이 모는 이북 사람들에게 집을 주고 기업체를 주었다. 이북 사나이에게 영광을, 피난 온 딸들에게 비단옷을 입혀 주었다. 고마운 원흉이 갔구나.

조병옥 씨는 서북청년단을 도와서 이북 사람들을 이남 사람들의 원수가 되게 했지만, 이 모(*이승만)는 이북 사람들을 잘 대접해 주었다. 아, 아까운 원흉은 가고 아니 오도다!

3. 건국 대통령이 원흉이냐? 국부냐?

1960년 4월 29일 이승만 대통령이 하야(下野)한 다음날 최희송 씨는 의정(議政) 단상에서 '이승만은 민주 반역의 원흉(元兇)'이라고 단죄했다. 그와 같은 시기에 미국 아이젠하워 대통령은 "이승만 박사는 한국의 국부(國父)시요"라고 위문했다. 최씨의 눈이 밝으냐? 아이젠하워의 눈이 어두우냐? 한인의 눈알은 새까맣고 미국인의 눈알은 새파라니 보는 게 다른 모양이다.

최 씨가 잘 보고 아이젠하워가 잘못 보았는지는 독자 여러분에게 맡기거니와, 최 씨는 이정권 하에서 경상북도 도지사를 지낸 사람이고, 아이젠하워는 2차대전 때 자유진영의 총사령관이었다. 그의 눈이 남의 나라 원흉을 국부(國父)로 잘못 보는 눈이라면 아마도 승전할 수 없었을 것이다.

아이젠하워의 말은 외교적 수사(禮辭)가 아니라고 생각한다. 8년간 '반공포로 석방'이니, '돈 내놔라', '무기 보내라', '한미상호방위조약'이니 '북진통일'이니, '통일 아니면 죽음을' 하고 대드는 이 대통령 때문에 고통을 당했던 아이젠하워다. 아이젠하워는 "이 대통령이 자기 민족, 자기 나라를 위해서 미친 사자같이 덤빈다"고 보았기 때문이다. '미국에게는 고통(苦痛) 거리이나 한국에게는 국부(國父)'라는 말이다.

아이젠하워의 눈에는 "한국의 국부"로 보인 그가 조선 사람의 눈에는 '한국의 원흉'이냐? 민족성을 개조(改造)했다는 눈이 겨우 그 정도냐? 나는 건국 대통령을 원흉으로 만든 나라의 백성 된 것이 한없이 슬프다.

프랑스 혁명 때 루이 16세 왕은 혁명재판을 받고 단두대 위에 서서 세 마디의 기도를 남기고 목이 떨어졌다.

① 오 하나님이시여! 나는 이 단두대에 서야 할 죄가 없습니다.

② 나는 나를 죽이는 적을 원망하지 아니합니다.

③ 주여! 내 피 때문에 조국에 재앙을 내리지 마시옵소서.

이 대통령도 쫓겨날 때 세 마디를 남기고 가시었다.

① 하야하면서, "여러분 방공(防共)을 잘 해주시오."

② 아이크(*아이젠하워) 대통령이 "귀하는 한국의 국부입니다"라고 위문한 것에 답하여, "역사가 말하겠지요."

③ 미국의 모 신문사에서 묻는 말에 답하여, "한국을 잘 도와주시오."

두 분 패자(敗者)의 세 마디 말이 어찌 그리 아름다운지! 승자의 악언(惡言)보다 패자의 선언(善言)이 아름답구나. 나는 승자의 악언을 버리고 패자의 선언에 우노라.

루이16세 임금은 36세의 소장(少壯)이었지만 프랑스 왕조의 마지막 임금이오, 이승만 대통령은 85세의 고령이었지만 이 나라의 첫 대통령이라는 역사에 나는 실망한다. 이 박사가 만일 둘째 대통령으로 원흉이 되었다면 나는 울지 않았을 것이다.

4. 건국 대통령이 악한이냐, 조지 워싱턴이냐?

막사이사이 상을 받은 대한민국 유일의 월간지 『사상계』의 장준하(張俊河) 씨가 이승만은 "인간 이하 정치적 악한(惡漢)" "희대의 협잡꾼" 등등의 욕설로 성토했다.

그러나 밴플리트 장군은 임무를 마치고 한국을 떠날 때, "이 대통령은 한국의 조지 워싱턴"이라고 말하고 갔다. 조선 사람이 '악한' '협잡꾼'으로 보는 이 박사를 미국 사람은 조지 워싱턴으로 보니, 장준하 씨의 눈이 밝으냐 밴플리트의 눈이 어두우냐는 역사가에게 맡기려니와, 미국 사람이 조선 사람보다 좀 더 앞선 것은 사실이다.

재미(在美) 반이(反李) 계 교포는 "정치적 악한은(*하와이의 이승만에게)에서 본국에 돌아가서 처단을 받으라고 협박한다"는 것이다.(『사상계』 보도). 그 반면에 대(大)톨스토이의 손자나 미국 사람들은 그를 위문한다는 것이다.

건국 대통령이 악한이면 그 나라는 무엇이 되는가? '정치적 악한' '사기꾼' '천재적 협잡꾼' '인간 이하' '노흉(老兇)' …… 이게 야만어(野蠻語)가 아니고 무엇이냐?

이것이 사생(死生)을 같이 하던 민족진영에서 쓰는 민족개조의 용어라면, 도산 선생과 이 박사를 민족지도자로 모시고 반세기 여 동안 걸어온 나의 험로(險路)는 헛되고 헛되었구나!

5. 건국 대통령이 똥이냐, 금강석이냐?

『동아일보』는 이 박사 공격을 지금도 계속하고 있다. 『동아일보』는 원흉 재판에 대한 가톨릭 문인 구상(具常) 씨의 재판 방청기를 실었다. 그가 말하기를: "똥은 비단보에 싸서 하와이에 옮기고 똥 구더기들만 재판하고 있다"고 하였다. 민족 대변지에서 대변 냄새가 난다.

알렌 씨가 쓴 책은 시종(始終) 이(李) 박사를 공격하는 글들인데. 끝에 이승만을 쫓아낸 대한민국은 민주주의 국가로서 백성들이 잘 살 수 있을 것이라고 예고했다. 알렌 씨의 예고대로 되기를 기다린다.

알렌 씨의 책에서 밴프리트 장군은, "이승만 대통령은 다이아몬드, 이 대통령의 몸 만치 큰 다이아몬드"라고 했다는 것이다. 그 이유는, 유엔군이 평양에서 후퇴할 때 질서를 유지할 수 없어서 리지웨이 장군이 이 대통령에게 일선(一線)에 같이 가서 도와달라고 청원하자 이 박사는 당장 비행기에 탑승했다는 것이다. 자기들은 외투를 입고도 추운데 이 대통령은 한복(韓服)에 목도리도 없이 단화를 신은 채로 일선에 나서서 지휘하니, 질서를 잃었던 후퇴군이 질서정연하게 목적지에 도달해 반격을 준비할 수 있었다고 하면서, 이야말로 다이아몬드 아니고 무어냐고 감탄했다는 것이다.

조선 사람이 똥으로 보는 이 박사를 미국 사람은 금강석으로 보니, 조선 사람의 눈이 밝으냐 미국 사람의 눈이 어두우냐는 독자들의 판단에 맡기거니와, 조선 사람이 똥으로 보는 것을 금강석으로 보는 미국 사람이 조선 사람보다 좀 더 잘 사는 것은 사실이다. 조선 사람이 하와이에 내다버린 다이아몬드를 벤프리트 장군은 지금도 가끔 위문한다고 한다.

제 20장 동아일보사의 악평에 대하여

1. 지나친 반(反)정부 언론은 반(反)국가 상처

나는 『동아일보』를 3·1옥중에서부터 애독했다. 일제 때 조선 사람을 경고하여 깨우치게(警醒) 한 공(功)은 민족 백세(百世)에 남을 것이다. 그러나 이 정권 12년간의 절대 비협력, 극한투쟁은 유익보다 손상이 많았다. 지나친 반정부(反政府) 언론이 국민에게는 반국가적(反國家的) 상처를 주었다.

이승만 정권 시대 때 『동아일보』 독후감을 읽고 농촌에는 굶주린 사람들(餓孚)이 너저분하리라는 근심된 마음을 가지고 정작 촌(村)에 가보면, 굶주린 백성은 없고 종종 좋은 양복에 건들거리는 취객들을 보았다. 고(高) 주필이 교도소에 다녀온 뒤에는 신문이 퍽 부드러워졌다.

그 반면에 현 정부(*장면 정부)에 대한 불평을 이승만 정권에 빗대어 망명노인을 공격하는 등, 그 비겁함에는 고소(苦笑)를 금할 수 없다. 신문은 날이면 날마다 반정부(反政府) 기사로 매상고를 올리고 있다. 그래도 이 정권은 박태선 사교도(邪敎徒)가 『동아일보』를 습격하지[41] 못하도록 보호하다가 독재가 된 것 아닌가?

---

41) 4·19직후 박태선 장로 추종자들이 신문 기사 내용에 불만을 품고 동아일보사를 습격한 일.

2. 3·1절은 대내(對內) 투쟁이 아니었다

『동아일보』는 작년 3·1절 사설에서까지 이 노인을 공격했고, 그것도 오히려 부족해서 외국인 스코필드[42] 옹의 글까지 빌려서 망명노인을 욕하였다.

일년 365일 매일 그를 욕하는 것은 자유겠지만, 3·1절은 대외(對外)항전, 대일(對日) 반항의 절(節)임을 인식하기 바란다. 내쟁(內爭)으로 망한 이 민족에게 대외항쟁의 감정까지 대내 감정으로 꼬부려 놓는 것은 매우 위험한 싸움이다. 3·1절 사설에서까지 제 동포, 특히 3·1운동하던 노인을 욕하는 것은 대내감정으로 3·1 의식까지 소산(消散)시키는 것이 아닌가?

3·1절이 이승만을 욕하는 날인 줄 아는 신문은 민족혼이 **빠진** 신문이다. 3·1절이 이승만 욕하는 날이거든 항일노인의 목을 잘라서 천황폐하에게 공납(貢納)하려무나! 일금(一金) 30만 달러이다.[43]

6·25 대공(對共) 감정을 대내(對內) 싸움에 전용하여, 해마다 6·25를 당하면 이 박사 욕설이 『동아일보』의 첫 과정(課程)으로 되어 있다. 이북의 6·25날은 이 박사를 전쟁 책임자라고 종일 욕하고 있는데, 『동아일보』까지 이에 동조한다면 큰일이다. 대외 적개심을 대내 적개심으로 꼬부려 놓으면 대공(對共) 전투의 사기를 마비시키는 결과가 되지 않는가?

이승만을 성토하는 4·19 경절(慶節)이 있지 않으냐? 시산혈하(屍山血

---

42) 스코필드는 캐나다 토론토 대학 교수로서 세브란스 의학전문학교 교수로 파견되어 왔다가 3·1운동을 보고 일본인들의 만행을 외국에 알렸다. 1950년대에 다시 한국으로 와서 서울대학교 농과대학 교수로 후진을 양성했다.

43) 일본이 이승만 체포에 30만 달러의 상금을 걸었던 사실을 가리킴.

河)를 이루었던 6·25날 김일성을 대신해서 이승만을 욕해야만 통쾌하냐? 38선 원통한 줄은 모르고 4·19에 이승만 욕, 3·1절에도 이승만 욕, 6·25에도 이승만 욕, 도대체 어쩌자는 것이냐? 방공(防共)은 그만 두고 이승만 욕만 하면 잘 살 수 있다더냐?

해마다 서울 탈환 9·28기념일에도 이(李) 노인 욕설은『동아일보』의 첫 과정(課程)이다. 승전 기념일은 필승 신념, 사기 앙양의 날이 아닌가? 모처럼 필승 결의를 다질 기회를 내쟁(內爭) 감정으로 충동질하는 것은 백해(百害)가 있을 뿐이다.

9·28기념일에 이 박사의 죄목 두 가지를『동아일보』가 들고 있다.

이(李) 정권의 첫 번째 죄는 서울 시민들 몰래 수도를 버렸다는 것이다.

임진년 5월 선조대왕이 몽진할 때, "짐이 모일(某日) 모시(某時)에 한성을 탈출하여 의주(義州) 통군정(統軍亭)에 통곡하러 가겠으니 시민들도 같이 가자"고 조칙(詔勅)을 내렸던가?

그러면 이(李) 정권이 "모일(某日)에 서울을 탈출, 모일(某日) 모지(某地)로 피난하겠다"고『동아일보』에 광고하란 말인가?『육도삼략(六韜三略)』에는 그런 병법(兵法)이 없지 않는가? 9·28 승전 기념도 기쁘지 않고 그 날에도 굳이 반공(反共) 노인을 성토하는 것이 신문의 사명이냐?

이(李) 정권의 둘째 죄는 한강철교를 폭파했다는 것이다.

나폴레옹의 대군이 모스크바에 침입할 때 러시아 황제는 기도를 한 다음 러시아 수도에 방화를 하고 달아났고, 모스크바는 재가 되고 말았다. 이에 대하여 인도주의 문호 톨스토이도 그 죄책을 나폴레옹에게 돌리고 러시아 황제를 변호했다.

그런데『동아일보』는 그와 반대로 침략군의 죄책까지 본국 정부에 지우고 있는데, 이는 내쟁(內爭)에만 혈안이 되어 국가의식을 상실한 것이

아닌가? 국가의식의 상실만이 아니라 내쟁에만 열중하여 반공(反共)의식
도 상실했다. 살자는 내쟁(內爭)이냐? 죽자는 내쟁이냐?

3. 이 박사를 욕할 날은 아래와 같이 많고도 많다

① 이 박사는 왜 1875년 3월 26일에 조선에서 태어나서 원흉이 되었
느냐고 욕을 한다면, 이(李) 노인도 구약성서의 욥과 같이 당신의 생일을
저주할 것이다.

② 1947년 4월 27일 외교성공 환영일.[44)]

왜 하지 중장이 김규식(金奎植) 씨와 여운형(呂運亨) 씨에게 주려는 정
권을 빼앗기 위하여 미국에 가서 이것을 뒤집었느냐? 13년 후(*1960년)
4월 26일에 하야하여 원흉이 될 줄도 모르고 4·27에 환영(*1947년 대미
외교 성공)을 받았느냐고 욕을 한다면, 하지 중장과 중간파들도 동의할
게 아닌가?

③ 1948년 7월 24일 첫 대통령 선서식 날과 동 8월 15일 대한민국이
자주독립국임을 세계만방에 선포한 날, 너는 무자격자라고 욕할 수 있었
지 않은가?

④ 1950년 6월 29일 이승만·맥아더 수원 회담으로 미국의 군사원조
를 얻은 것도 승전 후에 자기가 장기(長期) 대통령 해먹으려는 외교라고
욕할 수 있지 않은가? 그러나 이승만·맥아더 수원 회담이 없었으면『동
아일보』도 남아 있지 못했을 것이다.

⑤ 3·15 부정선거 날 조병옥 박사도 이미 서거, 무경쟁(無競爭)으로

---

44) 이승만이 한국에 대한 미국의 좌우합작 정책을 바꾸기 위해 미국을 방문하고 돌
아온 다음 서울운동장에서 열린 이승만 환영대회.

대통령에 당선될 것인데 부정선거를 했으니, 기원전 44년 3월 15일 황제 대관식에 나갔다가 칼에 맞아 죽은 로마의 씨저(Caesar)보다 더 미련하다고 욕을 한다면 이 박사도 아무 말 못할 것 아닌가?

⑥ 1953년 6월 18일 휴전을 반대하기 위하여 취했던 반공포로 석방도 자기가 영웅 되려고 했던 것 아니냐고 욕을 할 수 있지 않은가?

⑦ 1953년 7월 27일 휴전하던 날 "통일 아니면 죽음"이라고 대드는 이승만에게 미국은 질겁해서 한미상호방위조약(韓美相互防衛條約)에 조인했다. 한미상호방위조약만 아니었으면 『동아일보』도 남아있을 수 없었을 텐데, 따라서 이 일을 가지고 신문이 사는 날까지 실컷 욕을 해도 이 박사는 아무 말 못할 것 아닌가?

⑧ 모일(某日) 이 박사가 죽는 날[45] 마음껏 붓을 모아 욕을 하시라. 뭐라고 말할 자녀도, 말할 후계자도 없느니라. 단, 제발 3·1절과 6·25일만은 민족정기를 위하여 그만두시라.

4. 6·10 화폐개혁(改貨) 반대는 4·18정신에 모순되지 않은가?

(1) 이 대통령의 얼굴이 새겨진 돈(貨)을 왜 품고 다녔나?

6·10화폐개혁(*1962년 군사정부의 화폐개혁)에 대하여 야당에서도 반대 성명(聲言)을 냈다. 『동아일보』도 화폐개혁 후 물가고 통계표를 들어 몇 번이나 반대했다. 지금은 전 통계표보다 더 올랐으니 자세한 설명은

---

45) 이 책이 쓰여지고 있던 1963년에는 이승만이 아직 하와이에 생존에 있었다. 이 박사는 1965년에 서거했다.

생략한다.

정치의 토대가 경제요, 경제의 척도가 화폐이다. "못 살겠다 갈아보자"는 혁명은 이(李) 정권의 경제정책을 부정하는 경제혁명이다. 그러면 이 정권의 경제정책을 반대한다면 먼저 화폐개혁부터 하지 않을 수 없다. 이제 와서 화폐개혁을 반대하는 것은 이 정권의 경제 정책을 지지하는 것이자 찬양하는 것이니, 이 정권 타도의 4·18의거(*고려대생 시위)와는 모순되지 않는가?

화폐개혁의 첫째 필요는 화폐에서 이 박사의 초상(肖像)을 말소하는 것이다. 미국은 달러화에 국부 워싱턴의 초상화를 넣어놓았지만, 한국은 망명 노인의 초상화가 들어있는 화폐를 품고 다닌다는 것은 염치없는 일이다. 최희송 씨는 이 박사의 사진만 보면 찢어버린다는 소문이다. 그가 박흥식(朴興植) 씨에게서 받은 ×× 돈은 이 박사의 초상이 없는 동전으로만 수납해서 트럭에 실었을 터이니, 그 얼마나 큰 수고였겠는가? 특히 동아일보사나 사상계사에서 이 대통령의 초상화가 들어있는 화폐를 사용하는 것은 염치없는 일 아닌가? 또 학도들이 이(李) 대통령의 초상화가 들어있는 화폐를 들고서 4·18탑(塔) 아래를 출입할 수는 없지 않은가?

화폐에서 이 대통령의 초상을 말소함으로써 그들의 수고를 덜어주었다. 국민들이 이 초상화를 가질 수 없게 만든 것이 신문의 선전이었다. 4·19 감정에 따라 화폐개혁을 반대하는 것은 고려대의 4·18의거와는 엄청난 모순이다.

(2) 자유당의 음성 재산이 어디 있나?

나도 신문의 선전을 듣고 나라 돈의 반은 자유당 곳간(庫間)에 음성 자본으로 묻혀 있는 줄 알았다. 화폐개혁의 둘째 목적이 음성(陰性) 자본을 찾아내는 데 있다고 하는 기사를 신문에서 보았기 때문이다. 그런데 자유당의 돈은 벌써 민주당에게 넘어 갔고, 예기했던 음성 돈이 자유당에서 나왔다는 말이 없다. 그러면 신문이 밤낮으로 이(李) 정권이 도적질해 먹었던 음성 재산이 자유당에 쌓여 있다고 떠든 것은 허위선전이 되었으니, 화폐개혁의 책임은 신문이 져야 한다.

그리고 신문들은 "이 박사가 나라 돈 거액을 도적질해 가지고 망명했다", "가지고 간 트렁크 세 개 속에는 보화가 들어찼다"고 선전했다. 그러나 미국 정부는 망명객의 수하물을 헤치고 검사해 본 결과, 별것이 없었다고 한다. 이 박사는 지금 하와이 양로원 신세를 지고 병원 신세를 지고 있다고 한다.

(3) 못 살겠다고 갈아 보니 어때?

"못 살겠다 갈아보자"는 민주당의 구호는 이(李) 정권의 경제 정책을 바꾸자는 깃발이었다. 화폐개혁은 이 정권의 경제 정책을 전환하려는 것이다. "못 살겠다 갈아보자"고 하여 실시한 4·18의거(義擧) 뒤의 화폐개혁은 경제혁명이다.

그런데 이제 와서 화폐개혁이 잘못되었다고 반대하는 것은 이(李) 정권의 정치를 찬양하는 말밖에 안 된다. 화폐개혁 후의 경제난은 장 정권이 환율을 2배로 올리는 바람에 발생한 2천억 환의 손실에 기인한 바가 크다. 이 정권을 타도한 사람들이 이제 와서 화폐개혁 반대를 주장하는 것은 이(李) 정권을 찬양하는 것밖에 안 되니, 괴로워도 참아야 한다.

4·18의거는 이로운 거사, 즉 이거(利擧)가 아니다. 이(李) 정권 하에서 배부르기보다 4·18탑 앞에서 굶으면서 수양산의 고사리를 씹는 것이 정정당당하지 않은가?

(4) 3 · 1탑과 4 · 18탑을 나란히 세워라

고려대의 4 · 18 기념탑은 4 · 19혁명의 선구(先驅)로 고대의 영예이다. 그러나 4 · 19기념탑은 꼭 3 · 1기념탑과 나란히 세워야 완전한 국민교육이 된다. 왜냐? 3 · 1운동은 대외전(對外戰)이오 4 · 19는 대내전(對內戰)이다. 대외전 없이 대내전만 가르치면 가르치는 대로 민족분열의 위험성이 짙다.

우리 민족은 대외전에는 비겁했고 대내전에는 용감했다. 그러기 때문에 3 · 1정신은 천년만년 가르쳐도 좋지만, 4 · 18은 다시는 없도록 가르쳐야 한다. 4 · 18탑 아래에서 원흉의 자손들이 공부할 수 있겠는가? 2세가 분열되어서는 안 된다.

고대(高大) 창건자 이용익 공은 최초의 배일(排日) 영수요, 제2 설립자 손병희 씨는 33인 중의 1인이오, 제3 설립자 김성수 선생은 3 · 1운동의 공훈자이니, 고대에는 3 · 1기념탑이 더 빛날 것이다. 먼저 3 · 1기념탑을 세워서 대외 항전(抗戰)의 정신을 기르고, 그 다음으로 대내적으로 동포에 대한 용서의 정신을 기르지 않으면 안 된다.

제 21장   사상계사의 악평에 대하여

장준하 선생 주간(主幹)의 『사상계』 제120호에는 「상해 시절의 도산」
(*안창호) 다음에 「이승만론」(송건호(宋建鎬) 씨의 글)이 실렸다. 종래 이승
만은 '정치적 악한'이라고 말해 온 『사상계』 지면에서 안 선생은 하늘까지
올리고, 이 박사는 만 길 아래로(一落萬丈) 내려치는 대조문(對照文)이다.
마치 중국 송(宋)나라 때의 인물 악비(岳飛) 장군의 무덤 앞에 진회(秦檜)[46]
의 철상(鐵像)을 엎대어 놓고 오줌을 싸는 심사(心思)의 편집술이다.

「이승만론」은 무려 2만2천자에 달하는 장문이다. 욕으로만 일관하고
한 점의 동정도 없다. 외국인의 평(評) 중에서도 욕하는 평만 골라서 수
집하였는바, 알렌 씨의 글을 많이 인용했다. 알렌 씨의 글을 보면 이 박
사가 한국을 위하여 이루어 놓은 역사를 많이 찾을 수 있는데, 그 중에서
도 욕만 골라내었다. 욕하는 것은 장 선생의 자유이지만 사실과 반대되
는 무고(誣告)는 가려야 한다.

---

46) 진회는 악비를 죽이고 금(金) 나라와 굴욕적인 화약을 맺은 남송(南宋)의 정치
   가로서 나중에 간신으로 몰렸다.

1. 살인죄 무고는 성립되지 않는다(본건은 『흑막(黑幕)』 책에 의함)

『사상계』의 「이승만론」에 따르면, "고하 송진우는 반탁(反託) 건으로, 설산 장덕수는 미소공동위원회 건으로, 몽양 여운형은 좌우합작(左右合作) 건으로, 백범 김구는 남북협상(南北協商) 건으로 암살당했다. 누가 암살했느냐?" 살인 사건들을 이 박사를 성토한 조건에 쓸어 넣어서 이승만이 암살한 것처럼 꾸미었다.

(1) 송진우 씨 피살사건의 흑막

고하(古下) 송진우(宋鎭禹)의 암살 사건을 이 박사에게 끌어댈 아무런 의문점이 없다. 첫째, 이 박사의 귀국은 1945년 10월 16일이오, 고하의 암살사건은 동 12월 30일이니 어느 여가에 암살계획을 했단 말인가.

둘째, 반탁문제로 우파가 고하를 암살했다는 것은 터무니없는 무고이다.

셋째, 범인이 평북 사람 한현우(韓賢宇)이니, 이 박사 계열에는 평북 사람이 없다. 이북에서 보낸 암살자라고 본다.

넷째, 같은 글에서 "이승만은 한민당(韓民黨)을 이용해서 대통령이 되었다"고 말하고, "이 박사가 한민당수를 암살했다"고 끌어대는 것은 전후(前後) 상반된 악의(惡意)의 무고다.

(2) 장덕수 씨 피살사건의 흑막

설산(雪山) 장덕수(張德秀)의 암살은 1947년 12월 2일이요, 1948년 4월 1일 군재(軍裁)에 회부된 범인 8명은 대개 한독당원(韓獨黨員)들이다. 사형에서 무기형을 받은 조상항(趙尙恒)은 ×××× 사람이니, 이 박사 계열이 아니다. 하수인 박광명(朴光明)은 가톨릭 구내에서 부산 박 모(朴某)의 딸을 첩으로 삼아 향락을 누리다가 일본으로 도망쳤다. 가톨릭에서 왜 이 박사의 사람을 숨겨 주었겠느냐?

김구 주석이 트루먼 대통령(*미군정청)의 호출장을 받고 장덕수 암살범 공판정에 출두해서 심문을 받았다. 심문 내용은 ① 당신이 장덕수 살해를 지시했는가? ② 당신이 장덕수 살해를 선동했는가?였다.

이 수사문은 당시 경찰부장 조병옥 박사가 올린 대로 문초한 것이다. 이 어마어마한 살인사건, 법정에서 심문을 받은 김구 씨의 일을 왜 법정에 간 일도 없는 이 박사에게 넘겨씌우느냐? 추악한 ×××의 무고다.

이 박사를 한민당 총재로 추대하자고 주창한 사람이 장덕수요, 이 박사를 초대 대통령으로 선거하자고 선창한 사람이 장덕수 씨요, 이 박사의 돈암동 생활비를 담당한 사람이 장덕수 선생이었는데, 이 박사가 무엇 때문에 장덕수를 암살했단 말이냐? 장덕수가 살아 있다면 이 박사가 저 꼴은 안 되었을 것이다. 사상계의 의도는 너무 악독하다.

(3) 김구 주석 피살사건 흑막

○1948년 4·19 평양 남북협상, ○동 9·29 유엔한국임시위원단에 미·소 양군(兩軍) 철수하라는 메시지, ○동 10월 19일 여순반란사건, ○동 11월 29일 양군 철수 후 통일정부 수립 확신 담화, ○1949년 5·27 미군 철수 개시, ○동 6·26 김구 주석 피살, ○동 6·29 유엔한국위원단 감시 하에 미군 철수 완료, ○다음해인 1950년에 6·25 동란.

『흑막』일지에 의하면, 안두희(安斗熙)의 범행 이유를 추측할 수 있다. 양군(兩軍) 철수란 소련군은 두만강을 건너가고 미군은 태평양을 건너가는 철수이니, 실제로는 미군(美軍)만의 철수이다. 그러므로 "양군 철수 후 통일정부안"은 북한 괴뢰 측의 주장이고, 김 주석의 남북협상안의 실천이다.

그리하여 9·29 양군 철수 메시지가 나온 후 20일 만인 1948년 10월 19일에 여순(麗順) 반란이 돌발하자 국민들은 그것이 미군 철수와 관련이 없지 않다고 보고 놀랐다. 여순 반란이 일어난 후 30일 만에 김구 주석이 또 양군 철수, 통일정부 수립을 확신한다는 담화를 발표한 것은 분명히 "남한 정부를 부인(否認)하는 것이고, 반란이 재기(再起)할 것이라고 협박하는 것"으로 보고 국민들은 두 번 놀랐다.

1949년 5월 27일에 미군 철수를 시작하여 미군 철수 완료 3일 전인 6월 29일에 안두희가 저지른 범행은 무엇을 말하는가? 다음해인 1950년 6·25 동란은 바로 남북 통일정부 안의 실행이다.

(4) 여운형 씨 피살사건의 흑막

여운형(呂運亨) 살해사건은 1947년 7월 27일이었다. 공판기록에 의하면 범인 한지근(韓知根)은 고하 송진우 살해범 한현우(韓賢宇)와 같은 고향(＊평안도) 계열이니 이 박사와는 관계가 없다.

2. 국회록에 반(反)하는 무고를 바로 잡아라

『사상계』의 동(同) 이 박사 성토문에, 연호로 "단기(檀紀)를 채용하고 서기(西紀)를 버린 이 박사는 소위 민주공화국(民主共和國)을 주장한다면서 역사 아닌 신화(神話)를 건국이념(建國理念)으로 삼았으니 그의 정치사상이 생리적으로 본다고 해도 도저히 민주주의적인 것은 될 수 없었다"
고 무고했다.

이 말은 이 박사가 서기를 버리고 단기를 채택한 것만 보아도 생리적
으로 민주주의자가 못되고, 선천적으로 독재자요 폭군이란 말이다. 『사
상계』에서는 이 박사에게 '악한', '협잡꾼', '노흉(老兇)', '인간 이하' 등등
의 욕설을 가하면서도 그 이유가 없었는데, 단기를 채용했다는 것이 그
구체적 죄명이자 구체적 이유로 명시되었다.

그러면 단기를 채용한 제헌국회 회의록을 조사해 보라. 제헌국회에
서 첫째 국호(國號)는 대한민국으로, 둘째 국기(國旗)는 태극기로 결정했
다. 셋째 기원(紀元) 문제에 들어가서는 임정파(臨政派)가 민국(民國) 기원
(3·1운동 기미년부터)을 쓰자고 했지만, 단군 기원을 쓰자는 편이 절대다
수여서 그렇게 가결되었다.

이 대통령은 단기(檀紀) 채용 결의에 대하여 반대 의사를 표시했지만,
민주국가라서 독재로 할 수는 없었다. 이 사실은 당시 『경향신문』에 모
(某) 교수의 논문이 자세히 밝혔다. 나도 단기(檀紀) 반대론을 몇 차례 발
표할 때 이 대통령이 반대한 것을 인용한 일이 있었다.

그런데 『사상계』는 거꾸로 서서 보니, 국회는 서기(西紀) 편이어서 민
주주의로 보이고, 이 박사는 독재자라서 단기(檀紀) 편으로 보이는 것이
다. 이제 똑바로 서서 보면, 국회의원들은 단기를 고집한, 생리적으로 비
민주주의자들이고, 이 박사는 서기를 주장한 민주주의의 선배임을 알 수
있을 것이다. "단기는 국회가 채용한 것"임이 상식인데, 이런 상식 이하
의 상식도 못 가진 『사상계』의 안목으로 보면, '이 대통령은 악한'이란 무
뢰배의 욕설이 나올 것이다.

무고를 당한 사람이 악한이냐? 무고하는 사람이 악한이냐? 국회 회의
록을 조사해 보고 무고를 바로 잡아라. 무고를 바로 잡을 양심조차 없다

면 『사상계』는 한낱 무고지(誣告紙)요, 폭언지(暴言紙)밖에 안 된다.

제22장 도산계의 악평에 대하여

1. 고종황제의 밀지(密旨)는 허위?

K씨가 말하기를, "그대는 재미 임모(林某) 박사(도산계,*임창영)가 대구 모(某) 일간신문에 이 박사의 죄상(罪狀) 수십 조문(條文)을 말한 공개장을 보았는가?"라고 물었다. 그래서 그 내용을 물어서 그 중에서 큰 것 몇 가지를 들면,

이 박사가 첫 번째 미국에 와서 고종황제의 밀지(密旨)를 받아 가지고 왔다고 했는데, 그것은 거짓말이라는 것이다(林某 박사, *임창영). 도산계에서 이 박사를 '협잡꾼'이라고 선전하는 근거가 여기에 있다.

그러나 알렌 씨의 글에 의하면, 일로(日露) 전쟁 뒤 포츠마스 강화조약을 체결할 때, "이 박사가 당시 한국 수상 한규설(韓圭卨)과 민충정공(閔忠正公: *민영환)의 밀서를 받아 가지고 미국에 와서 루즈벨트 대통령을 면회하고 일본의 대한(對韓) 불법 조문을 막아달라고 호소했다"고 기록되어 있다. 민충정공이 고종황제의 밀지를 받지도 않고 제 마음대로 이 박사에게 밀서(密書)를 주었을 리가 만무하다.

한국의 운명이 달린 중대 외교에 당하여 황제는 충정공에게 밀지를 내리고, 충정공은 이 박사에게 밀서를 준 것이 역사적 사실이다. 그런데

도 이 때문에 이 박사를 '협잡꾼'이라고 지난 50년 동안, 또 오늘날까지 공격하는 것은 이해할 수가 없다. 이렇게 되고 보면 이 민족사회에서는 아무 일도 할 수 없다.

2. 폭력범 통역 사절은 비애국자?

장인환(張仁煥) 씨와 전명운(田明雲) 씨가 미국인 스티븐스를 친일(親日) 해한자(害韓者)라 하여 미국에서 사살했다. 이것이 전 미국인의 대한(對韓) 감정을 상(傷)한 사건이다. 이 사건 공판 때 이 박사가 법정 통역을 사절했으므로 그는 비애국자(非愛國者)란 것이다. 이 박사 대신에 신흥우(申興雨) 씨가 통역을 했다(林某 박사).

장리욱(張利郁) 씨가 주미대사로 있던 시절에 만일 장인환 씨 사건이 벌어졌다면 장리욱 대사가 법정에서 통역할 수 있겠는가? 할 수 없다는 것은 국제 예의상 상식이다.

남들은 협잡꾼이라고 욕하지만, 이 박사 자신은 대미(對美) 외교의 사명감을 가지고 미국 전역을 돌아다니는 상황에서, 미국 시민을 사살한 폭력범의 법정 통역으로 나설 수는 없는 것 아닌가? 그때 만일 도산(*안창호) 선생이 이 박사와 같은 영어실력이 있어서 폭력범의 법정 통역에 나선다면, 국제적 체면을 위해 우리는 이를 못하도록 만류해야 하지 않았겠는가?

이 정도의 양해도 없이 이 박사를 50년래 헐뜯고 있다는 것은 국제 사정에 몰상식한 수작이고, 사람 잡는 일밖에 안 된다. 이 박사를 이렇게 이해 없이 헐뜯기만 하는 민족사회에서 건국(建國)을 한다는 것은 억지다.

3. 옛날에는 친소(親蘇), 오늘날엔 반공(反共)?

이 박사는 1933년 국제연맹(*제네바)에 참석해서 일본이 한국에서 행하는 죄악들을 들어서 성토했다. 이에 대하여 한국과 만주 접경에 있는 소련이 "우리가 이 박사를 데리고 가서 실지조사를 하겠다"고 속였다. 소련은 이 박사를 소련까지 오게 하고서는 일본과 어떤 문제의 교환을 조건으로 그저 돌려보냈다.[47] 이것은 "이 박사의 친소(親蘇) 행동이 아니냐? 예전에는 친소, 오늘은 반공이니 협잡꾼"이라는 것이다(林某 박사).

우리는 해방 후에만도 소련에게 여러 차례의 회담에서 배신당했다. 이것이 다 친소(親蘇) 행동이라면 대소(對蘇) 외교관들은 다 친소이고 용공(容共)인가? 이는 지나친 '사람 잡이'다. 소련에 속은 것이 친소이냐?

4. 위임통치 문제

내가 도산계(*안창호계) 사람들에게 여러 번 직접 들은 말은 위임통치(委任統治: mandatory) 문제이다.

3·1운동이 일어난 후에 이 박사가 "조선독립은 급속 성취될 수 없으니 먼저 미국의 위임통치를 받도록 운동하자"고 말했다. 이에 대하여, '이승만은 나라를 미국에 팔아먹은 이완용'이라고 공격한다.[48]

---

47) 이승만은 1933년 제네바 국제연맹 총회에서 한국의 독립을 호소했으나 소기의 성과를 거두지 못하자 소련에게 호소해 보기 위해 모스크바에 갔다가 남만주 철도 매도 문제를 협의하러 온 일본 관계자들을 의식한 소련 정부에 의해 입국을 거부당했다. 저자는 이 상황을 부정확하게 묘사하고 있다.

48) 1919년 파리 평화회의가 열리자 미국에 있던 이승만은 직접 회의장에 가서 한

우리는 해방 후 3년간 미군정(美軍政)의 과정을 밟지 않을 수 없었다. 군정은 위임통치가 아니고 무엇이냐? 위임통치(mandatory)는 이 박사의 예언이었다. 위임통치설(說)로 이 박사를 맹공격하는 사람들이 미군정 때 연립내각으로 정치했다.[49] 이 박사가 건국할 때 군정연장(軍政延長)을 운동한 사람들이 누구였던가? 그게 위임통치 연장 운동이 아니었던가?

병자호란 때 주화론자(主和論者) 최명길(崔鳴吉)을 '호로(胡奴) 자식'이라고 욕하던 사람들이 먼저 청국에 아부했느니라.

5. 2천 원 도적

내가 도산계 여러 사람들에게 직접 들은 말은, 이 박사가 상해 임정 대통령 시대에 모(某) 선교사가 기탁한 애국 헌금 일화(日貨) 2천 원을 이 대통령이 받아 가지고 미국으로 달아났으니, 국고금(國庫金) 도적이란 것이다.

이 박사의 전기(傳記)에 의하면, 이 박사, 박용만(朴容萬) 씨, 정순만(鄭淳萬) 씨 3인이 결의형제(結義兄弟)로 독립운동에 투신했다. 그래서 박용만, 정순만 양인이 이 박사의 신변을 보호했다. 그런데 정순만 씨는 만주에서, 박용만 씨는 북경에서 모계(某系) 한인의 손에 사살되었다. 고립된

국의 독립을 호소하려고 했으나 미국정부가 여권을 내주지 않아 불가능하게 되었다. 그때 차선의 방법으로 장차 독립을 전제로 한국을 국제연맹의 위임통치 아래 두도록 건의하자는 정한경(鄭翰景)의 의견에 따라 위임통치안을 미국 측에 전달했다. 파리에 있던 김규식도 그와 같은 안을 제출한 바 있었고, 이승만의 위임통치안 제출도 국민회 총회장인 안창호의 양해를 얻은 것이었지만, 비난은 이승만에게만 쏟아졌다.

49) 이승만에 대해 비판적이었던 흥사단 계열의 인물들이 해방 후 미군정 안에서 요직을 많이 차지했던 사실을 가리키는 내용이다.

이 박사는 신변에 위험을 느끼게 되었다. 어느 날 이 박사가 모계(某系) 테러단에 붙잡혀 죽을 상황에 빠졌다. 이 박사의 신변을 지키던 민충국 (閔忠國) 씨가 이 박사를 구출해서 미국으로 돌려보냈다.[50]

위급한 상황에 빠진 대통령이 대통령의 직권으로 국고금을 기밀비(機 密費)로 썼다고 해석하면, 소위 대통령의 체면도 서고 민족의 체면도 설 것이었다. 그러나 이 박사가 나라 돈 2천원을 도적질했다고 선전하니 소 위 대통령의 체면도 땅에 떨어지고 민족의 체면도 너절해졌다.

군무총장 노백린(盧伯麟) 장군은 임시정부에서 직언(直言)을 하다가 돈 이 없어 식량을 못 구하여 아사(餓死)한 것과 다름이 없이 일생을 마치었 다. 이 박사도 노 장군의 뒤를 따랐으면 도적놈도 원흉도 다 면했으련만 그래도 건국을 보고 죽으려고 도적놈 신세, 원흉 신세가 되었다.

6. 거렁뱅이 외교 반세기

『사상계』에서는 "이 박사가 타국 외교가들에게 점심이나 얻어먹고 돌아다녔다"고 헐뜯었다. 사실 이 박사는 거렁뱅이 외교가였다.

이 박사는 상해에서 대통령 3선을 예언하는 모(某) 여사와 도산 선생 을 작별하고 쓸쓸히 워싱턴에 가서 군축회담에 옵서버로 참여했다. 워싱 턴에 구미위원부(歐美委員部)를 세웠다. 허모(許某) 씨를 데리고 손수 밥을 지어 먹으면서 외교하던 이 외교부는 우리 정식 대사가 가기까지 계속했 다. 나라 돈 2천원을 도적질해 가지고 가서 세계 중심무대에서 30여 년

---

50) 이 문단의 내용은 상당 부분 부정확하다. 이승만이 임시정부 대통령으로 상해에 있을 때 박용만과 정순만은 각각 북경과 만주에 있었기 때문에 그를 도울 위치에 있지 않았다.

한국 외교를 대신했으니, 2천원 가지고 간 이 박사가 거렁뱅이 외교가가
아니고 무엇이겠는가?

장택상(張澤相) 씨가 유엔에 외교하러 갔을 때, 일본은 돈을 물 쓰듯
밤낮 연회를 하는데 우리 편에서는 하루 밤 연회에 천금(千金)을 쓰고 돌
아올 여비도 빚을 졌다고 했다. 외교관이란 정부의 힘을 가지고도 이렇
게 어려운데, 이 박사는 한낱 망명객으로 50년 외교하며 돌아다녔으니
너무나 가련했다. 오늘의 조롱은 너무 몰인정하다.

제네바에 한 번 가려면 김모(金某) 여인을 찾아가서 양복 한 벌 사 주
시오, 이모(李某) 씨를 찾아가서 모자 하나 사 주시오, 박모(朴某) 여인을
만나 차비 좀 주시오, 최모(崔某) 씨를 찾아가서 밥값 좀 주시오, 이런 모
양으로 구걸해 가지고 가서는 독립 허가장도 못 가지고 왔다. 이런 거렁
뱅이 외교 반세기에 얻은 것이 협잡꾼, 사기꾼, 거짓말쟁이요, 최후의 면
류관이 원흉(元兇)이란 가시관이다.

7. 천신만고 90년

여러 사람들이, 이 박사는 고집이 세다, 괴벽(怪癖)하다, 변덕쟁이다,
교만하다, 남을 신용하지 않는다고 성격상 결점만을 들어 악평을 한다.
이에 대하여 알렌 씨는, "그것은 한국인 사회에서 부대낀 이 박사의 성격
이라"고 평했다. 젊어서는 감옥에서 두들겨 맞다가, 해외에 망명객이 되
어서는 정적(政敵)들에게 찢기다가 남은 몸인지라, 마음 편할 수 없었을
것이다.

해방 후 귀국해서 대통령이 되기도 전에 저격(狙擊)당하고, 대통령이
된 뒤에도 저격당했다. 누가 홍종우(洪鍾宇: 김옥균 사살자)인지, 누가 유

시태(柳時泰)[51]인지 모르니, 어떻게 마음 놓고 교제한단 말인가? 음식도 프란체스카 부인이 먼저 시식한 다음에 먹고, 어디 가서 자리도 폭발물 유무(有無)를 검사해 보고 앉고, 잠자리도 프란체스카 부인이 검사한 뒤에 눕는 신세에, 누구를 믿는단 말인가? 만일 자녀가 있었으면 국민들의 사정을 들을 수 있었으련만……

마침내는 이기붕(李起鵬) 부부에게 속아 떨어졌다. 이 박사 아래에서 장관해 먹던 자들이 그를 때려내어 쫓은 것이다. 이 책을 취재하기 위하여 이전에 이 박사 직계(直系)라는 사람들을 찾았더니 면회를 회피했다. 만나 보아도 얼음장보다 찼다. 아! 이 박사는 불쌍했구나!

8. 정권과 살인

(1) 요(堯)·순(舜)도 살인을 했다

정권에는 생살여탈(生殺與奪)의 대권이 주어지기 때문에 집권자는 멋대로 사람을 죽이는 것, 즉 남살(濫殺)을 삼가야 한다. 그래서 맹자(孟子)님은 양혜왕(梁惠王)에게 "천하를 통일하려면 사형(死刑)을 삼가야 한다"고 가르쳤다.

그런데 이승만 대통령은 집권 12년간 불행히도 6·25동란, 공비소탕작전, 여순 반란사건 등 방공방첩상(防共防諜上) 살상(殺傷)이 적지 않았다. 이 살상에 대한 죄의 문제는 역사의 판단을 기다릴 수밖에 없다.

요·순은 성군(聖君) 중의 성군이다. 그러나 홍수를 제대로 다스리지

---

51) 1952년 부산의 6·25남침 2주년 기념식장에서 이승만 대통령을 권총으로 저격했으나 불발로 실패한 사건. 20페이지의 각주(4)를 참조할 것.

못한 책임을 물어 곤(鯀: *堯임금의 신하로 禹임금의 부친)을 사형에 처했다. 그의 아들 우(禹: *夏 나라 임금)가 사형당한 아비를 대신하여 홍수를 다스렸다.

치수(治水)를 하지 못한 죄로 사형에 처한 뜻도 모르겠고, 사형당한 제 아비의 뒤를 이어 치수에 전념한 우(禹)의 뜻도 인정(人情)은 아니다. 하지만 그들에게는 오직 나라와 민생(民生)만이 귀했던 것이다. 공자는 성인이지만 노(魯)나라의 대사구(大司寇: *사법부 수장)가 되었을 때, 소정묘(少正卯)를 사회를 혼란시킨다는 이유로 참(斬)했다.

(2) 군주와 살인

중종(中宗) 대왕은 남곤(南袞), 심정(沈貞)의 무고를 듣고 대현(大賢) 조광조(趙光祖)를 능주(綾州)의 유배소에 사약(賜藥)을 내려 사형시키고 그 제자인 다수의 선비들을 죽였으니, 이것이 기묘사화(己卯士禍)다. 중종이 정암(靜庵: *조광조)의 충(忠)과 현(賢)을 모르지 않으면서도 죽인 것이다. 그러나 우리 역사는 남곤·심정의 죄악을 미워하지만 중종에게 살인죄를 가하지 않는다.

고종황제는 김옥균(金玉均) 등 개화의 선구자들을 많이 죽였다. 동학의 창도자 최제우(崔濟愚), 최시형(崔時亨) 양대(兩大) 교주를 목 베었고, 여러 만 명의 동학군을 학살했다. 병인년에 예수교(*천주교) 박해에도 여러 만 명을 학살했다. 이리하여 고종 때 나라는 망하게 되었다. 그러나 우리 역사는 고종에게 학살죄(虐殺罪)와 망국 책임을 묻지 아니한다.

(3) 민정(民政)과 살인

도산계(島山系)와 우남계(雩南系)가 50여 년 싸웠지만 피아(彼我) 간에 총질이 없었던 것은 천만다행이다. 그러나 상해 임정 때 김구 씨의 손에 많은 친일분자들이 살해되었다. 그 중에는 억울한 죽음도 없지 않았을 것이다. 105인 사건 때의 천재 웅변가 옥관빈(玉觀彬) 씨의 피살은 애석하다. 그는 도산 선생도 아꼈던 인물이다. 그러나 우리 역사는 김구 주석에게 살인죄를 논하지 않는다.

미군정의 경찰부장으로 치안을 담당한 조병옥 박사가 공비(共匪)를 퇴치할 때 많은 사람들이 살상되었다. 특히 제주도 공비소탕에는 1만여 명의 청장년이 살해되어 그 과부와 고아들이 오늘까지 울고 있다. 그렇다고 조병옥 박사에게 살인죄를 논할 자는 없다. 그러나 공비 소탕 전면에 굳이 '서북(西北)청년단'을 내세워서 남북 감정의 장벽을 쌓게 한 것은 잘못된 정책이었다.

서민호(徐珉濠) 씨가 국회의원의 신분으로 순천의 술집에서 국군장교 서창선(徐昌善) 대위를 사살한 것은 용서하기 어려운 살인죄이다. 그런데도 전(全) 국회위원들은 서민호 씨를 위해 싸웠다. 군사재판의 사형판결을 이 대통령의 명령으로 재심(再審)에 돌려서 8년형으로 감했다. 그런 그가 나중에 4·19특전으로 석방 복권이 되어 국회의원 당선의 영광을 누렸다.

유시태는 대통령을 저격하고도(*1952. 6. 25) 4·19특전으로 석방 복권되어 국회의원 당선의 영광을 누렸다.

제 4 편
4 · 19를 통하여
본 조선인의 마음

남북전쟁은 1861년 4월 12일 시작하여 1865년 4월 9일 종전했다. 전쟁을 끝낸 링컨은 4월 14일 밤 동부인 해서 워싱턴 포트 극장에 구경을 갔다가 남방인 존 월키스 부스(John Wilkes Booth)란 배우에게 저격을 당하여 죽고, 4월 19일 전 북방 국민들이 애도하는 중에 스프링필드에 장사지냈다. 미국의 4 · 19는 아브라함 링컨 대통령을 매장한 날이고, 한국의 4 · 19는 이승만 대통령을 매장한 날이다.

그러나 미국의 4 · 19와 한국의 4 · 19는 뒷수습이 다르다. 미국은 4 · 19 후에 이긴 북방에서 패한 남방을 물심양면으로 도와서 전재(戰災)를 복구시켜 주었다. 북방은 남방에 대하여 흉한(兇漢) 부스(Booth)만 총살하고 다른 사람은 한 사람도 보복하지 않았다.

남방 대통령 데이비스를 역적이나 원흉으로 취급하지 않았고, 그가 사무를 보던 집까지 보관하여 기념관을 만들었다. 남방 총사령관 리(Lee) 장군이 말을 타고 전장에 나가는 동상을 만들어 세우고 전 국민이 존경한다. 미국의 민주주의는 이러하다. 그러므로 미국은 그 큰 나라가 4년간이나 전쟁했건만 갈리지 않고 한 나라로 부흥하고 있다.

조선의 4 · 19는 미국과 다르다. 이 대통령의 동상을 끌어내리고, 그 비석을 깎아 내고, 사람은 원흉으로 쫓아 버렸다.

제 23장 계해(癸亥) 4·19와
경자(庚子) 4·19

1. 계해 4·19의 대의명분

광해조 계해년(*1623년) 음력 3월 13일 반정군(反正軍)이 자하문으로 쳐들어와서 하룻밤 동안에 광해군을 폐하고 인조대왕을 모셨다. 그해 음력 3월 13일은 양력 4·19에 해당한다.

선조대왕 때부터 광해군까지 50년간 동인(東人) 정권을 서인(西人)이 뒤집어엎고 유혈교대로 서인(西人) 정권이 3백년을 계속한 것이 계해년의 반정(反正)이다. 광해조에는 이이첨(李爾瞻) 같은 간신배도 많았지만 박승종(朴承宗) 같은 정대(正大)한 인물도 많았다. 서인으로는 이귀(李貴), 이괄(李适), 김유(金庾), 김자점(金自點) 같은 인물들이 있었는데, 다 정대한 사람들은 아니었다.

계해혁명의 두 가지 명분이란 것도 그렇게 투철한 것이 못 된다.

첫째, 광해군의 원명친청(遠明親淸) 외교에 대한 반대의 대의명분을 들었다. 왜 상국(上國)인 명나라를 배반하고 되놈 청나라를 섬기느냐는 것이었다. 그러나 광해군은 선조대왕의 세자로서 임진란을 치른 경험이 있었으므로 쇠망해 가고 있는 명(明)나라를 멀리하고 신흥(新興) 청국(淸

國)을 사귄 것은 바로 된 외교였다.

둘째, 계모 인목대비(仁穆大妃)를 폐모(廢母)했다는 것이니, 이것은 당시에 중대한 문제였다. 그러나 광해군 편(便)의 정인홍(鄭仁弘)은 동한(東漢)의 광무제가 한(漢) 고조의 황후 여(呂) 씨를 폐위했다는 사실에 그 근거를 두었다. 실정(失政)은 광해조나 인조조나 마찬가지였다.

2. 계해 4·19의 인심

3백 년 전 '계해 4·19(*1623년)'와 이번 4·19(*1960년)의 인심을 비교해 보면, 옛날이 훨씬 나았다. 서인(西人)이 혁명 주체였지만 수상으로는 전일(前日) 여당이던 남인(南人) 오리(梧里) 이원익(李元翼)을 추대했다. 이번(*1960년) 민주당과 민정당이 감투싸움에서 망한 것보다 나은 인사였다.

오리 이원익은 정배살이에서 풀려서 성(城) 안으로 들어오자 첫 번째로 구왕(舊王) 광해군에게 고별인사를 하고, 그 다음에 신왕(新王) 인조(仁祖)를 뵈었다. 그리고 인목대비로부터 광해군을 사형하라는 추상같은 교지가 내렸을 때, 오리는 "나는 구군(舊君)을 죽일 수 없다"며 사표를 내어던지고 통곡하니, 혁명 주체들도 감동하여 광해군을 살려내었다. 이리하여 살아난 광해군이 강화도를 거쳐 제주도로 떠날 때, 서울 장안 백성들이 다 울었다고 한다.

이번 장(張) 정권이 이 박사를 대한 일, 그리고 『동아일보』가 '똥'이라고, 『사상계』가 '악한'이라고 욕한 것에 비하면, 옛날 사람들이 착했다. 광해군의 세자 질(姪)이 강화에서 탈출하려다가 사형을 받을 때 인조 왕비 한(韓) 씨가 인조에게 매달려서 "남의 자식이 곧 내 자식이니 살려 주시오"하고 애걸한 것은, 이번에 신문들이 원흉들의 중형을 선동하고 데모한 것에 비하면 참으로 착했다. 그러기에 인조대왕의 후손이 나라를 3 백년간 누렸던 것이다.

3. 계해(癸亥) 원훈들의 후일

반정군(反正軍)의 통솔자이던 이괄(李适)도 내란에 멸족되고, 원훈(元勳) 심기원(沈器遠)도 역적으로 몰려 멸족되었다. 반정의 총참모였던 김자점(金自點)도 20여 년 부귀를 누렸으나, 효종조(孝宗朝) 때 역적으로 몰려 멸족되었다. 김자점은 김질(金礩)의 고손이었다.

김질(*김구의 선조)은 개국공신 김사형(金士衡)의 증손이고, 성삼문(成三問)의 학우로, 단종(端宗) 복위(復位) 의거에 가담했다가, 성삼문 등의 밀모(密謀)를 세조에게 고발하여 의로운 친구들을 참혹하게 죽이고, 자기는 부귀영화를 누렸다. 그러나 고손(高孫) 김자점 때 멸족지화를 입었다. 역사는 재판한다.

4. 심판대 앞에서

광해군 때 병조(兵曹)의 늙은 관리 김준(金峻)이 계해반정의 광경을 목도하고 후일 동평위(東平尉) 정재륜(鄭載崙)에게 전한 말은 이러하다.

"광해군이 쫓겨나 강화도로 떠나가던 날 서울 장안 시민 치고 무지몰각한 천인들까지도 울지 않은 사람이 없었다. 그런데 반정공신 중 소수는 울었고 다수는 기뻐하였다. 광해군을 위해 울었던 훈신(勳臣)들은 후일에 다 현사대부(賢士大夫)가 되었지만, 통쾌해 하던 공신들은 후일에 다 제

명에 못 죽고 망했다."『東平見聞錄』.

나는 4·19가 지난 지 3년이 넘도록 이 박사를 악평하고 있는 도산계와 인촌계 인사들과 국민 여러분에게 이 역사를 참고로 드린다.

5. 계해 4·19의 선물

(1) 내 란

계해 4월 혁명(*1623년)의 성공으로 서인(西人)이 동인의 분파인 북인(北人)들을 숙청하고 집권하였다. 그러나 혁명에는 대가를 치러야 한다.

계해 4월 혁명의 첫째 선물은 혁명장군 이괄(李适)이 논공행상에 불평을 품고 영변의 국방군을 몰고 단숨에 서울을 쳐부수니, 인조는 공주로 몽진(蒙塵)했다. 이 싸움으로 만여 명의 사람들이 살해되고 국방은 무너져 국맥(國脈)이 끊어졌다. 혁명의 뒷수습은 첫째가 내란방지에 있는데, 장 정권의 내분방지책은 어떠했던가?

(2) 병자호란

계해 4월 혁명의 둘째 선물은 신흥(新興) 청군(淸軍)의 세 차례 침입이다. 혁명의 수습(收拾)은 둘째가 외적 침입에 대비해야 한다는 것이다.

광해군은 어두운 사람이 아니고 선조대왕의 왕자들 중에서 제일 잘난 사람이었다. 선조가 "무슨 음식물이 제일 맛있느냐?"고 시험할 때 여러 왕자들이 꿀, 떡 등으로 대답하는 중에 광해가 "소금이 제일 맛있다"고 대답함으로써 둘째(次子)지만 태자로 뽑혔다.

그리고 임진왜란 때의 경험을 통하여 국방에 힘쓰고 외교를 잘하여 쇠망하는 명(明)나라보다 신흥 청국(淸國)을 잘 사귀었다. 명의 강요에 못 견디어 명나라 지원군(援明軍)을 보낼 때에도 원수(元帥) 강홍립(姜弘立)에게 친청(親淸)의 밀지(密旨)를 주었다.

그러나 혁명정부는 광해조와는 반대로 존명배청(尊明排淸)의 외교를 강행하면서 이괄의 난(亂)으로 국방군은 무너졌다. 그리고 청국이 두려워하는 국방장군 박엽(朴燁)을 반혁명 세력으로 몰아서 죽여 버렸다.

그뿐인가. 이괄의 부장(副將) 한명연(韓明璉)이 참살당하니 그 아들 한윤(韓潤)이 청국에 망명하였다. 청 태조에게 권하여 침략 청군의 앞잡이가 되어 복수전(復讐戰)으로 본국에 쳐들어왔다. 이리하여 세 번 호란(胡亂)에 나라가 결딴났다.

혁명 제5년에 청군 3만이 쳐들어와서 형제국의 항서(降書)를 받아 가지고 돌아갔으나, 한강 이북은 황폐해버리고 국력은 아주 쇠모(衰耗)해졌다. 청군이 물러가자 혁명정부 안에서 당파싸움, 감투싸움으로 국가는 말이 아니었다. 그런데 아무런 방비 없이 입으로만 존명배청론(尊明排淸論)을 떠들었다.

그러다가 병자년(丙子年)에 청 태종의 침략군이 쳐들어오니 속수무책으로 앉아서 망하게 되었다. 인조는 남한산성으로 피난하고, 왕자와 빈궁, 왕족과 원훈들의 가족은 제일 안전지역으로 믿는 강화도로 피난했다.

수도장군(守島將軍) 김경징(金慶徵: 원훈 김유의 독자)은 낮이고 밤이고 가리지 않고 언제나(晝晝夜夜) 술과 계집에 취했다가, 청군이 쳐 들어오니 싸우지도 않고 항복했다. 청군은 왕족을 남한산성으로 돌려보내고 원훈들의 며느리이고 딸이고 가리지 않고 잡아서 속옷 가랭이를 찢었다. 왕족들이 가는 길에는 얼어 죽은 송장과 살아 있는 어린 것들이 죽은 어미의 젖을 빨고 있는 것이 부지기수였다.

남한산성에 갇힌 인조도 할 수 없이 청 태종에게 '부자지국(父子之國)' '되놈의 아들' '대청 제국의 예속방(隸屬邦)'이란 항서(降書)를 바쳤다. 삼전도(三田渡)의 드높은 수항(受降) 단상에 청 태종이 용상에 걸터앉았다. 인조는 포로복을 입고 그 단 아래에서 삼배(三拜) 또 삼배(三拜), 칭신(稱臣) 백배(百拜)를 하고 나서야 석양에 풀려나서 밤에 환궁했다.

인조가 항복하고 돌아올 때 청군의 진영 안에서는 조선 여자들의 울음소리와 웃음소리가 들려왔다. 청군들이 조선 여자들을 붙잡아 아이는 진(陣) 밖에 내던지고 어미는 진중에 끌어들여 되 갈보를 만들었다. 호병(胡兵)이 양반집, 쌍놈 집 여자를 가릴 리 없고, 원훈 집 딸, 원흉 집 며느리를 가릴 리 없이 막 잡아들이니, 원훈 집 며느리이든 원흉 집 딸이든 되놈의 첩 되기는 일반이었다.

인조대왕을 향하여 우는 것은 원훈 댁 여자들이었고, 웃는 것은 원흉 집 여자들이었다. 반정(反正) 왕의 신세도 우리 원흉과 일반이란 조소(嘲笑)였다.

인조가 밤에 장안에 들어서니 송장을 밟지 않고는 발을 옮길 수가 없었다. 계해반정이 없었더라면 두 차례의 호란(胡亂)은 면할 수 있었을 것이다. 인조의 항복으로 조선은 3백년 중국의 종이 되었다.

청군의 후손인 중공군(中共軍)이 휴전선상에서 우리를 넘겨다보고 있는 이 판에 '경자(庚子) 4·19(*1960)'가 일어난 것이다. 적전(敵前)에서의 장면 정권의 국방태세는 어떠한가?

제1 요새인 강화도에는 반정 원훈 김유의 독자 김경징(金慶徵)이 신장귀졸(神將鬼卒)을 부린다 해서 그를 수도(守島) 사령관에 특명했다. 호병(胡兵)은 쳐들어오는데 신장귀졸은 한 놈도 아니 왔다. 망국 도배의 하는 수작이, 신병(神兵)은 모두 대국(大國) 황제의 진영에 가고 작은 조선의 진영에는 한 놈도 아니 온다는 대답이었다.

5·16(*1961)에 장면 정권은 데모대와 매카나기(*이승만에 적대적인 미국 대사)를 고대(苦待)했겠지?

포위된 남한산성의 위급한 상황에서 최명길(崔鳴吉)이 쓴 항서(降書)를 김상헌(金尙憲)이 찢어버리자, 최명길은 다시 그것을 주워가지고 청 태종에게 항복했다. 이때 율곡계의 망국 대신들의 하는 수작이 "열지자(裂之者)도 불가무(不可無)요 습지자(拾之者)도 불가무(不可無)"(*찢는 자도 있어야 하고, 줍는 자도 있어야 한다)라고 하였다.

장면 정권에서도 항서의 '열지자(裂之者)와 습지자(拾之者)'는 있었다.

(3) 경술(庚戌) 합병까지

계해(*1623년) 4·19의 최대 선물은 이완용(李完用)의 경술 매국(賣國)이었다.

원훈(元勳) 이괄, 심기원, 김자점 등의 당(黨)은 살륙을 당하고, 서인(西人)의 남은 원훈들은 끝까지 부귀를 누리다가 효종 조에 송우암(宋尤庵: *송시열)이 노론, 소론으로 분당(分黨)했다.

노론의 최종 영수인 이완용이 경술년에 대한제국을 일본에 팔아먹었다. 일제로부터 작위를 받은 매국적(賣國賊)은 노론 73인, 소론 3인(趙重應 등)을 포함해서 합계 78인이었다. 말하자면 '계해 4월 혁명'에 성공한 서인들이 결국 경술(庚戌) 매국(賣國)으로 끝을 본 것이다. 아! 계해(*1623년) 4월과 경술(*1910년) 8월, 역사의 바퀴는 돌아간다.

계해 혁명 후 3백년 억눌려 사는 동안 동인(東人)들은 억울한 피눈물을 뿌렸다. 억울한 죽음도 많았다. 한 가지 다행한 것은 이들 중 소북(小北人) 남상교(南尙敎)가 억울한 가슴을 부여안고 하나님 앞에 나와 예수를 믿었고, 남인(南人)인 상주(尙州) 사람 채제공(蔡濟恭)의 문하에서 이승훈(李昇薰), 정약용(丁若鏞) 등의 수재들이 예수를 믿어 이 나라에 예수의 복음이 들어오기 시작했다.

이 줄을 붙잡고 이승만이 예수를 믿고, 하나님의 이름으로 대한민국을 건국한 지 12년 만에 원흉으로 쫓겨나니, 이 또한 1960년 4월 혁명이다.

사람들아! 오늘의 득의양양(得意揚揚)도 잠깐 정지하고, 오늘 패배의 울음도 잠깐 정지하고, 역사의 심판대 앞으로 나오라. 조용히 서서 엄숙한 심판을 기다리라.

역사의 수레바퀴는 돌아간다. 하나님은 역사의 수레바퀴를 운전하고 계신다(에스겔 1장).

제 24장 김구 주석의 4·19와
이 박사의 4·19

1. 평양의 4·19는 남북협상

재(在) 중경(重慶) 대한민국 임시정부 주석 김구 씨는 1945년 11월 23일 개인 자격으로 귀국했다. 하지 중장이 임시정부 요인의 귀국을 불허하므로, 이 박사가 미군정에 교섭하여 개인 자격으로 입국을 허락받아, 요인들은 다 각각 개인 자격으로 입국했다.

김 주석은 입국 후 임정의 주권 하에 남북 통일정부를 세울 것을 주장하는 동시에 이남(以南) 만의 건국을 반대하고 남북협상(南北協商)을 우겼다.

이 박사는 이남만이라도 먼저 건국하자고 역설하는 동시에 미국에 가서 국무성을 움직였다. 그래서 1948년 1월에 UN대표단이 서울에 와서 남한만의 총선거를 실시하려는 단계에서, 김구 씨와 김규식 박사는 남북 통일정부안을 고집하여 남북협상의 길을 떠났다.

전(全) 국민의 반대는 물론, 남녀학생 3백여 명이 경교장(京橋莊)을 둘러싸고 도인권(都寅權) 목사가 김구 씨 곁에서 지켰다. 그러나 김구 씨는 도인권 씨가 잠든 틈을 타서 최창학(崔昌學) 씨의 집(*경교장) 뒷문으로 빠져 나갔다.

1948년 4월 17일 일행이 월북하여 4월 19일부터 김일성과 남북협상하고 돌아왔다. 김 주석은 귀남(歸南) 후에도 여전히 남한만의 선거를 거부했다.

2. 양군 철퇴와 6 · 25동란

김구 씨는 평양에서 5월 5일 귀경하여 5 · 10선거를 끝내 반대했다. 1948년 8월에 대한민국 정부가 성립되고 15일 미군정은 폐지되었다.

9월 19일 김구 주석은 유엔한국위원회에 "미 · 소 양군은 철퇴하라"는 메시지를 보내고, 11월 2일에는 "미 · 소 양군(兩軍)은 철퇴하고 남북통일정부를 수립하자"는 담화를 발표했다. '양군철퇴', '통일정부' 이것이 바로 남북협상의 골자요, 남북협상의 실행이다.

이것은 본래 공산측의 주장이다. 소련군은 두만강만 건너가면 되지만 미군은 태평양을 건너가야 되니, 결국은 미군만의 철퇴인 것이다. 이 주장은 대한민국을 부인하는 동시에 공산측의 주장을 따르자는 것이다.

김 주석의 주장대로 양군은 철퇴했다. 이것이 남북협상의 결과이다. 소련군은 군복을 갈아입었고, 미군은 태평양을 건너갔다. 10월 20일에는 여순반란 사건이 일어났다. 그러면 남북통일은 어떻게 되는 것이냐? 이 남까지 적화(赤化)될 수밖에 없다.

미 · 소 양군 철퇴의 결과, 남북통일을 위한 적군(赤軍)이 6월 25일 남침해 왔다. 아! 유혈 참극의 6 · 25.

1960년 4월 19일 데모에 이승만은 쫓겨 가고, 김구 주석은 사후(死後) 추존(追尊). '평양 4 · 19'의 김구 주석은 건국의 원훈(元勳)이 되고, '서울 4 ·

19'의 이승만은 건국의 원흉(元兇)이 되었다. 이 역사는 백 년이 지나기 전에는 설명이 되지 아니한다.

3. 시라가와(白川) 대장과 도산 선생을 바꾸다

김구 씨는 일찍이 왜적을 죽이는 테러로 나라의 원수(國讐)를 갚고 세계적 명성을 날렸다. 그 중에도 일본 군벌 시라가와(白川) 대장 암살이 유명했다.

나는 일찍이 중국 천진(天津) 교회 집회 때 도산(*안창호) 선생의 비서라기보다 자제(子弟)라고 할 만한 선우혁(鮮于爀: *평북 정주 출신, 임시정부 교통차장) 목사와 일주일 간 숙식을 같이 한 일이 있다. 그때 나는 선우 목사에게 "시라가와(白川) 대장 암살 전에 도산 선생이 왜 피신하지 않고 일제에게 체포되었습니까?" 하고 물었다.

선우혁 씨의 대답은, "시라가와 암살 사건은 사전에 연락이 없었기 때문에 안창호 선생이 피하지 못하고, 이유필(李裕弼) 씨 아들에게 학비를 주러 갔다가 그 자리에서 체포되었습니다"라고 했다. 김구 주석 편에서는 도산에게 "피신하라"는 통지를 보냈으나 안창호 선생이 보지 못한 것이라고 한다. 국운(國運)이 불행했던 것이다.

아! 도산 선생과 시라가와를 맞바꾸었구나!

시라가와와 함께 폭탄을 맞아 한쪽 다리가 떨어져나간 우에무라(植村) 대장이 만주국 최고 고문으로 있으면서 재만(在滿) 수백만 교포에게 학정(虐政)으로 보복했으니, 시라가와 하나를 잡고 막대한 민족적 대가를 지불했다. 그러나 나라의 원수(國讐)를 갚은 것은 의거(義擧)이지 이해 문제가 아니다.

4. 성삼문(成三間)과 김구 주석

김구 주석이 1948년 4월 19일 38선을 넘어 평양으로 갈 때, 나는 4월 17일 평양에서 38선을 넘어 서울로 왔다.

피난민 신세로 6월에 셋방 집을 구하려고 노량진에 갔더니, 노량진 교회에서 김구 주석 환영회가 열리고 있었다. 나는 그 자리에서 김구 주석에게 인사를 드렸으나 답례가 없었다. 좀 무안했지만 말석에서 잘 얻어먹었다. 곁에 앉은 귀빈에게 "김구 주석이 사육신(死六臣) 무덤에 참배 오신 것이라"는 말을 듣고 나는 불안한 '역사의 흉감(凶感)'을 느꼈다.

'역사의 흉감'이란 무엇인가?『백범일지』를 보니 "백범의 조상은 김자점(金自點)의 아우로, 김자점이 멸족지화(滅族之禍)를 당할 때 해주에 피신했다"고 기록되어 있었다. 김자점은 김질(金礩)의 고손이니 김구 씨의 피난 조상도 역시 김질의 고손이다. 김구 주석은 김질의 후손이다.

김질은 개국공신 안동(安東) 김사형(金士衡)의 증손이자 성삼문의 학우(學友)로서, 세조를 죽이고 단종을 복위하자는 밀모(密謀)에 동참했다. 그런데 김질은 거사 당일에 성삼문의 의거 사실을 세조에게 고발해서 사육신(死六臣)은 당장 멸족지화를 당했다.

김질은 그 공으로 자손까지 부귀를 누렸다. 그 고손(高孫)인 김자점이 '계해(*1623년) 4·19반정' 총참모로 부귀를 다 누렸지만, 그것에도 만족하지 않고 또 다시 효종대왕을 몰아내고 숭선군(崇善君)을 갈아세우려고 제2 혁명을 꾀하다가 멸족지화를 당했다. 그런데 김질의 흉악한 행위에 대한 역사의 심판은 5대(代)만에 김자점에게 내려졌다.

1456년 7월에 김질이 성삼문을 모살했으나, 1651년에 김자점이 멸족당했다. 김구 주석은 1948년 6월에 성삼문의 묘소에 참배하고 6월 26일에 암살당하는 불행을 겪었다. 이게 역사의 흉감이다. 역사는 예언이다.

제 25 장 '로마의 3·15'와
'한국의 3·15'(로마史에서)

1. 패잔 영웅 폼페이의 동상

로마 나라 사람들은 로마의 4걸(傑)을 자랑한다. 4걸이란 폼페이, 시저, 안토니(Antony), 옥타비아누스 네 영웅이다. 민족의 자랑은 영웅이다.

폼페이는 로마가 혼란할 때 무장(武將)으로 일어나서 지중해의 해적을 소탕함으로써 국내를 평정하고 로마의 전(全) 병권을 잡았다. 그는 기원전 74년부터 남정북벌(南征北伐), 상승(常勝) 장군으로 기원전 61년에 절대(絶大)한 명예로 로마에 개선한 뒤 정권을 잡았다.

폼페이는 청년 위걸(偉傑) 줄리어스 시저와 손을 잡고 활동했다. 시저의 무훈(武勳)과 세력이 점점 더 커지자 두 영웅은 서로 대결하게 되었다. 현인(賢人) 키케로는 두 영웅들을 화해시키려고 중간에서 조정해 보았으나 실패하고 두 영웅은 마침내 파르살루스에서 최후의 결전을 벌이게 되었다.

폼페이는 무운(武運)이 다하여 패전 장군으로 이집트 왕 프톨레미에게 가서 구명(救命)을 청했다. 그러나 이집트 왕조는 시저의 후환이 두려워서 폼페이의 목을 잘라서 시저의 영문(營門)에 바쳤다. 대군인(大軍人)

시저도 패적(敗敵)의 피를 차마 똑바로 볼 수 없어 돌아앉아서 통곡했다. 그뿐 아니라 폼페이를 위하여 알렉산드리아에 큰 원주(圓柱) 석비를 세우고 거기에다 폼페이의 공적을 기록해 주었다.

장면 정권이 50만 환의 국비(國費)를 들여서 이승만 박사의 송수탑(頌壽塔)을 깎아 버린 것과 비교해 볼 때, 조선심(朝鮮心)과 로마심(心)은 비교가 안 된다. 그뿐만 아니라 시저는 로마 시가에 새워진 폼페이의 동상(銅像)을 보존하라고 엄명했고, 원로원에다 폼페이의 동상을 새로 세워주었다. 대(大)로마 제국은 총칼로 성립된 것이 아니라 이 관대한 로마심(心)의 산물이다.

3백만 환의 국비를 허비하여 이승만 박사의 동상을 부셔버린 장면 박사는 이 로마심 앞에서 창피해서 죽지(慙死) 않은 것만도 다행이다.

2. 3월 15일 시저의 피살

시저가 이집트에서 승전한 후 상품 궤짝 하나가 선물로 들어왔다. 궤짝을 열어보니 비단으로 싼 여자였다. 아! 천하절색 클레오파트라였다. 그는 이집트 왕 프톨레미의 누이로서 정쟁(政爭)으로 쫓겨났던 것이다. 그는 절색일 뿐만 아니라 철학, 문학, 법률, 정치, 군사학에 통하고 4개국의 외국어를 말하는 절세의 천재(絕才)였다.

당대 영웅 시저도 절색(絕色), 절재(絕才) 클레오파트라에게는 녹았다. 그래서 그녀의 청대로 프톨레미 왕을 몰아내고 그를 이집트 왕으로 세워주었다. 시저는 세상만사를 잊어버리고 이집트 왕궁의 신선이 되어 시저리오란 왕자까지 낳게 되었다.

본국의 급한 소식을 받고 시저는 로마로 개선했다. 로마에 네 번 개선했는데 제1회에는 갈리아 승전, 제2회 이집트 평정, 제3회 소아시아 토벌, 제4회 소아시아와 아프리카 평정의 개선식이었다. 이 개선식에는 왕후장상이 낀 10여만 포로와 많은 전리품을 앞세우고 수일 동안 시가행진을 하였다. 한 상(床)에 3인이 앉는 식탁 2만2천 대에 진수성찬이 벌어졌다. 시저가 로마요, 로마가 시저였다.

그의 부하 안토니의 주선으로 기원전 44년 3월 15일 원로원에서는 황제에 즉위하는 시저의 대관식이 거행되게 되었다. 당대 영웅도 너무 흥분되어 잘 자지도 못하고 밤새도록 흉한 꿈만 꾸고 15일 원로원에 들어가는데, 웬 예언자가 "위험하다! 3월 15일!"이라고 소리쳤다. 시저는 불쾌한 마음으로 원로원의 높은 의자에 앉았다.

어찌 뜻하였으랴, 브루투스 등 40명의 자객이 달려들었다. 시저는 붓대로 칼을 막아내다가 사랑하던 브루투스를 보고는 "브루투스 너마저!" 하고는 폼페이의 동상 앞에 쓰러졌다. 폼페이의 동상은 눈을 부릅뜨고 "네 신세도!" 하고 내려다보았다.

안토니는 시저의 시체를 광장에 안치하고 조사(弔辭)를 말했다. 시저의 피 묻은 옷을 들고 말했다. "로마 시민 여러분! 시저의 피를 보시오. 로마를 위하여 여러분을 위하여…. 그 공적과 웅도(雄圖)를 보시라!"고 하고는 국민을 위한 유지(遺志)를 말했다. 그러자 국민들은 "브루투스를 죽여라"하고 들고 일어났다. 이날 안토니의 조사(弔辭)는 천고(千古)의 웅변이라고 한다.

브루투스 대(對) 안토니의 대결은 격렬했다. 빌립비 결전에서 브루투스가 자인(自刃: *자결)함으로써 안토니가 이겼다. 안토니는 패전 장군 브루투스의 시체를 최고의 장례로 모시어 그 어머니에게 돌려드렸다.

1960년 서울에서 3·15패자(敗者)를 짓밟던 조선심은 로마심을 배우라.

3. 옥타비아누스와 안토니와 클레오파트라

영웅을 대접하는 대(大)로마에는 또 한 사람의 청년 위걸(偉傑)이 나왔다. 시저의 조카 옥타비아누스다. 옥타비아누스는 무용(武勇)에 더하여 숙부 시저의 은감(殷鑑: *감계로 삼을 거울)을 가지고 출세하므로 과오가 적었다.

그래서 안토니는 옥타비아누스라는 만만치 않은 적과 맞서게 되었다. 안토니는 동방 경계(警戒) 중 이집트에서 클레오파트라에게 빠져서 이집트 궁중의 환락 속에 천하사(天下事)는 뒷전으로 밀려났다.

두 영웅은 악티움 결전에서 자웅(雌雄)을 겨루게 되었다. 여자에게 정력과 시간을 빼앗긴 안토니는 일패도지(一敗塗地: *여지없이 패함), 마지막으로 클레오파트라를 찾았다. 그녀가 신묘(神廟)에 숨어 보이지 않자 안토니는 그녀가 죽은 줄 알고 자결했다. 피가 흐르는 몸으로 신묘 안에 숨은 클레오파트라를 찾아 그 팔에 안겨서 절명했다.

옥타비아누스는 안토니의 시체를 붙들어 안고 일대 영웅의 말로(末路)를 통곡하면서 왕을 장사지내는 큰 예(大禮)로 장사지낼 때, 클레오파트라로 하여금 미망인의 예를 행하게 했다. 그리고 클레오파트라의 생명을 구하려고 매우 주의했지만, 클레오파트라는 마지막으로 안토니의 무덤에 입을 맞추고 돌아와서 목욕한 후 성장을 하고 옥타비아누스에게 최후 서찰을 보내었다. 그리고는 미리 구해둔 독사로 하여금 자기의 살을 물게 한 뒤 절명했다.

옥타비아누스는 곧 달려왔으나 여왕 클레오파트라는 이미 죽었고, 이집트는 로마의 영토가 되었다. 기원전 30년 옥타비아누스는 안토니의 7인 자녀 중 5인을 데려다가 자신의 가족과 같이 대우하고 부양했다. 로마의 무사도(武士道)가 어떠한가! 4·19에 나타난 조선심은 어떠한가?

기원전 27년 8월, 옥타비아누스는 아우구스투스(Augustus) 존호를 받았다. 그래서 8월을 '오거스트(August)'라고 부른다. 아우구스투스는 기원 14년에 죽었으니 예수가 12살 때 성전에 참례한 전후(前後)이다. 로마의 8월은 빛나건만 우리의 8·15 대통령의 영광은 땅에 떨어졌다.

4. 시저의 3·15와 이 박사의 3·15

로마의 3·15는 시저의 피살, 한국의 3·15는 이 대통령이 망한 날이다. 자유당에는 글공부하는 사람이 없는지, 하필 시저가 망한 날을 선거일로 택했단 말인가? 3·15는 같으나 그 결과는 다르다. 시저는 후계자가 있었으나 이 박사는 뒤가 끊어졌다. 로마의 3·15는 서로 서로 동상(銅像)을 세워 주었지만, 한국의 3·15는 동상을 꺾어 버렸다.

4·19때 학도들이 이 박사의 동상의 목을 매어서 똥 구루마에 달아가지고 종로로 행진하는 조선심(朝鮮心)을, 패자(敗者)의 동상을 세워준 로마심(心)과 비교해 볼 때, 한없이 슬프다. 학도들은 흥분해서 한 일이겠지만.

4·19 세 돌 기념으로『사상계』4월호에 이 박사의 동상을 끌고 다니는 사진을 싣고 2만자의 글로 욕을 해댄 것을 보았다. 소위 이 민족의 사상을 지도한다는『사상계』의 가혹함에는 숨이 막힌다. 한 마디 말 밖에 나오지 않는다. "내 자손들아! 너희는 제 대통령의 목을 매어 끌고 다니지 말고 브라질에나(*이민이나) 가거라."

제 26장   미국의 4 · 19와
한국의 4 · 19(미국 남북전쟁사)

1. 아브라함 링컨

아브라함 링컨은 1809년 2월 켄터키 주 빈곤한 가정에서 출생하여 8세에 인디아나 주 스펜서 군(郡) 산골로 이사했다. 토막나무로 짠 집에서 어머니에게 신구약 성경을 배웠고, 이솝 이야기, 『천로역정(天路歷程)』을 읽었고, 전기류(傳記類) 등 독서로 사상과 지식을 더하였다. 그리하여 일리노이 주 의회의원, 변호사가 되어 가난한 사람들의 소송을 잘 보아 주었다. 인자하고 정직하여 사람들은 그를 '정직한 아브라함'이라고 불렀다.

1860년 공화당 출신 대통령에 당선되니, 사람들은 당시 부패한 정계를 쇄신할 것으로 기대했다. 특히 링컨은 노예제도를 반대했다. 링컨은 1861년 3월 4일 부캐년 대통령의 후임으로 취임하여 흑인 노예 문제를 평화적으로 해결하기에 힘써 보았으나 아무 효과를 보지 못했다.

4월 12일 오후 4시 남부군의 보가드 장군이 지키고 있던 섬터(Sumter) 요새를 공격함으로써 남북전쟁의 화개(火盖)를 열었다. 남부군은 리(R.E. Lee) 장군, 북군은 그란트(Ulysses. S. Grant) 장군의 양진(兩陣)으로 대전하였다.

미국은 1776년 독립한 이후 국운이 강성하였으나 남북간의 관계는 그리 순탄치 못하였다. 남방은 농업지대이고 북방은 상업지대이며, 남방은 공화정치를 주장하는 민주당 세력이 크고 북방은 공화당 중심 지대로 중앙집권제를 주장하였다. 그런데 농업의 남방은 흑인노예를 부리는 데 반하여, 북방은 노예제도를 반대했다. 그러나 노예상들은 북방에 많았다.

2. 남북전쟁

1852년 3월 20일 해리에트 비처 스토우(Harriet Beecher Stowe) 부인은 『엉클 톰스 캐빈(*Uncle Tom's Cabin*)』, 곧 『검둥이의 설음』이란 책자를 발행했다. 이 책을 읽는 사람들은 울지 않을 수 없었다. 이 책은 또 영화로 상영되어 전 미국인에게 큰 감동을 주었다. 이리하여 노예해방 운동이 불길같이 일어나서 개리슨(William. L. Garrison) 같은 노예해방 운동가가 일어났다.

스토우 부인은 독실한 기독교 가정에서 생장하여 칼빈 E. 스토우 목사에게 출가하였다. 매형(妹兄)으로부터 "네 글재주로 검둥이를 위하여 글을 쓰라"는 편지를 받고, 어느 주일 성찬 예식에 참여하여 감동을 받고, "쓰오리다. 쓰오리다. 불쌍한 검둥이를 구출하기 위하여 나의 심혈을 기울여 쓰오리다"하고 회답하고 써낸 것이 『엉클 톰스 캐빈』이었다.

이 책은 백만 독자를 울리어, 흑인노예를 해방하는 데 그란트 장군의 100만 군대의 무력보다 더 컸다고 한다.

노예제도 문제의 충돌로 남방은 제퍼슨 데이비스(Jefferson F. Davis)를 대통령으로 세우고 북방에 항전했다. 이리하여 남 · 북군 사이에 맹렬한

전쟁이 4년간 계속되었다. 처음에는 남군이 승승(乘勝)하였으나 차차 북
군이 이기게 되었다. 북군은 1865년 4월 9일 남방정부 수도 리치몬드 성
(城)에 입성했다.

　　북군 동원병수 285만 9,332인에 사상 50만.
　　남군 동원병수 227만 8,504인에 사상 36만.

　400만의 흑인노예를 해방시키기 위하여 남 · 북군 513만 군이 4년간
싸웠고 85만 명의 사상자를 냈다.

3. 링컨의 피살

　남북전쟁은 1861년 4월 12일 시작하여 1865년 4월 9일 종전했다. 전
쟁을 끝낸 링컨은 4월 14일 밤 동부인 해서 워싱턴포트 극장에 구경을
갔다가 남방인 존 윌키스 부스(John Wilkes Booth)란 배우에게 저격을 당
하여 죽고, 4월 19일 전 북방 국민들이 애도하는 중에 스프링필드에 장
사지냈다. 미국의 4 · 19는 아브라함 링컨 대통령을 매장한 날이고, 한국
의 4 · 19는 이승만 대통령을 매장한 날이다.

　그러나 미국의 4 · 19와 한국의 4 · 19는 뒷수습이 다르다. 미국은 4 ·
19 후에 이긴 북방에서 패한 남방을 물심양면으로 도와서 전재(戰災)를
복구시켜 주었다. 북방은 남방에 대하여 흉한(兇漢) 부스(Booth)만 총살하
고 다른 사람은 한 사람도 보복하지 않았다.

　남방 대통령 데이비스를 역적이나 원흉으로 취급하지 않았고, 그가
사무를 보던 집까지 보관하여 기념관을 만들었다. 남방 총사령관 리(Lee)

장군이 말을 타고 전장에 나가는 동상을 만들어 세우고 전 국민이 존경한다. 미국의 민주주의는 이러하다. 그러므로 미국은 그 큰 나라가 4년 간이나 전쟁했건만 갈리지 않고 한 나라로 부흥하고 있다.

조선의 4·19는 미국과 다르다. 이 대통령의 동상을 끌어내리고, 그 비석을 깎아 내고, 사람은 원흉으로 쫓아 버렸다. 미국의 4·19와는 천양지차(天壤之差)가 있다. 미국의 하이칼라만 배우지 말고 그 관대한 마음도 본받으라.

제 27장   프로테스탄트의 4 · 19

1. 독일 프로테스탄트의 4 · 19

1517년 11월 1일 루터의 종교개혁 후 독일 신·구교의 싸움은 맹렬했다. 1526년 스파이엘에 모인 독일 국회에는 신교(新敎) 측 의원이 다수였기 때문에, "교회 문제는 각 제후(諸侯)가 임의 결정할 수 있다"는 등 신교 측에 유리한 결정을 지었다.

그 결과 루터파가 각처에서 크게 발전하자, 구교(舊敎)측에서 묵과하지 않았다. 그동안 윗덴버그 근방에서 신교 측 농민폭동이 일어나서 15만 인이나 사망하게 되어 신교 측의 형세가 자못 불리해졌다.

1529년 제2회 스파이엘 국회가 모였을 때에는 카톨릭 측 의원이 다수였기 때문에 제1회 스파이엘 회의의 결정을 뒤집어엎었다. 신교 측에서는 이 불리한 결의에 대하여 어쩔 수 없이 4월 19일 항의를 제기했다. 항의란 말이 '프로테스탄트(Protestant)'이다. 그래서 1529년의 4 · 19부터 신교를 프로테스탄트라고 부르게 되었다.

2. 한국은 가톨릭의 4·19

그런데 한국의 4·19는 독일의 4·19와 반대로 신교(新敎) 인들이 신교 인들의 정부(*이승만 정부)를 타도하고 카톨릭 정권(*장면 정권)을 업고 나와서 국가와 신교(新敎)에 손해만 주고 망했다. 이는 당연한 인과(因果)라 하겠다.

이 박사는 모처럼 형무소의 형목(刑牧) 제도와 국군에 군목(軍牧) 제도를 창설했다. 이 박사는 쫓겨난 뒤에도 모(某) 목사를 보고, "형무소 전도와 국군 전도에 힘쓰라"고 부탁했다. 그런데 가톨릭 정권은 들어서자마자 형목 제도와 군목 제도를 흔드는 등 신교와 맞섰다.

이 정권에 치명적 타격을 준 것은 고대의 4·18 데모였다. 고대의 데모는 누가 지도했느냐?

제주도 출신 모(某) 목사의 가정에 그 어머니가 고대 학생인 아들을 향하여, "각처에서 학생 데모가 일어나고 있는데 너는 이런 날 용기가 없느냐?"고 훈계했다. 그 학생은 어머니의 훈계를 받고 학교에 가서 데모대의 선봉이 되었다.

이렇게 이 정권을 타도한 뒤 그 어머니는 제주도에 내려가서 민의원에 출마했으나, 도민(島民)들이 그의 숨은 공을 몰라주어 낙선했다.

어디 그뿐인가, 그 목사가 가지고 있는 서대문구 광장(廣場)에는 데모 난민(亂民)들이 몰려들어서 집들을 지었다. 그러나 장면 정권은 그의 공을 알면서도 그 토지를 찾아줄 능력이 없었다. 신교 목사여! 아들을 내세워서 소득이 무엇이었던고?

신교 지도자 중에는 교회를 이용해서 독립운동을 하고, 교회를 이용해서 정치운동을 하고, 교회를 이용해서 가톨릭 주구(走狗) 노릇하는 배

은망덕한 자들이 없지 않다. 가톨릭 정권을 업고 나와서 나라를 그르쳤
고 신교에 손해를 끼쳤다. 또 다시 교회를 이용하려는가?

  슬프다, 4 · 19여! 1560년 4월 19일에 신교의 대지도자 멜란히톤
(Philipp Melanchton)이 서거했느니라.

제 28장   영국 혁명의 전례

1. 크롬웰은 원흉이냐, 영웅이냐?

영국의 황금시대인 엘리자베스 여왕조(女王朝)가 지나가고 제임스 1세가 1603년에 즉위하여, 왕권신수설(王權神授說)을 주장하여 의회를 해산하고 인민을 억압하였다. 그 아들 찰스1세가 1625년에 계승하여 전대(前代)의 학정을 계속했다.

이때에 로드 대감독은 왕권에 아부하여 신앙의 자유까지 억압하였다. 참 신자들이 이에 반항하여 일어나니, 이것이 퓨리턴(Puritan), 즉 청교도(淸敎徒) 운동이다. 그래서 의회군(議會軍)과 청교도군(淸敎徒軍)이 합세하여 왕의 정부군과 싸웠으나, 도무지 승산이 없었다.

이 시세를 타고 일어난 영웅이 올리버 크롬웰(Oliver Cromwell: 1599~1658년)이다. 그는 헌팅턴에서 출생하여 캠브리지 대학에서 수학하고, 캠브리지에서 대의사(代議士)로 선출되었다.

그는 농촌의 신앙이 철저한 청년들을 훈련하여 철기군(鐵騎軍)을 조직했다. 그 군대는 가슴에는 성서(聖書)를 품고 입으로는 찬송을 부르면서 진군하여 도처에서 승전하였다. 상승장군 크롬웰은 1649년 1월 29일 찰스 1세를 사형에 처하고 호국경(護國卿)이 되었다.

그의 권력이 절정에 달했을 때 사람들이 그에게 왕위에 오르기를 청했으나 1657년 5월에 이를 거절했다. 그는 1658년 9월 3일 사거(死去)하여 11월 23일 그 전에 없었던 성대한 장례식을 거행했다.

그가 죽은 후 영국인들은 찰스2세를 영립하여 왕정으로 복귀하니, 새 왕은 자기 아버지 찰스 1세의 원수를 갚고자 1661년 6월 30일 크롬웰의 시체를 파내어 불살라 버렸다.

크롬웰은 5월에 왕위를 거절했고, 이승만 박사는 5월 29일에 망명했다.

2. 문호 칼라일의 크롬웰 전기

크롬웰의 시체가 불에 타자 사람들은 그를 가리켜 '학살자', '찬탈자', '광신자'라고 욕을 했다.

크롬웰이 죽은 후 200년만에 칼라일(Thomas Carlyle: 1795~1881년)이 크롬웰의 전기를 썼다. 전기란 별 것이 아니고 크롬웰의 연설 원고와 서간문을 수집한 것이었다.

이 전기가 나가자 영국 인심은 돌연 일변하여 원흉 크롬웰은 사후 200년 만에 위인(偉人)으로 되살아났다. 사람들은 크롬웰을 '대(大)정치가', '애국자', '현인', '의인', '종교적 통치자'로 존칭하게 되었다.

그는 참으로 당대의 대(大)인물이었고 영국 역사상의 대인물이었다. "나는 안다. 하나님은 모든 악평(惡評) 이상에 계시니 그때에 나를 나타내 주실 것이다"고 그는 예언했던 것이다.

영국은 위대하다. 자기의 영웅을 영구히 매장하지 않고 다시 살려내어 위인으로 모시기 때문이다.

한국에는 원흉은 있으나 칼라일이 없다. 이 땅에는 원흉은 날 수 있으나 영웅이 날 수 없으니, 내 이를 슬퍼한다. 영웅일 수 있는 이승만 박사를 우리는 원흉으로 만들고 말았다.

『크롬웰 전기』가 한글판으로 번역될 가망이 없으니, 제 영웅을 살릴 문장을 기다릴 가망도 없다. 칼라일의 『프랑스 혁명사』도 번역되지 못한 한국에서 혁명을 논(論)함도 부질없다. 칼라일의 『영웅숭배론』도 번역되지 못한 이 나라에서 민족의 영웅을 말할 수는 없다. 아예 말을 하지 말라, 아, 말하지도 말라(莫說, 嗟莫說) 영웅을!

3. 밀턴의 실락원

세계적 대문호 존 밀턴(John Milton)이 크롬웰의 비서였다는 것을 보아도 크롬웰이 어떤 인물인지를 짐작할 것 아닌가. 찰스 1세가 처형될 때 왕궁시인(王宮詩人) 다베난트(Sir William Davenant)가 원흉의 사형장으로 끌려 나가게 되자, 크롬웰의 비서 밀턴은 전력을 다하여 시인 다베난트를 살려내었다.

그 후 12년 만에 정국은 다시 뒤집혀서 원흉 크롬웰의 시체가 불타게 되니, 이제는 그의 비서인 밀턴이 원흉의 사형장으로 끌려 나가게 되었다. 이번에는 전일(前日)의 원흉 다베난트가 전력을 다하여 금일(今日)의 원흉 밀턴을 살려내었다.

원흉 밀턴은 천만다행으로 살아나기는 했으나 불행히도 소경이 되었다. 소경 밀턴은 시(詩)로 노래하였다. 아! 천래(天來)의 시, 만고불후(萬古不朽)의 걸작 『실락원(失樂園)』이 그것이다.

헬라의 신을 노래하는 호머(Homer)의 시는 상고(上古)를 대표하고, 가톨릭의 신앙을 노래하는 단테의 『신곡(神曲)』은 중고(中古)를 대표하고, 신교의 신앙을 찬미하는 밀턴의 『실락원』은 근고(近古)를 대표한다. 이 3편은 상하(上下) 천고(千古) 불멸의 걸작들이다. 심령(心靈)은 곡보(曲譜), 우주는 피아노, 신운천곡(神韻天曲) 천상천하에 들리도다.

원흉이라고 다 잡아 죽였으면 『실락원』의 영음(靈音)은 들어볼 수 없었을 것이다. 사람을 살리는 영국은 복되도다. 아! 조선의 서울에서는 원흉 처단하라는 데모 소리만 들려온다.

제 29장   프랑스 혁명사의 전례

1. 혁명의 원인(遠因)

혁명이라고 하면 누구나 먼저 프랑스 혁명을 생각한다. 혁명사라고
하면 영국 문호 칼라일의 『프랑스 혁명사』가 첫째다. 우리는 프랑스 혁
명사의 전례(前例)를 가지고 잘 된 것과 잘 못된 것을 배우고자 한다.

프랑스 혁명은 왜 일어났던가?

종교개혁 시대 프랑스에서는 신·구교 양파의 싸움이 맹렬하였다. 부
르봉 왕가는 구교(舊敎)편이오, 나바르 왕가는 위그노 신교(新敎)편이었
다. 신·구교의 싸움을 중화(中和)한다는 구실로 부르봉 왕가 샤를 9세의
누이 마가렛과 나바르 왕 앙리가 정략적 혼인을 약속함으로써 전쟁은 일
단 중지되었다.

1572년 8월 18일 파리 궁정에서 이 혼례식을 거행하기 위해 신교편의
두령(頭領) 콜리니 장군 이하 문무 요인 다수가 앙리 왕을 모시고 파리에
입성했다. 궁중에서는 축하의 혼연(婚宴)이 연일연야 벌어졌다.

그러나 샤를 9세의 모후(母后) 카타리나는 성(聖) 바돌로매 제일(祭日)
인 8월 24일 새벽 3시 천주교당 종소리를 신호로 이들 신교 지도자와 교
인들을 학살하기로 음모를 꾸몄다.

피의 8월 24일은 왔다. 새벽 1시에 각 천주교당에서 종소리가 울리자, 악마의 떼는 총칼로 신교도들을 학살하기 시작하여 10여만 교인을 죽였다. 이 참혹한 피는 프랑스 전국에서 흘렀다. 로마 바티칸 교황청을 비롯하여 각국 천주교당에서는 축하의 종소리가 울렸다. 이것이 역사에서 '성(聖) 바돌로메 제일(祭日)의 학살'이라고 일컫는 구교 악(惡)의 기념일이다. 이 무서운 가톨릭의 악독한 짓에 대하여 영국 사람들은 상복(喪服)을 입었다.

프랑스에서 이 신교도들은 양심분자이자 정예분자들로서 과학, 학문, 기술의 각 직장에 가장 우수한 국민들이었다. 이 대학살 때문에 프랑스에서는 없어서는 안 될 사람들이 많이 죽었다. 살아남은 사람들은 외국으로 탈출했다.

프랑스의 이 수난(受難) 교인들을 영국에서 받아들임으로써 프랑스의 과학은 영국으로 옮겨갔다. 당시 독일의 베를린은 중소도시에 불과했으나, 프랑스 피난민을 받아들여서 프랑스의 문화와 기술을 독일로 옮겼다. 이리하여 라틴족의 세계 지도권(指導權), 즉 구교국(舊敎國)의 문화의 왕좌는 북진(北進)해서 영국과 독일로 옮겨가게 되었다.

1572년 8월 24일의 신교도 학살, 1793년 1월 21일 루이 16세의 처형으로 역사는 222년 만에 재판(裁判)했다. 2백년 전 위그노(프랑스 신교도)의 피를 2백년 후 혁명의 피로 흰 눈에 뿌렸다. 오늘의 피는 명일(明日)의 피!

2. 프랑스 혁명 사략(史略)

쉴리는 "세계사는 재판관이다"라고 말했다. 신교도 대학살을 감행한 프랑스 왕권(王權)과 가톨릭 교권(敎權)은 야합하여 신교도에 임(臨)하던 잔학으로 또 인민에게 임(臨)하였다. 억누르고 빼앗고 부패하고 횡포했다. 정·교 두 권력이 횡포를 부리는 중에 괴상한 두 인물이 나타났다.

하나는 루이 14세란 임금이니, "짐이 곧 국가다"고 자만하는 권력의 화신이다.

또 한 사람은 기교(奇巧)한 문인(文人) 루소다. 그는 선량한 감화를 못 받은 귀재(鬼才)로, 자유 사상, 반항, 혁명을 고취했다. 정·교 양(兩) 권력에 민감한 프랑스 사람들은 이 기교한 문사(文士)의 독주(毒酒)에 취해버렸다.

권력주의에 대항한 반항사상이 폭발점에 이르러 마침내 1789년에 저 유명한 프랑스 혁명이 일어났다. 5월에 베르사이유에서 귀족, 신부, 평민의 3부회의를 열었으나, 귀족과 신부는 야욕(野慾) 그대로였다. 백성은 더 한층 반항의 기세를 올리어 7월 14일 바스티유 감옥을 깨뜨리고 무기를 잡고 일어나, 8월에 '인권선언(人權宣言)'을 선포했다.

이리하여 갑당·을당이 서로 물고 찢다가, 과격파가 집권해서 왕을 사형에 처했다. 입헌(立憲) 군주국가를 세운다던 혁명은 임금을 죽여 버렸다. 그래서 질서는 무너지고 경제는 파멸되었다. 서로 치고 서로 죽였다. 아침에 권력자가 저녁에 목이 떨어지는 공포정치 시대였다. 1793~94년 혁명재판소에서 매일 내려지는 사형선고는 누구의 차례인지 알지 못해서 사람들마다 떨었다. 피와 피는 날이 갈수록 더 흐르고, 혁명 전(前)보다 몇 배 더한 고통이었다.

놀랑 부인은 울었다. "오! 자유여! 그대 이름으로 얼마나 많은 죄악을 저지르고 있는가!"

내란이 일어나면 외적(外敵)이 침입하는 것은 정한 일이다. 영국, 오스트리아, 프러시아 등 열국이 보채니, 프랑스는 국민 개병제(皆兵制)를 세워 군병을 모으고 대외적으로도 싸워야 했다. 싸우려니 강력한 군인

통솔자가 필요했다. 이 시기를 타고 나온 영웅이 바로 나폴레옹이다. 국내에서 동포상잔(同胞相殘)의 피를 흘리던 프랑스 사람들은 이제부터 나폴레옹의 말 궁둥이를 따라다니면서 전장(戰場)에서 간뇌(肝腦)를 쏟게 되었다. 혁명은 피다.

영국 사람들은 프랑스 사람들과 같이 피를 보지 않고 총칼의 혁명 대신 요한 웨슬레(John Wesley: 1703~1791년)의 종교부흥으로 혁명의 고개를 넘었다.

3. 단두대 위의 청년 제왕

혁명이라면 프랑스 혁명이 정점(頂點)이고, 루이 16세 왕의 처형이 비참함의 정점이었다.

처형받을 루이 16세 왕은 가족 동반으로 성당 탑(塔) 속에 6개월 동안 유폐된 몸으로 혁명재판을 기다렸다. 1793년 1월 15일 국민의회 의원 717표 중 424표로 사형 판결이 내려졌다. 전일(前日) 왕의 신임을 받던 사람들이 부표(否票)를 던져 주었으면 사형은 면했으련만, 믿지 못할 것은 역시 인심이다.

1793년 1월 21일 아침 8시, 수운(愁雲)이 뜨고 비풍(悲風)이 쌀쌀한데 사형장에 끌려 나가려는 왕의 왼손에는 왕자, 왕녀가 매달려 울고, 오른손에는 왕비, 왕의 누이(妹)가 매달려 흐느끼면서 왕을 놓아주지 못했다. 왕은 그들을 어루만지면서 험악한 세상 잠시 후에 하나님 앞에서 다시 만나자고 위로한 후 가족을 성당 탑 안에 남겨두고 사형장을 향하였다.

두 시간 동안 가는 길에 구약 시편을 외우면서 사형장에 도착한 왕은 신부의 부축을 받으면서 단두대에 올라서서,

"나는 프랑스 국민에게 죄가 없다. 이 단두대에 올라올 죄가 없다." "그러나 나는 나를 죽이는 적을 원망하지 않는다." "하나님이여, 내가 흘리는 피 때문에 내 나라에 화(禍)를 내리지 마시옵소서!"라고 기도했다.

기도하는 중에 왕의 머리는 땅에 떨어졌다. 베르사이유 궁중의 부귀영화, 단두대 위의 이슬이로다. 1793년 1월 21일 오전 10시 30분, 왕은 아직 39세!

형리(刑吏) 산손은 피 흐르는 루이16세의 머리를 높이 들고 콩코드 광장에 인산인해(人山人海)로 모여든 사람들을 향해 "반역자의 최후를 보라"고 세 바퀴를 돌면서 보여주었다. 그런 뒤에야 프랑스 국민들은 통쾌하게 자유 만세를 부르면서 헤어졌다. 그 중에는 애달프게 우는 사람들도 적지 않았더니라.(『프랑스 혁명사』에서)

혁명은 이러하다. 한국 사람들도 건국 노인(建國老人)의 피를 보고서야 만족하려고 하는가!

러시아 니콜라이2세는 유대인의 총알 27방에 죽어 재가 되었으나, 그래도 루이16세는 본토에 묻히었다. 이완용의 백골을 모시고 사는 이 나라의 언론인들은 건국 노인의 백골까지 거부하려고 한다.

4. 세계 운전대에서 떨어진 프랑스

피에 취한 프랑스 사람들은 왕을 죽인 뒤에 지롱드당(Girondins)과 자코뱅당(Jacobins)이 서로 물고 찢어 서로 죽이니, 제 임금의 피를 보고 열광하던 군중의 다수가 당파 싸움에 참살되었다.

나라에 머리가 없이는 동족 유혈을 금할 수 없는지라, 프랑스 혁명은 나폴레옹의 제정(帝政) 독재로 또 다시 뒤집혀 버렸다.

나폴레옹은 남정북벌(南征北伐), 동패서승(東敗西勝). 해마다 전쟁이었다. 그래서 제 임금의 피를 보고 열광하던 군중과 그들의 아들들은 워털루(Waterloo) 전장(戰場)을 최후로 나폴레옹 행군(行軍) 도처에서 시체로 쓰러졌다. 모스크바에 침입했던 백만 대군은 수만 명만이 생환했을 뿐, 모두 북국(北國)의 설원(雪原)에 매장되었다. 아! 루이16세의 피!

이리하여 라틴 민족의 정기는 쇠모하고 국력은 피폐한지라, 프랑스는 세계 제패(制覇)의 운전대에서 내려앉고, 그 대신에 영국이 세계주도권의 핸들을 잡게 되었다. 프랑스어는 국제어에서 강등하고 영어가 대신 국제어로 등장하였다. 구교의 세계 지도권을 신교가 교대한 것이다.

이것이 프랑스 혁명의 대가(代價)이다. 혁명이라면 프랑스 혁명이 정점이다. 그러나 혁명은 꽃과 같이 화려하지만 그 열매는 독초(毒草)와 같이 쓰다.

제 5 편
한국의 아사셀

이 박사는 자유당의 죄액을 걸머지고 갔다. 자유당은 천재일우 좋은 때 희세(稀世)의 위재(偉才)의 지도하에 조금만 잘 했으면 자기도 나라도 잘 되었을 것을, 부정으로 나라를 그르쳤다. 이 박사는 자유당의 죄액을 걸머지고 갔다.

이 박사는 민주당의 죄액까지 지고 갔다. 민주당에서 유시태(柳時泰)의 총질로 시작해서 마침내 원흉을 만들어 내쫓았다. 그리고도 도산·인촌 양계(兩系)의 당파싸움으로 나라는 옥질러 버렸다. 이 박사는 민주당의 모든 죄액을, 도산·인촌 양계의 모든 죄액을 걸머지고 갔다.

이 박사는 신문(新聞)들의 죄액을 걸머지고 갔다. 이 나라의 신문은 전시(戰時) 정치에 조금도 협력하지 아니하고 사사건건(事事件件) 날이면 날마다(日復日) 정부를 해치는 기사로 매상고만 올렸다. 국민의 한 사람이 조국에 와서 죽겠다는 최후의 지원(至願)까지 극한(極限) 거절하는 신문의 횡포는 이 민족성에 끼치는 해독이 심각하다. 그러나 이 박사는 신문의 죄액을 걸머지고 갔다.

이 박사는 국민의 죄액을 걸머지고 갔다. 한국인은 4천년만의 첫 민주국(民主國)에 태어나서 국민의 본분을 지키지 아니하고 모리간상, 도벌(盜伐), 사기, 당파싸움, 밀수, 밀주(密酒) 등 온갖 죄악을 저질렀다. 이 박사는 이완용의 백골은 모시면서 당신의 백골은 거절하는 인촌(仁村)의 신문(*동아일보)과 민족의 죄액을 걸머지고 갔다.

제 30장   근대 건국 위인들과 이승만 박사

1. 터키 건국자 케말 파샤와 이승만 박사

(1) 터키의 종신 대통령

알렌 씨는 자기 글에서 "이 박사는 잘했으면 터키의 케말 아타투르크가 될 수 있을 것이다"고 평했다. 케말 파샤(Mustafa Kemal Atatürk)는 1879년에 태어나서 터키의 건국 대통령이 되었다.

터키(Turk)는 '돌궐(突厥)'의 음(音)이다. 돌궐은 중국 북변의 흉노족(匈奴族)으로 원(元) 세조(世祖) 홀필열(忽必烈: *쿠빌라이)이 서정(西征)할 때에 중동지역에 떨어져서 아랍 족속과 혼혈된 민족이다. 종교는 회회교(回回敎: *이슬람교)다. 회회교는 아브라함의 서자(庶子) 이스마엘(Ishmael)의 종교로서, 신약성서는 없고 구약성서와 마호메트의 코란(Koran) 경(經)을 가진 독재 종교이다. 국체(國體)는 회회교주(回回敎主), 곧 황제로 역대 군주 독재정치요, 부패한 반개명국(半開明國)이다.

케말은 터키의 청년장교로서 혁명운동을 시작했다. 제1차 대전 때 독일편에서 싸우다가 케말은 영·미편으로 전환했다. 역전(歷戰)에 무훈이 많았기 때문에 상승장군 케말은 대전 후에 정권을 잡게 되었다. 1922년

3월 16일 케말은 전(前) 왕조를 폐지하고 제1대 대통령이자 종신(終身) 대통령의 특권을 받았다. 그래서 폭군 이상의 독재자로 신흥 터키에 군림했다. 터키의 국정(國情)은 독재 아니고는 할 수가 없었다.

(2) 서향(西向) 노선

첫째, 국가의 노선을 동향(東向)으로 할 것이냐 서향(西向)으로 할 것이냐를 놓고 케말은, "우리는 동향한 이란과 같이 망할 것이 아니라 서향하여 영미화(英美化)해야 산다"고 하면서 서향의 깃발을 높이 들었다. 그래서 "서기 622년부터의 회회교 기원을 단연 폐지하고 예수기원 1922년으로 쓰라"고 명령했다. 우리 제헌 국회가 1948년에 단기(檀紀)를 채용한 데 비해, 터키의 첫째 사업은 기원(紀元) 혁명이었다.

둘째, 남녀의복은 모두 "양복(洋服)으로 갈아입으라"고 명령했다. 국인(國人)들이, "국부(國父)여! 의복은 양복으로 갈아입겠으나 회회교 예모(禮帽) 삼각모자만은 그대로 쓰겠습니다"고 애원했다. 케말은, "모자가 문제 아니고 머리가 문제다. 양(洋)모자를 쓰라"고 두 번의 엄명을 내리자, 삼각모는 다 불타고 원모상(圓帽商)들이 부자가 되었다.

청(淸) 태종이 인조대왕의 항복을 받을 때 그 신하들이, "조선 사람에게도 우리 호복(胡服)을 입게 하소서"하고 청하자, 청 태종이 "청복은 군복(軍服)이고 조선옷은 신선(神仙)의 옷이니 그대로 두어라. 신선의 옷 입고 전쟁을 하지 못하게."

우리도 의복혁명을 해야 했는데, 이 대통령은 옷도 못 고치고 독재자 소리만 남았다.

(3) 문자혁명

케말 파샤는 "우리 문자를 가지고는 과학을 못하니 국문은 일절 폐지하고 유럽 문자를 쓰라"고 명령했다. "국문 폐지가 될 말이냐?"고 폭동이 일어나자, 케말 파샤는 군사력(軍事力)으로 진압하고 거리의 간판들을 일제히 유럽 문자로 갈아 달았다.

우리도 신철자법(新綴字法), 구철자법(舊綴字法) 싸움에 정력과 시간을 허비하는 것보다 문자혁명이 필요하다.

(4) 콘스탄티노플에서 앙카라로

케말 파샤는 고도(古都) 콘스탄티노플에서 앙카라로 천도(遷都)했다. 앙카라는 소아시아의 깊은 산골 소 도읍으로, 바다에서 수 백 리, 기차로 13시간을 요하는 벽지다. 콘스탄티노플은 동로마 이래의 구도(舊都)이다. 다다넬스 해협(Straits of the Dardanelles)의 요새이기 때문에 번번히 적침(敵侵)을 받게 되고, 천년 고도(古都)이기 때문에 민심이 부패했다. 그래서 케말은 국민의 반대와 만난(萬難)을 무릅쓰고 천도해 버렸다.

이 박사는 '서울'을 개명(改名)하려다가 역시 못 고쳤다. '서울(seoul)'은 '스올(soul)', 곧 음부(陰部)라는 어음(語音)을 느끼게 된다. 세계 30억 인구 중에 10억은 '서울', 곧 '음부'를 연상하게 되니 흉음(兇音)이다. 일국의 수도 이름을 하필이면 문명인들의 감정을 거슬리는 흉음을 고집하고 있는가?

총독부의 경성(京城)이 서울로 바뀌자 적군(赤軍, *공산군)에게 짓밟혔고, 이(李) 정권, 장(張) 정권이 나가 자빠지고, 경사(慶事)도 별로 없다. 경무대도 고쳤는데, '서울'이냐 '스올'이냐?

(5) 4·19에 끝난 서향(西向) 노선

케말 파샤가 회회교인으로 예수교국 미영화(美英化), 서향(西向)으로 국가노선을 바꾸는 것은 쉬운 일이 아니었다. 구(舊)정부 멘데레스(Adnan Menderes)는 케말의 서향 사상의 후계자였지만, 혁명정권 이노누(Inonu)는 민족주의적인 반(反)서향 사상이다. 멘데레스는 미국에 60억불을 얻어 터키를 공업화하려다가 쿠데타를 당했다.

한국의 4·19에 자극받은 쿠데타에 터키는 망했다. 민족주의적인 반(反)서향 정권이 열 번 혁명을 해보았자, 서향 멘데레스 수준에는 못 올라갈 것이다. 그러면 소련의 흑해와 미·영의 지중해의 물목인 터키의 다다넬스 해협이 오락가락 한다. 터키의 정변은 위험천만.

한국이 안전하지 못하면 대공(對共) 최전선이 불안하게 된다. 허터(*4·19당시의 미국무장관) 정책, 매카나기 대사의 외교는 한국을 비롯하여 터키, 라오스를 흔들어 놓았다. 이승만과 멘데레스를 신용하던 덜레스(John Foster Dulles) 국무장관은 대공(對共) 정책에 밝은 정치가였다.

한국에는 아직 서향 노선이 무엇인지 아는 사람조차 없다. 양복에 영어나 한다고 서향은 아니다. 케말의 서향이나 이 박사의 서향이 4·19로 끝났다. 회회교 국민의 서향이나 유교·불교 국민의 서향이 쉬운 일이 아니다.

2. 장개석 총통과 이승만 박사

장개석(蔣介石) 총통은 손문(孫文) 혁명의 뒤를 이은 군인 정치가다.

카이로 회담에서 한국 독립을 위하여 힘썼고, 이 대통령과의 진해(鎭海) 회담도 있어 우호관계가 깊은 사이다.

손문은 위대한 혁명가였지만 소련과의 연공(聯共) 정책이 화근이 되어 중원(中原) 천지를 모택동(毛澤東)의 손에 넘겨주게 되었다. 그러나 이 박사는 자초지종 철두철미 공산주의를 용납하지 않았다는 점에서 손문보다 앞을 내다보는 선견지명을 가진 반공(反共) 지도자다.

장 총통은 모택동에게 여지없이 패배하여 대만으로 쫓겨나게 되었다. 천하의 막강한 군대인 일본군과 싸워서 이긴 장 총통이 왜 모택동의 게릴라 군에게 패했는가? 국공(國共) 합작(*좌우합작)의 마샬(Marshall) 안(案)을 수락했기 때문이다.

마샬 안이란 미 국무성의 대공(對共) 유화정책이다. 미국의 대공 유화정책(宥和政策)이란 루즈벨트 대통령 때부터 채택된 틀려먹은 정책으로, 38선도 여기에서 생겼다. 자유진영 여러 나라를 망쳐버린 정책이다.

만일 장 총통이 마샬 안을 당장 거부하고 멸공전(滅共戰)을 단행했더라면, 산적(山賊)에 불과한 모택동 군을 토벌하는 것은 문제가 없었다. 그런데 마샬 안에 현혹되어 수년을 끄는 동안 공산군은 강대해졌다.

이승만 박사는 제2마샬 안인 '좌우합작 정권'의 하지 안(案)을 당장 거부하고, 워싱턴으로 날아가서 미 국무성의 대공유화 정책을 뒤집어엎었다. 그리고 돌아와서는 철두철미 반공(反共) 국가를 창건했다. 만일 한국에서도 하지 안(案: *좌우합작안)으로 세월을 보냈으면 장 총통의 전철을 밟았을 것이다.

만일 중국에 이 박사와 같은 정치가가 있어서 마샬 안을 꺾었더라면, 중원은 자유진영에 보존되고 공산진영은 축소되었을 것이다. 아니면 한국에서 하지 안이 먼저 꺾어진 뒤라면, 중국의 마샬 안도 저절로 꺾어져서 중원은 자유진영에 남아 있을 것이었다. 중국의 5억이나 되는 사람들

중에 이(*李承晩) 박사만한 정치가가 한 사람도 없어서 결국 중국이 망하고 동아(東亞)가 위태롭게 되었던 것이다. 한국 3천만인 중 천만다행 이승만 한 사람이 있어서 미국의 친공(親共) 정책을 뒤집고 이 나라를 세워 방공(防共) 진영이 강화되었다.

중국은 이승만은 없지만 국민성이 우수하다. 장 총통은 국토를 상실한 사람이지만 전과 다름없이 국가원수로 받들고 만난(萬難)을 참고 나간다. 이 국민성이 중국의 큼(大)과 장구(長久)함을 가질 수 있다.

우리는 국토 상실의 죄도 없고, 패전의 죄도 없고, 국체변혁의 죄도 없고, 변절의 죄도 없는 건국 노인(建國老人)을 때려 넘기고서야 마음이 통쾌하겠느냐? 이러고서도 복을 받겠느냐?

다른 나라에서는 잘 나면 영웅이 되지만 조선에서는 이승만이 하나 나면 원흉이 하나요, 열이 나면 원흉이 열이오, 이승만이 백 명 나면 원흉이 백이 된다. 그러기 때문에 국토는 양단(兩斷)되고, 이북에서는 중공 사람이 주장하고 있다. 이래서는 약소국(弱小國)이나 속국 노릇을 면치 못한다.

3. 체코슬로바키아 건국 대통령 마사리크 박사와 이 박사

(1) 순교자 요한 후스

체코슬로바키아국은 예수 기원전 5백년 경에 러시아와 같은 슬라브 민족이 보헤미아, 모라비아, 실레시아, 슬로바키아 등의 지방에 침입해서 세운 나라이다. 유럽 고원지대에서 보헤미아 왕국은 잘 살던 황금시대도 있었다. 1526년에 나라가 망하여 일부는 독일에, 일부는 오스트리아-헝가리 제국에 병합된 지도 3백년이 넘었다.

보헤미아의 자랑은 순교자 요한 후스(Johannes Huss: 1369~1415년)이다. 후스는 종교개혁의 선구자로 1415년 7월 6일(토)에 화형(火刑)으로 재가 되어 강물에 흘러갔다. 루터의 종교개혁(1517년 10월 30일)보다 약 백년 전이다. 후스의 후계자들은 칼을 들고 일어나서 싸워 6만여 명의 희생자를 내었다.

또 이 나라 모라비아 지방 백작 친첸도르프(Nikolaus Ludwig von Zinzendorf)의 신앙운동은 세계적 영향을 끼쳤다. 그래서 체코는 후스와 친첸도르프의 종교가 국민의 정신이 되었다.

(2) 마사리크의 독립운동

마사리크(Thomas G. Masaryk) 박사는 유태계 사람으로 1850년 3월 7일 동(東)모라비아에서 출생하였다. 비인 대학과 독일 라이프치히 대학을 차례로 졸업하고 대학교수로서 현실주의 철학의 일가견을 세웠다. 마사리크 박사는 23세 때 독일대학에서 분립한 프라하 대학 교수가 되었다. 수백여 명의 고학생(苦學生)들을 길러내서 고학생의 아버지가 되었다.

이렇게 길러낸 인물들이 독립투사가 되었는데, 그 중에 베네슈(E. Benes)는 프랑스 소르본느 대학에서 법학을 전공하여 후일 37세에 건국(建國) 수상이 되었다가 마사리크 대통령의 뒤를 이어 대통령이 되었다. 마사리크 박사는 한편으로는 인물을 양성하고 한편으로는 정치운동을 하였다.

마사리크 박사가 독립운동을 전개할 때 요한 후스 순교(殉敎)의 피를 받들고 나섰다. "체코 사람들아! 요한 후스는 하나님께 드린 번제물(燔祭物)로 불에 타 재로 강물에 흘러갔지만 그 순교의 정신은 우리 피 속에 살아 있다. 교회를 위하여, 이 나라를 위하여 일어나라"고 외쳤다.

이렇게 맹렬히 일어나는 독립운동에는 오스트리아-헝가리 제국의 탄압은 물론, 내부에도 난(難)문제가 있었다. 그것은 체코 사람은 슬라브 인종이니 동향(東向) 소련화(化) 하느냐, 서향(西向) 영미화(英美化) 하느냐 하는 것이었다. 이 분기점에서 마사리크는 단호히 "서향 하자"고 외쳤다.

(3) 5만 군단의 시베리아 횡단과 독립

마사리크 박사는 소련 안에 거류하는 체코 사람들을 찾아 소련을 방문했다.[52] 그때는 제1차대전 중으로 혁명(革命)의 러시아는 비참했다. 수도 상트페테르부르크에서 혁명에 쓰러진 시체 위에 덮인 까마귀 떼를 목도한 마사리크 박사는, "러시아의 흉조(凶兆)로구나. 프랑스혁명 때 송장을 뜯어 먹던 까마귀들이 여기에 와서 모였구나"하고 개탄했다.

그런 중에서도 마사리크는 소련에 거주하는 체코 국민(*체코군 투항자)을 소집해서 5만 군단(軍團)을 편성했다. 그러나 소련이 "그 군대는 소련을 위해 싸워야 한다"고 요구하면서 귀로(歸路)를 막았다. 그러자 체코 군단은 시베리아 벌판을 횡단하여 일본을 거쳐 1918년 4월 29일 캐나다에 상륙하여 서부전선(西部戰線)으로 향했다.

그때 전 세계가 진동했다. 이리하여 체코는 말로만의 외교가 아니라 정정당당한 참전국(參戰國)의 일원으로 휴전과 동시에 독립할 권리를 가지게 되었다. 5만 군단을 전선에 보낸 마사리크 박사는 미국에 가서 친

---

52) 제 1차대전 당시 슬라브족인 체코인들은 오스트리아-헝가리 제국의 군인으로서 러시아군에 대항해 싸우고 있었다. 그러나 그들은 슬라브족끼리 싸우는 것에 회의를 품고 상당수가 탈출하여 러시아군에 합류해 있었다. 마사리크는 이들을 서유럽으로 데려와 프랑스 전선에서 독일군에 대항해 싸우도록 하려고 했다.

구 윌슨 대통령을 방문했다. 그때는 이승만 박사와 같은 일개 약소국(小弱國)의 망명객이 아니라 대등한 참전국 대표였다. 1918년 11월 11일 휴전과 동시에 체코슬로바키아는 정정당당한 독립국가가 되었다.

건국 대통령 마사리크 박사와 그 정부는 뉴욕에서 고국을 향해 떠났다. 천지도 축하, 대양도 축하했다. 마사리크 대통령은 "이제부터 나 개인의 자유는 끝났구나!"라고 헌신보국의 답사(答辭)를 남기었다.

일행이 수도 프라하에 입성할 때 3백년 만에 독립국가의 국민이 된 체코인들은 모두 미칠 듯이 환호했다. 요한 후스 순교의 피는 과연 헛되지 않았다. 마사리크 대통령이 "명예와 양심, 체코슬로바키아 공화국과 국민의 복지를 위하여 힘쓰고 법률을 존중하라"고 엄숙히 선포하면서 체코슬로바키아 독립 국가가 건설되었다.

마사리크 대통령은 '소-골' 운동으로 국민의 심신(心身)을 훈련하였다. '소-골'은 '독수리'라는 뜻인바, 독수리처럼 높이 날자는 슬로건이다. 마사리크 박사는 4선(選) 중임하고 1937년에 85세로 서거하고, 제자 베네슈가 대를 이었다.

1차대전 때 독립했던 체코는 22년 후 2차대전 때에는 다시 소련의 아가리에 예속되고, 혁명 정부는 또다시 미국으로 망명하여 때를 기다렸다. 연전(年前) 제네바에 모인 세계 예수교회 대회에서 우리 대표가 이북(以北) 교회의 박해당하는 정상(情狀)을 보고할 때, 체코교회 대표와 동독 교회 대표들은 자기들과 같은 사정이라고 통곡했다고 한다.

(4) 체코와 한국

체코는 1차대전 때인 1918년 윌슨 대통령의 민족자결(民族自決) 14개 조에 의하여 즉시 독립되었으나, 우리는 1918년 11월 11일 휴전된 뒤

1919년 봄에 독립을 선언했다(*3·1운동). 이 박사는 미국에서 체코 독립의 광경을 보고 마사리크 대통령에게 축하했을 것이다. 우리도 윌슨의 14개조에 의하여 독립 선언할 것을 각처에 전달했다.

오스트리아-헝가리 제국이 패전국이 될 때 체코는 참전 단체로 독립했지만, 일본이 영·미와 함께 승전국이 되었으므로 우리는 독립할 수가 없었다. 제2차대전 때는 일본이 패전국이 되었으므로 우리가 해방되었다.

우리는 체코인들처럼 1차대전 때는 참전할 수 없었지만 2차대전 때는 참전할 수도 있었다. 그러나 우리는 당파싸움에 힘과 시간을 낭비함으로써 정작 때가 왔을 때에는 내세울 군대가 없었다.

이범석 장군의 청산리 승전 후, 만주에서는 김좌진 장군을, 북경에서는 박용만 장군을 모계(某系: *의열단)의 손이 총살했다.[53] 홍범도 장군의 독립군은 군자(軍資)를 대어주겠다는 소련의 꾀임에 빠져 광산으로 갔다가 무장해제를 당하고 말았다.

소위 대동아전쟁 때에는 우리 학도병들이 일본군에서 뛰쳐나와서 혹은 장개석 군에 혹은 모택동 군에 편입됨으로써, 장개석, 모택동 양(兩) 진영으로 갈리어 한인끼리 총질하게 되었다. 이것은 남의 용병(傭兵)이지 국제법상 교전단체는 못된다.

교전단체가 못 되니 아무 발언권이 없었다. 38선이 되는지, 신탁통치가 되는지, 마샬 안이 무엇인지, 하지 안이 무엇인지, 좌우합작은 어떻게 되는지, 남북협상이 어찌 되는 건지 알지도 못하면서 제각기 영웅이라고 자칭했다(各自爲英雄). 당파싸움의 혼돈 천지였다.

마사리크 뒤에는 5만 군단이 있었지만, 이승만 뒤에는 아무것도 없는 거렁뱅이 외교뿐이었다. 이승만의 세 치 혀(三寸舌) 하나밖에 무엇이 있

---

53) 김좌진 장군은 공산주의자 박상실에게, 박용만은 의열단원 이해명에게 피살되었다.

었는가? 군대가 있었는가, 통일된 국민단체가 밀어주었던가?

이승만의 단독 거렁뱅이 외교 뒷잔등에는 흥사단이 붙여준 '협잡꾼' 딱지가 50여년 붙어 다닐 뿐이었다. 그래도 이승만의 세 치 혀밖에 없으니 '협잡꾼'은 맥아더 비행기를 빌려 타고 워싱턴으로 날아가서, 천우신조(天佑神助)로 하지 안(案: *좌우합작안)을 뒤집고 '제2의 중국'이 되는 운명을 면했다. 천만다행히도 좌우합작 정권을 막고 민주국가의 터를 닦았다.

마사리크도 철학 박사로 예수교에 근거하고, 독립운동 서향(西向) 노선이었고, 이승만도 철학 박사로 예수교에 근거하고, 독립운동 서향 노선으로 같은 점이 있다. 마사리크의 조국은 불행(不幸)히 공산국가로 전락했지만, 이승만의 대한민국은 지금도 반공(反共) 투쟁을 계속하고 있으니, 이승만이 마사리크 보다 낫다.

보라! 2차대전이 끝나자 미국군이 체코에 들어가서 독일군을 무장해제했다. 베네슈(E. Benes)는 우파(右派) 정부를 세우려고 발을 굴렀지만, 미국이 "좌우합작(左右合作) 정권을 세우라"고 시간을 끄는 사이에 좌파 정권이 수립되고 우파는 쫓겨났다.

미국의 대공(對共) 유화정책에 체코가 망하고, 중국이 망했는데, 한국만이 미국의 대공유화(對共宥和) 정책을 뒤집고 방공(防共) 국가로 엄연히 보존되었다. 이것이 과연 누구의 공로이냐?

제31장 동서문화의 차이를 논하여
이 박사의 서향노선(西向路線)을 말함

1. 서향 노선의 사상적 근거

(1) 고대철학

터키 건국자(建國者) 케말 파사도 서향(西向) 노선을 택했고, 체코 건국자 마사리크도 서향노선을 택했고, 이 박사도 서향노선에 입각했다. '서향노선'이란 어떤 것인가?

서양의 문물제도를 본받고 구미의 과학을 배우자는 것이다. 그러나 서양 문물제도의 근저가 되는 사상을 모르고 서향할 수는 없다.

서양의 사상은 어떤 것인가? 그 사상은 서양의 철학이다. 동양에서 서양 철학을 잘 아는 학자는 일본의 하다노 세이찌(波多野精一) 씨다. 하다노 씨의『서양 철학사요(哲學史要)』만 보아도 일목요연하다. 그는 말했다: 서양철학이란 고대철학, 중세철학, 근세철학이다.

고대철학은 헬라의 소크라테스, 플라톤, 아리스토텔레스에 이르러 완성되었다. 3천 년 전에는 자연철학에서 헤매다가 소크라테스 때부터 "우주만물은 신에게서 나왔다"는 유신론(有神論)에서 사상 통일을 보았다. "인생이 무어냐? 사람은 신(神) 이하 물(物) 이상"이라는 데서 사상 통일을 보았다.

그러면 사람의 사후(死後)는 어떠한가? 소크라테스는 영혼불멸(靈魂不滅)이라고 하였다. 영혼불멸의 그 영(靈)은 어디에서 사느냐? 플라톤은 불멸의 영혼이 '이데아(idea)' 세계에서 영생한다고 했다. 이것이 고대 서양인의 철학이고 사상이다.

(2) 중세철학

중세철학은 어떤 것인가? 중세 철학사상을 통일한 사람은 기원 4백년 경 어거스틴(Augustine)이다. 어거스틴은 대철학자요, 대(大)신학자요, 교부(敎父)이다.

첫째, 그의 신관(神觀)은 "태초에 하나님이 천지를 창조하시다"란 성서 첫 머리에서 출발하여, 우주만물은 하나님이 창조한 것이라고 철학의 첫 초석을 놓았다. 둘째, 윤리는 "인간은 모두 죄인"이다. 그러므로 예수의 속죄(贖罪)에 철학의 둘째 초석을 놓았다. 셋째, "사람은 내세에 천국에서 영생한다"는 것으로 인생관을 결론 내렸다.

어거스틴의 철학은 플라톤의 철학을 좀 더 명백히, 또 구체적으로 말했다. 이것이 중세의 종교요, 철학이요, 중세의 서양사상이다.

다음에 토마스 아퀴나스(Thomas Aquinas)가 중세 하반기 철학의 권위자였는데, 어거스틴의 종교와 철학을 그 시대 용어로 그 시대에게 설명한 것일 뿐, 어거스틴의 그것과 같은 것이었다.

(3) 근세철학

근세철학의 왕은 임마누엘 칸트(Immanuel Kant)이다. 임마누엘이란 이름부터가 "하나님이 우리와 함께 계시다"라는 예수의 존칭 호(號)에서 온 것이다. 그 어머니가 진실한 예수교인인 때문에 지어준 이름이다. 임마누엘이란 이름만 받은 것이 아니라 어머니의 종교사상을 받은 것이다.

칸트의 철학도 아우구스투스의 그것과 대체(大體)에서는 차이가 없다. 실천윤리에서 출발한 칸트의 철학은, 첫째 "선과 악", 둘째 "선악에는 심판이 있다." 셋째 "누가 심판 하느냐? 하나님이 심판하신다." 선·악, 심판, 하나님. 이 세 가지 사상이 칸트 철학의 세 개의 초석(礎石)이다.

그러면 서양 사상의 근저는 첫째 하나님, 둘째 윤리, 셋째 내세·영생이다. 말하자면 예수교에 근거한 사상이다. 그러므로 서향(西向) 노선이란 사상은 첫째는 예수교요, 둘째는 거기에 따른 문화 제도요, 셋째는 과학이다.

케말(Kemal)은 회회교(*이슬람교) 사람이니 사상적으로는 회회교적으로 서화(西化)할 수 있었다. 예수교인 마사리크는 물론 서화할 수 있었고, 예수교인인 이승만(李承晩)도 서화된 사람이다. 그러나 불교화, 유교화한 한국인이 서화할 수 있느냐? 어렵다. 서화를 못하고는 서양 사람처럼 잘 살 수는 없다. 이승만의 실패는 한국인이 서화할 수 없다는 데 있었다.

(4) 우리의 노선

이 박사의 철저한 항일구국(抗日救國), 반공건국(反共建國)은 이 사상적 기초에서부터 시작된다.

러시아는 유럽 러시아, 아시아 러시아로 되어 동서양 중간에 위치한 만치 그 사상도 동서 두 바다(兩洋)에 걸친 것이다. 우리가 톨스토이 작품에 도취하는 것도 동양적 성분이 많기 때문이다. 또 유물론(唯物論)의 공산주의 사상이 유물주의의 동양을 적화(赤化)시킬 소질을 가지고 있는 것이니, 오늘 중국의 적화가 이 때문이다.

이승만(李承晩)은 예수교인이기 때문에 철저한 방공자(防共者)이다.

도산(島山: *안창호) 사상을 성문화(成文化)한 이광수 씨의 작품이 톨스토이의 인도주의(人道主義)에 입각했으나, 이광수는 노경(老境)에 불교로 전환하여 아주 동향(東向) 노선에로 복귀해 버렸다. 도산 사상의 대변자가 동향했다면, 도산의 노선은 동향이냐 서향이냐? 오늘의 민중은, 아니 우리 예수교인은, 엄밀한 비판을 요구하지 않을 수 없다.

이승만이 이 나라 첫 국회를 하나님의 이름으로 개회하고, 하나님의 이름으로 대통령 선서를 하고, 4·19 다음 주일에 예배당에 나아가고, 하와이 망명 중에도 바깥 출입하는 동안에는 예배당에 나갔다. 철저한 신앙자인 이승만은 예수의 이름으로 그 목숨을 거둘 것이다. 그러므로 서향 노선에서 스러지는 이승만은 과연 동아(東亞) 한국의 진실한 지도자이다.

우리는 동양인이니 춘원(*이광수)처럼 동향으로 되돌아갈 것이냐? 아니면 우남을 따라서 서향을 할 것이냐?를 정해야 한다. 이는 우리 민족의 사활(死活)이 걸린 문제이다.

2. 동서 문화의 차이를 논함

(1) 동·서양의 경계

동·서양의 경계는 학자들에 따라서 조금씩 다르다. 고산(高山)과 대양(大洋)을 따라서 인종이 나뉘어진 것은 사실이다. 육지로는 히말라야 산맥과 알타이 산맥이 중앙아세아에서 교차한 파밀 고원을 중심으로 해서 동서(東西)를 말한다. 파밀(Pamir) 고원은 '세계의 지붕'이라고 일컫는 바, 이 고원의 남쪽은 인도 하구(河口), 북쪽은 시베리아 경계선이다. 그 이동(以東)은 동양이고, 이서(以西)는 서양이라고 한다. 바다로는 태평양 중앙선의 동과 서를 가리킨다. 이렇게 나누어진 인종은 각각 다른 경향으로 발달했다.

명치유신(明治維新) 이후 '일본인 노선'은 정신적 문명으로는 동양 사람이 우수하고 물질문화는 서양 사람이 우수하다는 것이었다. 그러므로 일본은 정신문화는 동(東)을 고수하고 물질문화는 서(西)에서 배운다. 이것이 일본인만의 노선이 아니고 일본으로부터 배우는 한국 사람의 노선이고, 동양 사람들의 생각이었다. 그러나 이는 아주 그릇된 생각(誤想)이다.

(2) 동양예술과 서양예술

동양인이 정신적으로 우수하려면, 첫째 예술면에서 동양음악이 서양음악보다 우수해야 한다. 그러나 사실은 서양음악이 압도적으로 동양을 지배하고 있지 않은가. 일본의 '기미가요'란 국가(國歌)는 독일인의 작곡이다. 한국의 애국가도 서양 곡조요, 군가, 교가, 종교음악 모두가 서양 곡조다. 더구나 악기는 피아노, 풍금을 위시하여 거의 전부 서양 악기를 쓰고 있다. 그러면 가곡(歌曲) 없는 야만이 우수하냐? 동양 사람은 서양 가곡을 배워서라도 부르니 겨우 문화적(文化的) 인종이 될 수 있다.

(3) 동양의 법과 서양의 헌법

정치생활에 있어서는 헌법(憲法)을 가진 인종을 문명인종이라고 한다. 요(堯), 순(舜), 우(禹), 탕(湯), 문무(文武), 주공(周公) 이래 동양에 언제 헌법이 있었는가? 없었다. 명치 18년에 일본이 처음으로 헌법을 실시했으므로 동양에서는 일본이 제일 문명국이다.

일본 헌법은 어디서 난 것이냐? 처음에는 기도(木戸)를 영국에 보내서 영국 헌법을 조사했다. 조사하다가 보니, 민주주의이기 때문에 천황 통치 하에서는 부적당하다고 생각한 결과, 영국 헌법을 버렸다.

다시 이토 히로부미(伊藤博文)를 독일에 보내서 조사하여 독일헌법을

채용한 것이 일본 헌법이다. 그때 독일에는 철혈(鐵血) 재상 비스마르크
가 살아 있어서 이토 히로부미에게 권했다. "귀국에서 독일 법률만 배워
간다고 해서 문명국이 될 수는 없으니, 우리가 믿는 예수교를 믿어야 합
니다."

이에 대하여 이토 히로부미가 "우리도 예수를 사용해 보겠습니다"고
했다.

비스마르크가 "예수는 믿을 구세주(救世主)이시오. 사용할 수는 없습
니다"고 핀잔을 주었다.

만일 일본이 영국 민주주의 헌법을 채용했더라면, 일본, 독일, 이태리
와 독재 동맹을 맺지 않게 되어 원자탄 세례는 안 받았을 것이다. 이와
같이 노선(路線)을 택하는 데 흥망, 사활의 문제가 달린 것이다. 우리의
서울대학 법대 학생이 독일어를 배우는 것은 일인(日人)이 가르치다 간
독일법(獨逸法)을 배우기 때문이다.

독일법이건 영국법이건 정치생활에서 서양법으로 살면서 정신적으로
는 동양이 우수하다고 말하는 것은 거짓말이다. 그래도 헌정(憲政)으로
사는 나라가 일본뿐이다. 요·순의 정치를 자랑하는 중국이 헌법을 제대
로 실시해 보았는가? 없다. 일본 다음으로 한국이 1948년 7월 17일 헌법
이라고 선포했지만, 그 헌법 선포자(*이승만)를 원흉으로 만들었다.

소급법(*4·19 후 자유당 인사들을 처벌하기 위한 법, 1960. 12)을 쓰는
나라에 헌법은 무슨 말라 죽은 헌법이냐? 제헌절도 부끄럽다. 서양 헌법
을 수입해다가 실시하지도 못하는 인종이 정신적으로 우수한 체 자처하
는 것은 자살하려는 자기기만(自欺)밖에 안 된다.

(4) 동양의 국가, 서양의 국가
독립국가를 유지해야 정신이 우수한 문명 인종이라고 한다. 서양은

미·영·불·독·이태리 제국(諸國)이 다 문명 독립국가인 데 비하여, 동양에서 어느 나라가 독립국가이냐? 한국이 독립국가이냐? 독일인 칼 맑스의 사상에서 헤매는 중공이 독립국가이냐? 아니다. 없다. 동양에서는 오직 일본이 독립국가이다. 그러나 문명국가의 반열(班列)에 참여했다가 정신은 동양이라는 자살적 자기 기만(自欺)으로 패망의 구렁텅이에 빠졌다.

국가를 건설할 수 없고 유지하지 못하는 민족은 야만의 성(城)에서 헤매는 노예이다. 오늘날 한국에서 식자(識者)로 자처하는 지도자들이 일본인들이 스스로를 속이다가 스스로 망한 구호 그대로 '정신은 동양, 과학은 서양'이라고 하면서 학생들을 속이고 국민을 속이고 있는데, 이들에게는 소크라테스의 말을 기다릴 것도 없이 "너를 알라"라는 말을 들려줘야 할 것이다.

우리는 먼저 정신문화도 서양에서 배우고 그 다음으로 과학도 서양에서 배워야만 살 수 있는 자신의 처지를 알아야만 살 길을 찾을 수 있다. 이것이 마사리크가 부르짖던 서향 노선이고, 이승만이 사수하려고 했던 서향 노선이다.

(5) 동양철학과 서양철학

우수한 정신은 철학(哲學)을 가진다. 오늘 동양에서 철학을 말하는 사람이라면 독일의 칸트 아니면 헤겔을 말한다. 실존철학은 덴마크의 키에르케고르, 역사철학은 영국의 토인비를 말하지 않는가? 동양에서는 철학자가 다나까(田中)냐, 김(金)서방이냐? 없다. 동양에 철학이 없다. 철학 사상은 있지만 학(學)으로 조직된 철학은 없다.

인도철학이 있지 않으냐고? 인도 사람은 동양 인종이 아니고 아리아족, 백인종이다. 그 범어(梵語)가 서양어 계통에 속하고, 그 붓타 신(神)이 서양 신의 부류에 속한다. 석가나 간디의 골상(骨相)은 서양 인종의 골상이고, 불교의 사고방식은 백인의 사고방식이다. 인도철학이란 것이 서양 인종의 철학이지 동양인종의 철학이 아니다.

또 한 가지 우스운 것이 있다. 한·일 지도자층에서 예수교는 서양종 교요, 불교는 동양종교이니, 동양인에게는 불교를 권장하고 예수교를 배 척하는데, 그것은 너무나 무식한 지도이론이다. 손병희(孫秉熙) 씨의 천 도교(天道敎)는 동학이라고 칭(稱)하며 예수교를 몹시 배척했지만, 해방이 되자 쇠멸하고 있다.

유교 철학이 있지 않으냐고? 없다. 유교는 정치학이다. 사상적으로 너무 건조해서 노(老: *도교), 불(佛)의 오묘함(幽玄)을 당할 수 없으므로 송나라 때부터 노·불의 사상을 빌어다가 유복(儒服)을 입힌 것이 정자(程 子)와 주자(朱子)의 새 해석인 성리학(性理學)이다. 그것은 엄밀한 의미에 서 문학 혹은 철학이라고 할 수 없다.

철학이 없는 동양정신이 서양보다 우수하다고 속이는 일본의 전철을 밟지 말라. 요즘 한국에서 '동양정신, 서양과학'이란 그릇된 소리를 하고 있는데, 이것은 바로 일본의 잔재이다.

일본의 노선은 동양정신에 서양과학이고, 이(*李承晚) 박사의 노선은 서양정신에 서양과학이다. 이 박사는 근본이념에서부터 항일(抗日) 구국 노선을 세운 것이다.

3. 서향 노선의 종합 문화

인류의 문화는 바빌론(Babylon)에서 시작했다. 바빌론에서는 태고(太 古) 아모라잇의 구(舊) 바빌론시대가 지나갔고, 고대 느브갓네살의 바빌 론 시대가 지나갔다. 고고학자들이 구(舊)·신(新) 바빌론의 지층을 파 본 결과 3세대의 문화를 볼 수 있었다.

밑바닥에서 찾아볼 수 있는 '홍수' 이전의 문화는 물질문화로, 한족(漢族)의 문화와 근사하다. 중간 층계(層階)에서는 함(Ham: *함족)의 이지문화(理知文化)의 고물(古物)을 볼 수 있다. 바벨탑, 이집트의 금자탑 등의 이지(理知) 발달의 시대라고 한다.

상층계(上層階)에서는 셈(Sam: *셈족)의 문화, 유일신(唯一神)을 섬기던 종교의 유물을 찾아볼 수 있다. 하, 중, 상 3층계(層階)에 다 우상 종교의 유물이 있지만, 상층에서는 현저히 셈의 유일신 종교시대라고 한다. 셈이 곧 아브라함의 조상, 예수의 조상임은 물론이다.

이렇게 태고를 지나 헬라의 고대부터는 서방 아리아족 백인의 시대이다. 아리아 문화는 '홍수' 이전의 물질문화와 함족의 이지(理知)와 셈족의 종교 셋을 합한 종합 문화이다. 서향(西向)의 문화는 물질, 이지, 일신교 셋을 종합한 문화이다. "셈의 하나님 여호와를 찬송한다"(창세기 9:26)는 것이 서향 종합문화의 중심이요, 종교는 서양사상이 되었다.

일본은 서양의 물질과 이지(理知)만 배우고 셈의 하나님 대신에 천조대신(天照大神)을 모신 것이 일제의 신문화(新文化)이다. 일본의 진주만 폭격은 천조대신이 셈의 하나님에게 도전한 것이다. 도조(東條) 수상은 대담하게 방송했다. "아(我) 일본은 천조대신과 현인신(現人神) 천황폐하의 명령에 의하여 세계를 통일하기까지 싸우겠다"고.

서방에서는 국제 예의상 일본의 신궁(神宮)과 궁성(宮城)은 폭격하지 않았었다. 하지만 도조 방송에 대한 회답으로 미군이 이세(伊勢) 신궁에 폭탄 세 개를 던지자 천조대신(天照大神)은 머리가 깨지고, 궁성에 폭탄 서너 개를 던지자 천황 폐하께서 방공호에 들어가시니, 사람들은 "지황(地皇) 폐하인가?"하고 비웃었다. 마침내 일본은 인류 최초의 원자폭탄 세례를 받고, 우리는 8·15 해방을 받은 것이다.

8·15란 무엇이냐? 천조대신 대(對) 셈족의 하나님과의 싸움에서 하나님이 이기신 결과다. 그러므로 우리의 첫 국회(國會) 개회 식전(式典)에서 이(*李承晩) 박사는 하나님께 기도를 올린 것이다.

오늘날 서방 사람들은 물질과학 위에 셈족의 하나님을 모시고 세계를 지배하고 있다. 나의 친애하는 동포 여러분! 물질과학 위에 천조대신도 안 되고, 단군도 안 되고. 불(佛)도 안 된다. 셈의 하나님, 우리 하나님을 모시고서야 살 수 있다.

동해물과 백두산이 마르고 닳도록 하나님이 보호하사 우리나라 만세!

4. 인종·종교·문화의 서향

(1) 인종의 서향

서방인종 중 두 족속이 5천 년 전에 동향(東向)해 왔다. 한 족속은 중동에서 파사(*페르시아), 지금의 이란 나라가 되었다. 고레스 왕 이후 오늘까지 쇠퇴일로의 민족이다.

다른 족속은 동양에 와서 인도 나라가 되었다. 불교를 낳았을 뿐, 문화 창작의 인종이 못 되었다. 영국의 속방(屬邦)으로 지냈으나, 아직 문명 독립국이 못 되고 있다.

동방 족속으로 서양으로 이민(移民)한 헝가리 나라는 현대 문명국이 되어 있다. 헝가리는 원(元) 세조 홀필열(忽必烈: *쿠빌라이)이 서정(西征) 때 서양으로 이민한 동양의 흉노족(匈奴族)이다. 회회교(回回敎: 이슬람교)가 유럽을 정벌할 때 헝가리 사람들이 서양 문화를 간수한 공헌도 있었다.

슬라브족의 소련이 동서양 중간에서 자유의 나라가 되기는 아직 멀었다. 독일도 동독보다 서독이 좋고, 한국도 동해안보다 서해안이 좋다.

(2) 종교의 서향

불교는 아리아 족의 종교이지만 동쪽에서 나고 동향(東向) 해서 서장(西藏: *티베트), 몽고, 버마 등 동남아 미개 지역을 이루고 있다.

이란에서 난 배화교(拜火敎)는 아주 쇠멸의 지경에 있고, 아랍의 회회교도 서향(西向)하지 못하여 동남 미개 지역의 야만 종교를 면치 못하고 있다. 예수교는 서향(西向)으로 발전했다. 아브라함이 갈대아 우르란 지금의 이란 만(灣)에서 떠나 점점 서향하여 지중해 동안(東岸) 팔레스타인에 정주했다.

서양문화는 지중해 주변에서 나서 자랐다. 보라! 이집트의 과학, 헬라의 철학, 로마의 정치, 유대의 예수교, 모두 다 지중해 연안에서 일어났다. 예수교는 바울을 통하여 동서의 경계선 다다넬스(Dardanelles) 해협을 건너 헬라 문화의 지역을 교화(敎化)하고, 더 나아가 이태리 반도로 들어가서 로마 정치의 세계를 교화했다. 말하자면, 바울이 예수의 복음으로 소크라테스의 철학을 정복하고 로마의 정권을 정복하였다.

다시 당시의 스칸디나비아 반도에 있던 만족(蠻族)을 교화하여 오늘날 세계의 주인 백인의 종교가 되었다. 이리하여 예수의 종교가 문명 독립 제국(諸國)의 건국정신이 된 것이다.

이승만 박사는 이 서향 제국의 건국이념을 본받아 '경천애인(敬天愛人)'의 건국이념을 세우려고 했지만, 동향(東向)한 조선인에 통(通)하지 못하여 실패한 것이다.

같은 예수교도 도마(Thomas)를 통하여 인도에 들어왔지만 교회는 서지 못했다. 같은 구교(舊敎)라도 동방 로마교, 곧 희랍정교는 소련에 들어와서 지금 수난 중이다. 그러나 서로마교인 가톨릭은 왕성하다.

종교개혁이란 예수교의 동화(東化)에 대한 서화(西化) 운동이다. 가톨릭은 라틴족이 노쇠하면서 (불교를 본떠서) 예수교를 의식주의화(儀式主義化)하여 우상화함으로써 전제정치가 되어버렸다. 신흥 게르만족이 동화(東化)한 가톨릭을 개혁하여 서화(西化)한 것이 신교(新敎)이다. 오늘 미국인들이 점점 가톨릭으로 기우는 것은 노쇠해 가는 징조이다.

예수교 신학도 알렉산드리아를 중심으로 한 동방 교부(敎父)의 신학은 쇠퇴하고, 서방 교부(敎父), 특히 어거스틴의 신학이 오늘날까지 뻗쳐 내려오는 것이다.

예수교가 서방인을 통하여 파밀 고원을 넘고 태평양을 건너 조선에 들어오는 데 1600여 년의 세월이 걸렸다. 불교가 히말라야 산을 넘고 유교의 곤륜산(崑崙山)을 넘어 조선에 들어왔다. 예수교가 아직 터도 잡기 전에 대한민국을 예수교 위에 세우려던 이(*李承晚) 박사는 쫓겨 갔다. 그러나 이 민족이 하나님께 돌아오기 전에는 복지국가가 되지 못한다.

(3) 문화의 서향(西向)

물(物), 지(知), 일신교(一神敎)의 종합문화는 바벨론에서 출발하여 메디아, 페르시아, 이집트를 거쳐서 서향(西向) 하여 헬라(그리스)에, 헬라에서 서향하여 로마에, 로마에서 서향해서 스페인에까지 갔다. 스페인과 프랑스까지는 문화 지도권이 라틴족 또는 가톨릭에게 쥐어졌다.

스페인의 무적함대는 영국 해군이 자라기 전에 격멸하려고 쳐 건너 갔으나 '신풍(神風)'이 일어나 무적함대는 바다 속으로 장사지내고, 그 결과 세계 지도권은 영국으로 건너갔다. 세계 지도권은 라틴족 속에서 게르만족에게고 옮겨지고, 가톨릭의 손에서 신교(新敎)로 옮겨졌다.

나폴레옹은 도버 해협의 제해권(制海權)을 하루만 잡으면 영국을 제 손에 넣겠다고 애를 썼지만, 넬슨 제독의 일갈(一喝)에 라틴족의 함대는 도버 해에 장사지내고 말았다. 서향하는 문화 지도권은 인력으로는 할 수 없었던 것이다.

내가 중학생 때 세계 지도권(指導權)이 북진(北進)하여 독일에 건너가 느냐, 서(西)로 미국에 건너가느냐 지켜보고 있었는데, 1차대전, 2차대전 을 치른 오늘 세계 지도권은 미국으로 건너갔다.

이(*李承晩) 박사는 세계 지도권을 잡은 미국의 손을 붙잡고 이 나라 를 건국하고자 셈족의 하나님께 기도했다. 이 박사는 쫓겨 갔다. 불(佛) 을 모시고 유(儒)를 품고서는 셈의 하나님이 주장하시는 세계 지도권의 손을 붙잡지 못한다.

5. '경천애인(敬天愛人)'은 이 박사의 건국이념

〈도산 안창호 선생의 민족성 개조의 원리〉

'경천애인(敬天愛人)'이란 "하나님을 사랑하고 이웃을 사랑하라"고 하 신 예수의 성훈(聖訓)이다. 이(李) 박사는 예수의 성훈을 당신의 생활원리 로 삼고 건국이념을 삼았다. 이것이 개인, 민족, 인류의 사는 길이다. 이 웃 사랑은 여수(與受), 화합, 용서 세 가지로 설명된다. 도산 선생의 민족 성 개조의 원리도 이것이다.

(1) 여수(與受)의 생문방(生門方)

사지(死地)에서 헤매는 조선민족은 지급히 생문방(生門方, *살 길)을 찾아야 살 수 있다. 첫째, 생문방은 여수(與受), 즉 '주고 받는' 것이다. 처(妻)는 지아비(夫)에게, 지아비는 처에게 서로 몸을 주고 받으므로 인생이 생생(生生)한다. 농부는 직녀(織女)에게 쌀을 주고, 직녀는 농부에게 옷을 주어 서로 여수(與受)하므로 사회생활이 된다.

여수(與受)를 잘 하면 잘 살고 여수(與受)를 못하면 죽는다. 하나님은 사람에게 천지만물을 주시고 사람은 하나님께 헌신해야 살게 되니, 사람과 사람이 서로 주고받는 것은 하늘의 법(天法)이다. 예수께서 말씀하셨다: "주는 것이 받는 것보다 나으니라."

(2) 화합(和合)의 생문방

사지(四肢), 백체(百體), 오장(五臟), 육부(六腑), 232개의 뼈가 조합하고 50조(兆)의 세포가 합(合)하면 산 몸(生體)이요, 분(分)하면 죽음(死)다. 합즉생(合則生)이오, 분즉사(分則死)이다. 합하는 민족은 살고 갈라지는 민족은 죽는다. "마른 떡 한 조각을 두고 화목하는 것이 고기를 먹으면서 다투는 것보다 나으니라." (잠언 17:1)

(3) 용서(容恕)의 생문방

이스라엘 12족속 중 벤야민(Benjamin) 사람들이 레위(Levi) 여인을 윤간하여 죽음에 이르게 했다. 11지파(支派) 연합군 40만이 벤야민 족속을 응징하기 위하여 토벌했다.

그러나 형제 중 한 지파가 멸족되는 것을 보고 모두 통곡하고 용서했다. 그래서 겨우 남아 있는 잔병(殘兵) 6백 명을 잘 보호해 주고 결혼시켜서 다시 벤야민 지파는 번성했다. 그 후 민족의 위기에 당하여 벤야민 지파 중에서 영웅 사울(Saul)이 나서 이스라엘 왕국을 창건했다.

그 후 유대 나라가 망하여 페르시아국에 포로생활을 하게 되었다. 페르시아 수상 하만은 반(反)유대 인물인지라 전(全) 유대인을 학살할 음모를 진행하고 있었다. 이때 벤야민 사람 에스더(Esther)가 페르시아 아하수에로 황제의 후(后)로 있다가 이 급보를 받고 황제에게 읍소(泣訴)하여 위기일발에서 전 민족을 살려내었다.

만일 전에 벤야민 사람들을 용서하지 않았더라면 사울 왕국이 어떻게 서며, 민족의 구원자 에스더는 어데서 나겠는가. 용서만이 민족의 생문방(生門方)이다. 그런데 4·19를 통하여 본 조선 사람은 용서에서 낙제했다.

벤야민 사람 바울(Paul)이 예수의 복음을 세계에 전파하여 오늘의 예수교를 대성(大成)케 했다. 용서가 없었으면 대사도(大使徒) 바울이 어데서 났겠는가? 용서만이 민족의 생문방이오, 종교 부흥의 길이다. 유대 민족은 지금 바울이 전한 예수교 제국(諸國)의 그늘 아래에서 살아가니, 유대인들이 오늘 살아 있는 것은 벤야민 지파를 용서했음에서다.

예수는 십자가의 피로 사람을 용서했으니 사람과 사람이 서로 용서해야 살 수 있다. 겨레여! 각박(刻薄), 분쟁, 보복의 사지(死地)에서 여수(與受), 화합, 용서의 생문방으로 들어서야 한다.

(4) 황해·평안 양서(兩西)의 장점을 전국화 하자

저자는 25년 전 백두산 바람을 마셨고, 25년간 대동강 물을 마셨고, 10년간 한강 물을 마셨고, 또 지금은 10년간 낙동강 물을 마시고 있다. 그래서 조선의 인정, 풍토를 잘 아는데, 조선 8도 사람 중에 황해·평안 양서(兩西) 사람이 여수(與受), 화합, 용서에서 비교적 낫다.

쉬운 예를 들자면, 이웃이 혼상(婚喪) 등의 대사를 치를 때 황해·평안 양서 사람들은 부조를 많이 주니, 대사(大事) 후에 패가자(敗家者)가 없다. 다른 지방에서는 이웃 대사에 부조자(扶助者)는 적고 회식자(會食者)는 많으니 대사를 한 번 치르고 나면 패가자가 속출한다. 재난· 만난(萬難)을 당한 이웃도 황해· 평안 사람들은 부조에 의하여 재기(再起)하기가 쉬우나, 다른 지방은 부조가 적으니 패가하기는 쉽고 재기하기는 어렵다.

이와 동시에 화합과 용서 등 융통성에서도 황해· 평안도 사람이 비교적 낫다. 이북인이 공수(空手)로 월남하여 10여년에 대도시의 상권(商權)에서 우위를 가진 것은 횡재(橫財)를 해서가 아니라 여수, 화합, 용서 이 세 가지 비결에서이다.

평안도에서 인재가 많이 나고 애국자, 독립운동가가 많은 것은 여수, 화합, 용서에서다. 우리는 이 장점을 살려서 전국화(全國化)해야 살 수 있다. 순교자 주기철(朱基徹) 목사(웅천, *경남 진해 출신)가 "조선 사람이 썩다가 평안도 사람의 심장이 썩지 않고 남아 있다"고 한 유언도 여(與), 화(和), 서(恕)의 3덕(德)을 가르친 것이다.

이승만 박사의 건국이념도 여·화·서 3덕에 있고. 이 박사가 평안도 인재를 많이 등용한 것도 여·화·서의 3덕을 본 것이다. 도산(*안창호) 선생의 민족생활 개조도 여·화·서 3덕에 있다. 우리 민족의 일치점도 여·화·서 3덕에 있다. 서방 예수교의 여러 국민들이 잘 사는 것도 여·화·서의 3덕에 있다. 여·화·서의 3덕은 서양에서 온 것이 아니라 예수의 십자가에서 발원한 것이다.

제32장 슬픈 마지막

1. 이승만 박사는 방공(防共)의 세계적 상징

(1) 이 박사와 2차대전

사가(史家) 김양선(金良善) 목사가 '이승만 박사는 한국민족 독립운동의 상징'이라고 말했거니와, 세계적 존재로서의 이 박사는 '방공(防共)의 세계적 상징'이라 하겠다.

1933년 이 박사가 제네바에 모인 국제연맹에 한국대표로 참석해서 일본의 만주침략을 통격(痛擊)하고 조선에 대한 허위선전을 반박했다.[54] 그 결과 일본은 국제연맹에서 탈퇴하게 되었고, 그 후 대동아전쟁을 일으켰다. 그 결과 제2차 세계대전에까지 이르렀고, 2차 대전의 결과 일본은 패하고 우리에게는 8·15가 오게 되었다. 그렇다면 이 박사의 외교는 세계사에 큰 영향을 끼친 것이다.

---

54) 이승만은 임시정부 대표로 한국인들의 불행한 처지를 회의장에서 호소하려 하였으나 참석 허가를 받지 못해 각국 대표들과의 면담, 기자회견, 방송 등의 방법으로 한국인들의 독립 의지를 알렸다. 여기서 이승만은 그의 아내가 될 오스트리아인 여성 실업가 프란체스카 도너 양을 알게 되었다. 그녀는 어머니와 프랑스 여행을 마치고 돌아가는 길이었다.

(2) 대공(對共) 최초의 유엔전쟁

2차대전은 미국이 적색독재(赤色獨裁: *소련)의 힘을 빌려서 백색(白色) 독재의 일본·독일·이태리 추축국을 타도했다. 그에 따라 미국은 프랭클린 루즈벨트 이래 대공(對共) 유화정책을 취하게 되었다. 그 결과 체코에서는 베네슈(E. Benes) 정부가 무너지고 좌파정권이 서게 되었고, 중국에서는 마샬 안(案: *국공합작안) 때문에 4만 리 본토와 6억 인민을 모택동에게 넘겨주고 말았다.

한국 역시 하지(John Reed Hodge)의 안(案)에 따라 좌우합작(左右合作) 정권을 세워서 공산국가가 될 수밖에 없게 되었다. 한국마저 공산권 내에 삼켜졌다면 자유진영은 말이 아니다. 이 위기에서 이 박사는 워싱턴으로 날아가서 미국의 대공(對共) 유화 정책을 뒤집고, 민주 한국을 건국했다. 이것이 바로 미국의 대공(對共) 강경정책의 시발점이다.

미국의 대공(對共) 강경정책의 시발점인 한국에 대한 소련의 보복전이 6·25 남침이다. 이 박사는 다시 미국을 움직여서 유엔군이 한국전선에서 싸우게 되었으니, 이것이 인류 최초의 대공 국제전쟁이다. 유엔의 여러 나라들은 한국전선에서 비로소 소련의 음모와 전력(戰力)을 경험해 보고 대공 전비(戰備)를 확충하기 시작했다.

(3) 쿠바 문제 후에 깨달은 미국시민

케네디 대통령이 쿠바 문제에서 대공 강경정책으로 소련의 뒷덜미를 누르자(*1962년), 미국시민들은 맥아더 장군에게 "한국전선(韓國戰線)에서 장군의 주장대로 만주를 폭격하고 북진했으면 중공을 눌러 공산세력을 축소시켰을 것이다"고 위로했다는 보도가 있었다. 그러나 기회는 갔다. 이승만·맥아더 두 영웅의 주장대로 북진했으면 한국은 남북통일이 되고, 적마(赤魔)의 허리를 꺾을 수 있었을 것이다.

어쨌든 자유진영은 한국전선에서부터 시작하여 마침내는 적마(赤魔)를 막아내는 데 성공한 것이다. 이로써 이승만 박사는 방공전선의 세계적 존재로서 방공전사(防共戰史)에 길이 남을 것이다.

2. 이 박사가 못 다하고 간 최후 최대사(最大事)

이승만 박사는 이 나라에 태어나서 하고자 결심했던 3대 사업이 있었다.

첫째, 대한독립이었다. 구사십생(九死十生) 8·15를 맞이하여 1948년 건국(建國)의 대업은 이루었다. 우리는 물론 천하 만국이 기뻐 축하했다.

둘째, 6·25 동란 때 남침해 온 소련·중공의 적군(赤軍)을 격퇴하였다. 그는 유엔 우방의 군대를 영도하는 군사, 내무, 외교 등 문자 그대로 복잡다단하고 다사다난한 대사(大事)를 감당한 역사상 드문 위걸(偉傑)이었다. 구국제민(救國濟民)의 공도 크려니와 방공(防共)의 세계적 위훈은 유엔사(史)에 빛났다.

그러나 못다 하고 간 최후 최대의 셋째 사업은 북진통일(北進統一)이다. "내 나라 촌토도 적에게 주지 않겠다." "내 동포 한 사람도 적노(赤奴)가 되지 않게 하겠다"는 염념불망(念念不忘)의 서원(誓願)을 못다 이룬 채 쫓겨 간 노인의 눈물은 길이 마르지 못하여 비바람이로다.

제갈량이 한토(漢土)를 통일하고자 비장(悲壯)함을 극(極)한 출사표(出師表)를 올리고 위(魏) 정벌의 북벌(北伐) 전선에서 '뜻을 이루지 못하고 먼저 죽은 것(壯志未成身先死)'은 중원의 천고한(千古恨)이오. 우리 광개토대왕의 신무(神武)로도 압수(鴨水: *압록강) 중심의 대한(大韓) 통일을 못 이루고 40세에 쓰러지니, 만주에 남긴 고비(古碑)는 민족의 천고한(千古恨)이다.

이 박사 또한 희세(稀世)의 위재(偉才)로도 북진통일의 대원(大願)을 못 이루고 갔다. 못 다하고 가는 최후의 최대사(最大事)를 누구에게 맡기고 갔소? 장지(壯志)를 못다 이룬 채 망명 신세가 되었으니, 만고한(萬古恨)을 반도 강산도 울 것이다.

3. 백일점(白一點)

동포 여러분! 동아세아 지도를 펼쳐 놓고 보시라. 서북 면에는 대륙 중국의 6억 적(赤)세력이 포위해 오고, 동북 면에는 유럽과 아시아 양(兩)대륙에 걸터앉은 소련의 2억 적(赤)세력이 포위해 왔다. 남에는 전일(前日)의 침략자인 일본의 1억 검은 손이 뻗쳐오고 있다. 동남아에도 적(赤)세력이 뻗치고 있다.

동서남북 포위 중에 한반도의 절반만이 오직 하나의 자유국가 백일점(白一點)이다. 나의 사랑 백일점.

이승만 박사는 이 백일점을 90평생 사랑하고 4·19 마지막 날까지 지키다가 쫓겨 갔다.

우리는 이 백일점을 어떻게 지킬 것인가? 만약 "적인 소련을 가까이 하고, 친구인 미국을 멀리한다(近蘇遠美, 近敵遠友)"면, 고립된 이 나라는 얼마나 위태로운 백일점인가.

아! 나의 사랑 백일점. 동서남북이 다 막히고 전후좌우 살 길이 막히었구나. 살 길은 오직 위에만 있다. 백일점의 창조자 하나님이 위에 계시니 나의 사랑 백일점아! 위를 향하자!

옛적에 이스라엘이 이집트를 탈출하여 홍해 가에 다다랐을 때, 뒤에는 이집트의 추격병(追兵), 앞에는 노도광란(怒濤狂瀾). 그러나 위에는 이스라엘의 하나님이 계셨다. 살 길이 위에만 있었다. 하나님의 사람 모세의 지팡이 아래에서 홍해가 끊어져서 이스라엘은 바다를 건너 가나안 복지(福地)에 들어갔다. 우리 위에도 백일점의 주인 하나님이 계신다.

동해물과 백두산이 마르고 닳도록
하나님이 보호하사 우리나라 만세.
나의 사랑 백일점아!
위에 하나님이 계신다.

모세의 지팡이에 하나님의 권능이 더해지자 홍해가 끊어졌듯이, 나의 사랑 백일점에 하나님의 보호가 더해지면 38선도 끊어질 것이다.

4. 이 박사의 3대 죄업

(1) 첫째 죄업

이 박사는 6대주 5대양 넓은 천지에 왜 하필 조선에 태어났던고! 만일 그 위재(偉才)로 미국에 나서 루즈벨트가 앉았던 자리에 앉았더라면 흉포한 소련으로 하여금 머리를 들지 못하게 했을 것이고, 악마의 38선도 만들지 않았을 것이다. 만일 그 역량으로 일본에 나서 고노에(近衛)의 자리에 앉았더라면 일본으로 하여금 원자폭탄 세례를 받지 않게 하고 동양의 맹주(盟主)가 되게 했을 것이다.

신의 창조에 차오(差誤)가 없으련만 이(李承晚) 박사가 왜 서울에 떨어져 원흉의 괴수가 된단 말인가?

(2) 둘째 죄업

이 박사는 한국 땅(韓土)에 떨어졌거든 사농공상(士農工商), 하고 많은 직업 중에 하필이면 조선 사람의 대통령을 해 먹다가 원흉의 괴수가 된단 말인가. 부모 모시고 처자 데리고 우물 파고 밭 갈다가 초토에 묻혔으면 그 아니 신성한가.

누구라도 조선에 떨어졌거든 밭 갈다가 밭고랑을 베고 죽으라. 그게 최상의 영광이다.

(3) 셋째 죄업

"호랑이도 제 굴에 돌아가 죽는다. 나도 조국에 돌아가 죽겠다"는 이 박사의 잠꼬대는 비참하고도 가련하다. 호랑이야 돌아갈 제 굴이 있지만 망명노인에게 제 굴이 어디 있는가. 사과장(謝過狀) 내어야 귀국 허가가 된다고 하여 노인은 사과장을 냈지만,[55] 그러나 그 사과장은 동아일보사에서 퇴(退)쳤다. 살아서나 죽어서 백골로라도 귀국하려는 것이 마지막 죄업이다.

귀국하려는 이 노인의 애국심은 절절(切切) 또 열열(熱熱)하지만, 아직도 조국을 모른다. 그의 동상(銅像)을 똥구루마에 끌고 다니는 조국, 성명 3자까지 깎아버린 조국을 이 박사는 잊지 못한다. 반노친일(反露親日)의 이완용 씨는 이 땅에 묻히었고, 반일친공(反日親共) 김일성도 이 땅에 묻힐 것이다. 그러나 항일구국(抗日救國), 반공건국(反共建國) 이승만은 삼천

---

55) 이승만이 하와이에서 귀국할 명분을 얻기 위해 그의 측근들은 이승만과는 상의 없이 1962년 3월에 국민에 대한 사과성명을 발표했다.

리강산에 묻힐 곳이 없다. 이 박사의 귀국은 동아일보사와 사상계사가
절대 반대한다.

오지 마소서. 살아서나 백골로나 오지 마소서. 이 땅에 난 것도 죄업
이오, 대통령 된 것도 죄업이다. 이 땅에 묻히는 것은 최후의 죄업이다.
인심 좋은 하와이에나 묻히소서. 부디 부디 하와이에 묻히소서. 내 신세
는 좋으면 브라질에나 …….

인간도처 청산이로다. 백제의 의자왕(義慈王), 고구려의 보장왕(寶藏
王)이 모두 다 당(唐)나라의 진토(塵土)로다. 애국 선지자(先知者) 예레미아
는 피난 동포들에게 돌에 맞아 죽은 채로 이집트 땅에 묻혀 부활을 기다
리니, 하와이에서 원흉 괴수의 홍포(紅袍)를 벗고 주님 나라에 가소서. 조
봉암의 2백만 표가 살아있는 이 땅에 무혈손(無血孫) 고총(孤塚)을 누가
지키리오?

그 동상(銅像)의 목을 매어 끄는 학도들이 으르렁 거리는 이 땅에서
무자손(無子孫) 고총을 어떻게 지킨단 말이오? 4·18 기념탑이 서 있는 이
땅에는 이 박사가 묻힐 곳이 없구나. 연년세세 4·19 만세소리에 그 백골
이 어이 평안하리오. 동아일보사 없는 하와이에 묻히소서. 영월에서 울
던 자규(子規: *두견새)야, 하와이까지 따라가서 울지 마라.

제 33장 한국의 아사셀

1. 한국의 아사셀

이스라엘 사람은 죄에 대한 느낌(罪感)이 예민하여 그 종교의식 중에는 속죄제(贖罪祭)가 중심 예식으로 되어 있다. 속죄의식 중에는 양 두 마리를 택하여 하나는 제물로 드리고, 다른 하나에게는 전민족의 각 가지의 많은 죄액(罪厄)을 다 지워서 산 채로 광야로 쫓아 보내는데, 이 양을 '아사셀(Azazel)'이라고 이른다.

아사셀 양은 지향 없이 가고 가다가 아무데서나 죽어 버린다. 조선에서 정초에 연을 만들어 띄우다가 정월 15일 거기에 모든 죄액을 다 붙여서 높이 높이 올렸다가 줄을 끊어 멀리 멀리 보내는 '액(厄)막이'(액막이 연)와 같다.

아사셀은 세상의 죄를 지고 가는 하나님의 어린 양 예수의 상징이다. 또는 한 민족의 수고(受苦)를 걸머진 모세도 상징할 수 있으니, 이승만도 민족의 죄액을 걸머지고 가는 한국의 아사셀 또는 '액막이'라 할 수 있다.

2. 한국의 액막이

이승만은 구(舊)한국의 죄액을 걸머지고 사형수로 출발했다.[56] 일본의 30만 불의 현상금 걸린 머리를 가지고 관(棺) 속 대통령에서 정말 대통령으로, 정말 대통령에서 원흉까지, 망명에서 망명 90년이다. 고(苦)에서 고(苦)의 일생, 욕(辱)에서 욕(辱)의 일생. 그는 민족의 죄액을 걸머지고 5월 29일 이 나라에서 쫓겨 나갔다. 한국의 액막이!

이 박사는 자유당의 죄액을 걸머지고 갔다. 자유당은 천재일우 좋은 때 희세(稀世)의 위재(偉才)의 지도하에 조금만 잘 했으면 자기도 나라도 잘 되었을 것을, 부정으로 나라를 그르쳤다. 이 박사는 자유당의 죄액을 걸머지고 갔다.

이 박사는 민주당의 죄액까지 지고 갔다. 민주당에서 유시태(柳時泰)의 총질로 시작해서[57] 마침내 원흉을 만들어 내쫓았다. 그리고도 도산·인촌 양계(兩系)의 당파싸움으로 나라는 옥질러 버렸다. 이 박사는 민주당의 모든 죄액을, 도산·인촌 양계의 모든 죄액을 걸머지고 갔다.

이 박사는 신문(新聞)들의 죄액을 걸머지고 갔다. 이 나라의 신문은 전시(戰時) 정치에 조금도 협력하지 아니하고 사사건건(事事件件) 날이면 날마다(日復日) 정부를 해치는 기사로 매상고만 올렸다. 국민의 한 사람이 조국에 와서 죽겠다는 최후의 지원(至願)까지 극한(極限) 거절하는 신문의 횡포는 이 민족성에 끼치는 해독이 심각하다. 그러나 이 박사는 신

---

56) 청년 이승만은 고종을 폐위하려는 음모에 가담한 죄로 1899년 사형 직전까지 갔다.

57) 1951년 6·25기념식장에서 이승만을 권총으로 저격한 유시태의 배후에 민주당의 전신인 민국당(民國黨)의 국회의원들이 개입되어 있었던 사실을 가리킨다.

문의 죄액을 걸머지고 갔다.

이 박사는 국민의 죄액을 걸머지고 갔다. 한국인은 4천년 만의 첫 민주국(民主國)에 태어나서 국민의 본분을 지키지 아니하고 모리간상, 도벌(盜伐), 사기, 당파싸움, 밀수, 밀주(密酒) 등 온갖 죄악을 저질렀다. 이 박사는 이완용의 백골은 모시면서 당신의 백골은 거절하는 인촌(仁村)의 신문(*동아일보)과 민족의 죄액을 걸머지고 갔다.

이 박사는 모든 민족고(民族苦)를 지고 갔다. 당신의 동지 박용만(朴容萬) 장군의 피로부터 독립운동자들의 피와 6·25 동란에 흘린 국군장병들의 피를 한 몸에 걸머지고 갔다.

건국을 위하여 일시 대통령이란 영광의 자리에 앉았지만, 부귀의 자리에서 마치는 것보다 차라리 가시 관(冠)을 쓰고 선열들의 고(苦)에 동참하는 것이 도리어 아사셀의 본분일 것이다.

3. 하와이에서 가시관 벗고 천국에!

이 사람을 보라! 대한민국 건국 대통령을 보라! 그 흰 머리에는 최희송(崔熙松) 씨가 원흉(元兇)이란 가시관을 씌웠고, 그 몸에는『동아일보』에서 폭군(暴君)이란 홍포를 입혔고, 그 등에는 장준하(張俊河) 씨가 '정치적 악한(惡漢)'이란 패를 붙였고, 그 얼굴에는『사상계』가 '희대의 협잡꾼'이란 환(環)을 그렸고, 그 손에는 '인간 이하 사기꾼'이란 갈대를 쥐여놓았다.

자! 이 사람을 보라. 이 사람이 대한민국의 건국 대통령이다. 중공 사람, 소련사람들이 어찌나 기뻐하고, 일본 여자들이 게다짝을 치면서 웃는다.『동아일보』·『사상계』·××·×× 양계(兩系)의 사람들, 얼마나 만족하신가! 전 세계인은 20세기에서 볼 수 없는 구경거리를 보시려거든 대한민국 건국 대통령을 보시라.

아! 한국의 영광은 떨어졌도다. 대동강아 울어라, 삼각산아 울어라.

아사셀은 한 번 가면 돌아오지 못한다. 한국의 아사셀이여! 가고 오지 마시라. 한국의 액막이여! 하와이에서 가시 관(冠)을 벗고 주님 나라에 …….

제 34 장 우남시선(雩南詩選)

■ 태평양의 배 위에서(太平洋舟中作)

一身泛泛水天間　물 따라 하늘 따라 떠도는 이 몸
萬里太平幾往還　만릿길 태평양을 몇 번 오간고
到處尋常形勝地　어느 곳 가서든지 보잘 것 없고
夢魂長在漢南山　꿈에서도 내 나라 한남산일네
　　　〈乙亥暮秋　을해년(1935년) 늦은 가을에〉

■ 귀국한 뒤의 느낌(歸國後有感)

三十離鄕七十歸　설흔에 고향 떠나 일흔에 돌아오니
歐西美北夢依依　바다 밖에 떠 돌던 일 꿈 속에 서렸구나
在家今日還如客　제집에 온 오늘이연만 도리어 손 같으이
到處逢迎舊面稀　곳곳이 마중하는데 옛날 알던 인 몇이 없네
　　　〈乙酉　1945년〉

■ 옛집을 찾아(訪舊居)

桃園古舊散如煙　도원 옛 친구들 서로 흩어져
奔走風塵五十年　50년 풍진 속을 돌아다니다
白首歸來桑海變　흰머리로 돌아오매 모두 변하고
春風揮淚古祠前　사당 앞 봄바람에 눈물만 짓소
　〈丙戌春歸國後　병술년(1946년) 귀국한 후에〉
　　〈주〉도원(桃園)은 원작자(*이승만)가 자라난 서울 도동(桃洞: *서울역
　　　건너편)을 이름
　　〈주〉사당은 양녕대군의 지덕사(至德祠)를 이름. 지금은 상도동으로 옮
　　　겼음

■ 촉석루에 올라(登矗石樓)

彰烈祠前江水綠　창렬사 앞에는 강물이 푸르렀고
義岩臺下落花香　의암대 아래는 지는 꽃 향기롭다
苔碑留得龜頭字　이끼 낀 비석에는 글자 아직 남았는데
壯士佳人孰短長　그날의 장사 가인 뉘야 더욱 잘났던고
〈丙戌暮春於晉州　병술년(1946)년 늦은 가을 봄 진주에서〉

■ 불국사(佛國寺)

少小飽聞佛國名　예듣던 불국사를

登臨此日不勝情　　오늘에야 올랐더니
群山不語前朝事　　지나간 온갖 역사 산들은 말이 없고
流水猶傳故國聲　　흐르는 물소리만이 옛 소식 전한다
半月城邊春草合　　반월성 언덕 가엔 봄풀이 어울렸고
瞻星臺下野花明　　첨성대 아래는 들꽃이 피었구나
至今四海風塵定　　오늘은 전쟁마저 끝나고
古壘松風臥戌兵　　군사들도 쉬는구나
　　　　　〈癸巳　계사년(1953) 휴전 후〉

■ 미국 여행 중에(在美旅行時卽事)

六萬里行坐往還　　육만 리 길을 앉아 오가네
只要四十四時間　　그나마 다만지 44시간
浮空一萬六千尺　　허공에 떠서 1만 6천 척
上無雲霧下無山　　구름도 없고 산도 없네
　　　　　〈丁亥　정해년(1947년)〉
　　〈주〉앞의 2구(句): 기차여행, 뒤의 2구(句): 비행기 여행

■ 전당을 지나며(過錢塘)

錢塘形勝飽聞名　　전당이 좋다는 말 하 많이 듣고
此日登臨暢客情　　오늘에 와서 보는 나그네 심정
古塔西南平野色　　옛 탑 서남쪽엔 질펀한 들판

古樓日夜大江聲　　다락 아랜 밤낮으로 강물 소릴네
山圍南越千年地　　남으론 천년 옛땅 월나라 터전
橋出東韓萬里程　　동으로는 만리 먼길 내 나라란다
獨立斜陽聊極目　　석양에 홀로 서서 바라보나니
征帆落處暮烟生　　저녁 연기 어린 속에 배만 떠 가네

〈丁亥4月 自美第二次歸路 정해년(1947년) 4월 미국으로부터 두 번째 돌아오는 길에〉

　〈주〉전당(錢塘)은 중국 절강성에 있는 지명

■ 서호에서의 뱃놀이(西湖遊)

　미국에서 돌아올 때 장개석 총통을 방문했다가 항주 서호에서 장시간
뱃놀이를 하였다(自美歸國時 過訪蔣總統 因作杭州西湖久遊)

西湖春日泛蘭舟　　봄날이라 서호에 배를 띄우고
幸賴主公作此遊　　주인이랑 놀이하는 즐거운 하루
九曲紅欄三印月　　아홉 구비 세 못에 비치는 달빛
居然身在小瀛洲　　오늘은 내 몸이 신선인가뵈

　　　〈丁亥春 정해년(1947년) 봄〉

　〈주〉난주(蘭舟): 작은 배의 미칭(美稱)

　〈주〉삼인월(三印月)은 삼담인월(三潭印月)이니 세 못에 비친 달을 말한다.

■ 상해 남경 기차 안에서(上海南京汽車中作)

三月江南路　　　　삼월이라 강남길은

家家爛漫春	집집이 봄이로고
梅花無錫里	무석리엔 매화 피고
楊柳鎭江濱	진강가엔 버들개지
千里微茫野	천리라 아득한 들에
一生漂泊人	일생을 떠도는 사람
天涯寒食節	외로운 한식절이라
日暮獨傷神	해는 지고 구슬프이

〈丁亥春 정해년(1947년) 봄〉

〈주〉무석리(無錫里)는 중국 강소성 소상도(蘇常道)에 있는 마을

〈주〉진강(鎭江)은 중국 강소성 단도현(丹徒縣)에 있는 강

■ 가을 달밤에(秋月夜)

願與二千萬	내 소원 2천만이랑 함께
俱爲有國民	나라 있는 백성이 되고지고
暮年江海上	늘그막엔 시골로 돌아가
歸作一閑人	한가한 사람으로 지나련다

〈丁亥 於漢城敦巖莊 1947년 서울 돈암장에서〉

■ 봄날(春日)

| 樑鷰嘲翁懶 | 게으른 저 늙은이 제비가 조롱하네 |
| 庭花笑客忙 | 꽃이 웃는구나 바쁘신 저 나그네 |

鷰嘲花笑裡　　웃거나 조롱하거나

各自弄春光　　모두 저마다 봄이라네

　　　〈己丑　기축년(1949년)〉

■ 제 비(鷰子吟)

鷰子喃喃去復回　　강남으로 갔다가 돌아온 제비

舊巢何去只寒恢　　제 집이 없어지고 재 되었다고

莫將萬語論非是　　이러니 저러니 재잭이지 마

戰世如今熟不哀　　난리 통에 안 슬픔이 어느 누구리

　　　〈辛卯春　신묘년(1951년) 봄〉

■ 진해 부산 길에서(鎭海釜山途中)

　이날 늙고 젊은 부녀자들이 연락 부절로 낙동강 시장을 향하여 가는 것

　이었다(是日老少婦女連絡同洛東江市場).

婦戴魚箱嫂築牛　　며느린 바구미 이고 시어머니는 소를 몰고

場開十里洛江頭　　낙동강 십릿길에 장 보러들 가는구나

樵兄漁弟皆從役　　아우 형 전쟁에 다 나가고

漢南漢北戰未休　　전쟁은 상기 멎지 않고

　　　〈辛卯 (1951년)〉

■ 이른 봄(早春)

登山無瑕步庭中　　산에는 오르름 없어 뜰을 거닐매
日見寒梅漸綻紅　　매화꽃 나날이 봉이 터오네
解意家僮來報語　　아이놈 달려와 이르는 말이
一花先發玉欄果　　저기 저 꽃 한 송이 먼저 피었소
　　〈辛卯 於釜山 (1951년 부산에서)〉

■ 전쟁중의 봄(戰時春)

半島山河張陣烟　　강산을 바라보매 진(陣)치는 연기 자욱하고
胡旗洋帆翳春天　　되놈 깃발양 돛대 봄 하늘을 가리웠는데
彷徨盡是無家客　　집 없이 떠도는 이들 생쌀 씹고 다닌다
漂泊誰非辟穀仙　　거리엔 벽만 우뚝 산마을엔 새 밭 매고
城市遺墟餘古壁　　전쟁이야 멎건 말건 봄바람 불어 들어
山村燒地起新田　　피 흘려 싸우던 들에 속잎 돋아 나온다
東風不待干戈息　　전쟁은 멎지 않아도 봄바람은 불어오고
細草遍生敗壘邊　　싸움이 끝난 진지 가에 새 풀 두루 돋아난다.
〈辛卯春 於釜山 (1951년 봄 임시수도 부산에서)〉

■ 벽에 걸린 그림(題壁上圖)
진해 별장 벽 위에 심향거사(深香居士)가 그린 산촌모설도(山村暮雪圖)
가 있다(鎭海別莊壁上有深香居士筆 山村暮雪圖).

壁上山村景　　　벽 머리 산마을 그림
千峰暮雪餘　　　봉우리마다 눈이로고
孤舟何處客　　　외로운 조각배 한 척
來訪戴翁居　　　아마도 대(戴) 처사(處士) 집을 찾아오는가보이
　〈壬辰早春 (1952년 이른 봄)〉
　*〈주〉대옹(戴翁)은 중국 진(晉)나라 때 은문처사 대안도(戴安道)를 이름

■ 우연히 읊은 노래(偶吟)
　중국 공산당을 개탄한다(慨嘆中國共産黨)

半島三千萬　　　우리 3천만
中華四億人　　　중화 4억이
如何相戰伐　　　어쩌다 서로 싸워
欲作異邦人　　　원수가 되려는고
　〈壬辰 早春 (1952년 이른 봄)〉

■ 겨울 밤 베개 위에서(冬夜枕上作)

因因欲眠萬念回　　피곤해 잠 들렸더니 온갖 생각 일어나네
念回眠去困還來　　생각이 일어나매 잠은 가고 도로 곤해
爲排萬念試新句　　생각을 떨치려고 지어보는 노래거니
新句何論才不才　　잘 짓고 못 짓고를 말해선 무엇하오
　　〈壬辰 (1952년)〉

■ 해군사관학교 졸업식(海士校卒業式)

去年此日未開花　　작년 이날에는 꽃이 미쳐 안 피더니
此日今年落已多　　금년 오늘은 꽃이 벌써 저버렸군
明年擬續看花會　　명년엔 꽃놀이 해얄텐데
餘復違期更奈何　　또 어긋나면 어쩌지?
　　〈癸巳 於鎭海 (1953년 진해에서)〉

■ 돌부처(石佛)

파주 큰길가 산위에 돌부처가 섰는데 그곳 동민들이 또다시 작은 돌부
처 하나를 더 세우고 내개 글을 부탁하는 것이었다(坡州大路邊有石佛立
於山上 洞民更立一小石佛蠋余記之).

佛從天竺來　　　　이 부처 인도서 와서
幾上望鄕臺　　　　망향대에 몇이 올랐노
萬里西行路　　　　서(西)으로 만릿길을
夢魂去不回　　　　꿈만 가졌네그려
　　〈癸巳 (1953년)〉

■ 해인사(海印寺)

海印寺名冠海東　　해인사 그 이름 널리 들리고
伽倻山色古今同　　가야산 푸른 빛은 예와 같구나

樓懸翠靄微茫外   누각엔 아지랑이 아물거리고
僧臥白雲縹渺中   중들은 구름 속에 던저 누웠네
孤雲臺下千年樹   고운대(孤雲臺) 아래는 고목이 섰고
大寂殿前萬里風   대적전(大寂殿) 앞에는 끝없는 바람
亂後藏經無恙在   난리에 8만장경 탈이 없는 것
沙門爭說世尊功   오로지 부처님 공덕이라고
〈癸巳菊秋與美大使 將軍及諸友登海印寺 （1953년 가을에 미 대사 브릭
　　스 내외분과 테일러 테일러 장군 및 여러 벗들과 함께 해인사에 오르
　　다.)〉

■ 외로운 소나무(松孤)

百尺長松海島中   백 척 큰 소나무
高孤蒼翠四時同   사시에 푸르렀다
出群拔俗元是非   빼어나 우뚝하기 쉬운 일이 아니거냐
獨受八方無盡風   팔방에 끝없는 바람 혼자 받고 섰구나
〈甲午 早春 於鎭海 （1954년 이른봄 진해에서)〉

■ 고기 낚고 돌아오며(漁歸)

折得柳條數尺餘   자(尺) 남은 버들가지에
穿魚如葉葉如魚   꿰어든 고기 새끼
魚兒巨細何須問   자냐 굵으냐 물어선 무얼하오

志不在魚只在漁　　내 뜻이 낚은 데 있고 고기 탐이 아닌 걸
〈甲午早春 於鎭海 (1954년 이른봄 진해에서)〉

■ 간성 청간정에서(次杆城淸澗亭韻)

半島東邊地盡頭　　동(東)으로 바닷가 땅이 다한 곳
震來咫尺是瀛洲　　봉래(蓬萊) 영주(瀛洲)니 예가 아닌가
秦童昔日求何藥　　진시황 무슨 약을 구하렸던고
漢帝幾時夢此樓　　한 무제도 이 다락을 꿈꾸었으리
濊貊靑山當戸立　　예맥 땅 푸른 산들 앞에 둘리고
扶桑紅日上欄浮　　부상(扶桑)의 아침 해 솟아 오른다
亂中風月無人管　　난리때라 이 좋은 경치 주인이 없고
一任漁翁與白鷗　　어부랑 백구에게 맡겨버렸군
　　　　〈癸巳 계사년(1953)〉

■ 이른 봄 우연히 읊은 노래(早春偶吟)

昨過鎭南花巳殘　　어저께 남쪽에선 꽃이 하마 시들던데
今來漢北雪猶寒　　북쪽엔 오늘 아침 눈이 상기 차거워라
春早南遊春晚北　　이른 봄 늦은 봄을 남북으로 오가거니
一年何必再震難　　구태 왜 두 번 봄은 못 만난다 하는 게요
　　　〈乙未 早春 (1955년 이른 봄)〉

■ 섣달 그믐밤에(除夕)

半生除夕客中過　반 평생 섣달 그믐 나그네로 보내더니
鄕思年年此夜多　해마다 이 밤이 오면
異域送迎慣成習　집 그리던 게 버릇이 되어
在家還復憶歸家　집으로 돌아 와서도 집을 도로 그리네
　　　　〈乙未 (1955년)〉

■ 광진에서 돌아오는 길에(廣津歸路卽事)

岸上誰家塚　언덕 위에 저 누구 무덤인고
石人臥路邊　돌사람 길 가에 넘어져 있고
子孫俱戰歿　자손들은 전쟁에 다 죽었는지
宿艸與荒烟　거친 바람에 풀만 욱었군그래
　　　　〈丙申 (1956년)〉

■ 생일에(生日有感)

生進八十一回春　이 봄에 여든 한 살
往事商量百感新　지난일 헤아리매
同窓故舊零星盡　동창 옛 벗들은 모두 다 없어지고
異域山川入夢頻　떠돌던 이역산천만 꿈에 자주 뵈누나
從古海東惟我上　해동은 예로부터 물려받은 내땅인데

至今嶺北尙胡塵　　오늘은 북쪽 땅이 되놈 발에 밟히다니
訶章玉帛爭稱賀　　노래로 날 기리지 마오
自愧虛名動世人　　빈 이름이 부끄러워
　　　　〈丙申 (1956년)〉

■ 봄을 보내며(餞春)

春事年年去太忙　　봄은 해마다 이리도 바삐 가나
東君歸駕繫無方　　가는 저 해를 잡아 맬 길 바 없네
古今才子佳人恨　　예부터 재자가인 탄식해 하는 말들
花柳樓臺易夕陽　　꽃 피는 다락엔 석양이 쉬 된다고
　　　　〈丙申 (1956년)〉

■ 비 오는 날 베게 위에서(夜雨枕上偶吟)

生色一年芳草雨　　촉촉이 오는 비에 봄 풀이 푸르더니
薄情三月落花風　　야속타 바람 불어 꽃잎 펄펄 다 떨구네
春來春去年年事　　봄 한철 비 바람 속에
盡在風風雨雨中　　오는 듯이 가누나
　　　　〈丙申 四月 (1956년 4월)〉

■ 느낀 바 있어(有感)

이강석 군(*이기붕 큰 아들)을 양자로 들일 적에 (李康石君入養時作)

十生九死苟生人　몇 번이나 죽을 고비

六代李門獨子身　살아 온 6대 독자

故國靑山徒有夢　부질없이 고향 산천 꿈속에도 못 잊었건만

先塋白骨護無親　선영에 묻히신 백골 돌아 볼 이 없어라

〈丁酉 春 (1957년 봄)〉

망명노인 이승만 박사를 변호함

초판 1쇄 발행 _ 2016년 6월 6일
초판 2쇄 발행 _ 2024년 2월 26일

저   자 _ 김인서
엮은이 _ 이주영
펴낸이 _ 박기봉
펴낸곳 _ 비봉출판사
주   소 _ 서울 금천구 가산디지털2로 98. 2동 808호(롯데IT캐슬)
전   화 _ (02)2082-7444
팩   스 _ (02)2082-7449
E-mail _ bbongbooks@hanmail.net
등록번호 _ 2007-43 (1980년 5월 23일)
ISBN _ 978-89-376-0446-1 03910

값 15,000원